VIVES · E´DICIONS PRIN´CEPS.

Edició d'Enrique González,
Salvador Albiñana i Víctor Gutiérrez

V A L È N C I A
1 9 9 2

UNIVERSITAT
DE VALÈNCIA

GENERALITAT VALENCIANA
CONSELLERIA DE CULTURA, EDUCACIÓ I CIÈNCIA

amb la col·laboració de

Central Hispano

Organitza: Universitat de València

Col·labora: Conselleria de Cultura, Educació i Ciència

Comissaris: Salvador Albiñana
Enrique González

Coordina: Leonor Tortajada
Salvador Albiñana

Assistent de
coordinació: Micky Aragón

EXPOSICIÓ

Disseny i
Coordinació: Edelmir Galdón

Fusteria: Sebastián López

Realització: Direcció General de Promoció Cultural

Textos: Enrique González, Salvador Albiñana,
Víctor Gutiérrez

Assessor de
Conservació: Luciano Pardo

CATÀLEG

Edició a cura d'E. González, S. Albiñana i
V. Gutiérrez

Disseny: Antoni Doménech

La revisió dels textos en llengua anglesa ha estat rea-
litzada per CIT. Traducciones.

La procedència de les reproduccions del material
bibliogràfic ha estat documentada en tots els casos.
Les fotografies de les entrades número 2 i 3 han estat
reproduïdes "by permission of the Syndics of Cambridge University Library" i la corresponent a l'entrada número 9 "by kind permission of the Dean and
Chapter of York".

AMB EL PATROCINI DEL BANCO CENTRAL-HISPANO

I.S.B.N. 84-370-1015-2
Dipòsit legal: V. 3.584 - 1992

Arts Gràfiques Soler, S. A.,
L'Olivereta, 28 - 46018 València

Lluís Vives i la seua figura exemplar d'intel·lectual valencià i europeu va significar tot un exemple d'allò que la cultura pot aportar en el disseny de futur que desitgem per al nostre poble. La fidelitat i la coherència a les pròpies idees, la seua fugida de les intoleràncies (que va haver de patir ell mateix), la seua preocupació per les desigualtats socials, la seua admiració envers els antics, que va saber compaginar amb una lúcida visió crítica de les seues imposicions i la seua marcada vocació pedagògica en l'àmbit dels estudis humanístics, el converteixen en un avançat de la interterritorialitat i la interpretació de cultures i mentalitats que són la base d'un concepte nou de la modernitat.

En el desig d'aproximar-nos al seu coneixement i d'acostar el ciutadà a la seua vertadera dimensió de polígraf i estudiós, les dos institucions valencianes més representatives, la Generalitat i la Universitat, han portat endavant, al llarg del 1992, un programa d'actuacions conjuntes (seminaris, edicions, etc.) que culminen ara amb una rigorosa exposició bibliogràfica en col·laboració amb d'altres universitats europees i americanes.

Convé recordar l'home que va obrir les portes del vertader Renaixement a l'Espanya del segle XVI i féu circular pel nord d'Europa una visió distinta dels estudis i del pensament que, junt amb la penetració valenciana en la política i diplomàcia europees que hi varen aportar els Borja, signifiquen un referent imprescindible en la nostra autoestima com a poble i en la configuració del nostre horitzó de progrés.

En ell, el sentit d'allò propi i l'obertura a allò universal es projecten com un model de comportament i d'acció com a poble que té en el món universitari i en les institucions democràtiques els protagonistes més ferms.

JOAN LERMA I BLASCO
President de la Generalitat Valenciana

L'any 1992 ha estat consagrat per la Universitat de València a rememorar la figura de Joan Lluís Vives en acomplir-se el cinc-cents aniversari del seu naixement. Amb la decisió de celebrar *L'any de Joan Lluís Vives* hem volgut no sols retre un merescut homenatge a la dimensió intel·lectual de l'obra viviana, sinó també a qui es pot considerar com una de les figures més arquetípiques de l'esperit universal del coneixement universitari. Valencià universal, la trajectòria biogràfica de Lluís Vives Valentinus el va convertir en un dels personatges claus de l'humanisme europeu. Aqueixa tensió entre valencianisme, europeisme i universalitat representa magníficament el repte que avui en dia ha d'afrontar la Universitat de València. També per això ens mirem en Vives.

Des de fa més d'un any un grup de professors de la nostra Universitat ha estat treballant en l'elaboració d'un conjunt d'activitats commemoratives amb un objectiu comú: propiciar una lectura actual de l'aportació intel·lectual de Vives des de l'escenari del món universitari valencià, per tal de dignificar a través seu la nostra tradició cultural, donar una àmplia difusió a la dimensió de la seua obra i arribar al conjunt de la societat valenciana. Per dur a terme aquest projecte hem tingut la sort de comptar amb la col·laboració d'altres institucions. Especialment la Conselleria de Cultura, Educació i Ciència, a través de la seua Direcció General del Patrimoni Cultural, ha compartit amb nosaltres el projecte i els esforços per dur-lo endavant. També amb la Universidad Internacional Menéndez Pelayo vam col·laborar en la realització d'un seminari monogràfic. El conjunt d'activitats s'ha estructurat al voltant de tres grans àrees: la realització durant tot l'any 1992 d'un seguit de seminaris monogràfics amb participació dels millors especialistes sobre les distintes vessants de la polifacètica obra viviana. La publicació d'una antologia de textos i una exposició bibliogràfica sobre l'obra de Vives completen les activitats commemoratives. Així, s'han realitzat seminaris monogràfics sobre la lectura de Vives feta per la Il·lustració i pel franquisme; sobre la seua aportació al naixement de la pedagogia i la psicologia modernes; sobre la idea de la dona en Vives i en la cultura renaixentista; sobre el dret i la política en Vives; sobre Vives i la ciència del seu temps; sobre l'interés filològic de l'obra de Vives i sobre Vives i els corrents intel·lectuals del seu temps.

Aquestes activitats acadèmiques es veuen complementades per d'altres tendents a divulgar l'obra de l'humanista valencià: la publicació en llatí, castellà i català d'una acurada antologia de textos triats per especialistes de la Universitat de València en cadascuna de les àrees que abasta l'obra de Vives i la realització d'una exposició de contingut bibliogràfic sobre les obres prínceps de l'humanista valencià. Finalment, la Junta de Govern de la Universitat de València, a proposta de l'Equip Rectoral i amb el suport de la Facultat de Filosofia i Ciències de l'Educació i de l'Ajuntament de València, va decidir el nomenament com a Doctor Honoris Causa per la Universitat de València del Professor de la Universitat de Lovaina Jozef IJsewijn, un dels màxims especialistes en l'estudi filològic de l'obra de Vives.

Així doncs, cal emmarcar l'exposició que ara presentem en el context general d'aquesta revisió i actualització acadèmica de l'obra de Joan Lluís Vives que la Universitat de València està realitzant al llarg de tot l'any 1992. El plantejament de l'exposició no pot ser més ambiciós: juntar en un mateix escenari (la Sala d'Exposicions de la Universitat de València) les obres prínceps de Vives, una selecció dels seus manuscrits, de l'erudició i de la bibliografia més important sobre la seua obra. I això, no sols entès com una col·lecció d'objectes, sinó acompanyat dels pertinents estudis dels especialistes. L'exposició ha estat concebuda pels dos comissaris: Enrique González, professor d'història de la filosofia de la UNAM i especialista en l'obra de Vives, i Salvador Albiñana, professor d'història moderna de la Universitat de València. A ells els hi correspon el mèrit, i també a la infatigable dedicació i recolzament administratiu de Leonor Tortajada. Ells assumiren el risc que suposa voler juntar a València obres de Joan Lluís Vives disperses per gairebé una vintena de biblioteques europees i espanyoles.

L'objectiu que guia aquesta exposició té una doble vessant. La primera va dirigida als ciutadans en general i aspira a divulgar la importància històrica de Joan Lluís Vives i la seua obra mitjançant el llibre com a objecte de difusió de la cultura. La segona és més acadèmica i consisteix a posar al dia, gràcies a la col·laboració dels especialistes, els coneixements bibliogràfics i d'erudició sobre la seua obra. Això només ha estat possible perquè hem gaudit de la inestimable col·laboració d'un grup internacional d'especialistes en l'obra viviana, els quals hi han aportat generosament els seus coneixements. Destacaré entre totes les institucions i persones la Universitat de Lovaina, la qual ha cedit tot el material imprès i manuscrit que li ha estat sol·licitat, així com la col·laboració de dos dels seus màxims especialistes en Vives: els Professors Jozef IJsewijn i Gilbert Tournoy.

En definitiva, és el desig de la Universitat de València que aquesta exposició servisca perquè els valencians puguen gaudir en la rememoració moments importants de la cultura del seu passat a través del contacte directe amb l'obra d'un dels màxims exponents de la cultura europea humanística. I això, és clar, no és incompatible amb el rigor de l'erudició bibliogràfica ni amb el gran nivell acadèmic i intel·lectual de l'exposició.

RAMON LAPIEDRA CIVERA
Rector de la Universitat de València

Quan, ja molt pròxim aquest any de 1992 tan pròdig en commemoracions emblemàtiques, es va requerir celebrar també Lluís Vives en el cinquè centenari del seu naixement, s'esperava amb molta raó reivindicar el més europeu dels nostres humanistes. Sense cap dubte, València podria vanagloriar-se d'haver ofert a la nostra cultura la dimensió europea més apassionant de la fi del segle XV: Vives i els Borja així ho testimonien. Ningú no podia pensar, no fa gaire temps, que cap a la fi de l'any del cinquè centenari del descobriment del Nou Món, i com una mena de venjança retrospectiva d'aquell 1492, Europa anara a estar debatent la crisi d'aquest concepte d'unitat que s'havia construït (potser com les Índies fa cinc-cents anys) en la darrera de les utopies del segle.

Encara que puga semblar extravagant, potser el major sentit que podem imprimir a aquest centenari de Vives siga la seua capacitat de reorganitzar les nostres energies i les nostres idees davant aquest patrimoni cultural comú d'allò europeu que, d'alguna manera, va construir la seua figura, precisament per l'època dramàtica que li va tocar viure. València (la perifèria espanyola de la Mediterrània en general) va finançar el Descobriment, encara que no hi va participar. Hi va haver un èmfasi de penetració d'allò i en allò europeu, cap al nord i cap a Itàlia. Aquest valencià, que va ascendir al nord, a les principals universitats europees, ho va fer, tanmateix, no tant per la voluntat manifesta d'un impuls d'obertura col·lectiva sinó per l'amenaça de la sospita. Vives fou protagonista d'una de les moltes revolucions fetes a la llum amagada del pensament. Això ens hauria d'advertir sobre el grau de legitimitat des del qual els valencians actuals podem reivindicar Lluís Vives i quines conseqüències de reflexió hem d'obtenir-ne. Perquè si la cultura (en una de les seues múltiples definicions) és el llegat social que l'individu adquireix del seu grup, el de Vives no va poder ser un altre llegat d'intolerància i d'exili. Vives és un pensament foragitat i a penes naturalitzat en l'Estudi General valencià i molt aviat reconduït a París, a Bruges, a Òxford... sí, i no de cap altra manera, realitzem aquesta aposta europea.

Però un pensament gestat així torna tanmateix enriquit i augmentat al nostre avui per salvar-nos del nostre propi desarrelament i incoherència. Recordar Vives ha de ser procurar conèixer o reconèixer la seua complexa (i, evidentment, en algun cas contradictòria) obra. Avançat a la moderna sociologia amb *De subventione pauperum,* es va endinsar en allò més apassionant de la pedagogia i va assenyalar el camí de Milton, de Rousseau o de Locke. I Dilthey no va dubtar a assegurar que *De Anima et Vita* suposa l'aportació més sistemàtica en el camp de l'antropologia i de la psicologia durant l'humanisme. En canvi, aquest precursor –segons alguns– de Bacon o de Descartes, es mostra en la seua *De Institutione Foeminae Christianae* i la seua insubornable ètica monacal com "el darrer dels Antics" (en mots de Menéndez Pelayo). Poc importa el contrast en un pensament i en una escriptura tan amplis que, sobretot, varen saber defensar l'altivesa de la llibertat intel·lectual i la rebel·lió contra les autoritats imposades en la seua cèlebre condemna del tòpic medieval de conformar-se els homes amb ser "nans a coll-i-be de gegants". I és que Vives, com Budeo o Tomàs Moro o Erasme constitueixen senzillament un exemple d'intel·lectual humanista que, siga en el segle XVI, siga a la fi del XX (per què, si no, en commemorem el centenari?) posa la seua paraula al servei únicament d'advertir contra la barbàrie. En el sentit, és clar, que Joan Fuster donava a aquesta paraula en referir-se a Erasme, és a dir, "tot el qui posa en perill el quadre de condicions dins el qual es produeix l'operació intel·lectual tal com ells entenen que s'ha de produir: condicions, en un mot, de llibertat".

Tot això convé a la idea i a la fi d'aquesta exposició que culmina els actes que la Generalitat Valenciana i la Universitat de València han celebrat conjuntament amb motiu del centenari de Vives. Convençuts, d'altra banda, que Lluís Vives necessita cada vegada menys comentaristes i més lectures directes. Com els va tenir en el seu temps amb una extensa obra que només va tindre una dimensió culta (els seus *Commentaria* a la *Ciutat de Déu* de Sant Agustí o les seues *De disciplinis*) sinó quasi popular i escolar (la seua *Introductio ad sapientiam* va arribar a les noranta-nou edicions abans de 1600 i la seua *Linguae Latinae exercitatio,* als setanta anys d'haver aparegut, l'any 1539 passava de les 200 edicions). Pensem que és aquest tornar al seu coneixement directe, o el fet de recordar les causes de la seua impossible permanència a València per a construir un pensament tolerant i renovat en el seu propi medi, allò que justifica (junt amb les conferències, seminaris i edicions publicades per les nostres dues institucions) la tornada, finalment, de Vives a València. I no solament en forma de venerable escultura en el claustre universitari.

Vives va parlar de l'honor com a ombra de la virtut, dels fets, de les obres sòlides. La cultura és una bona forma d'acudir a aquest cos de fets i solidaritats (intel·lectuals i materials) que necessita la societat valenciana, qualsevol societat, per a sentir-se europea. Perquè la cultura no és un pacte. La cultura, com la llibertat, és una condició.

EVANGELINA RODRÍGUEZ CUADROS
Directora General de Promoció Cultural

ESTUDIS INTRODUCTORIS

LVDOVICVS VIVES VALENTINVS
Splenduit in terra gelidam quæ respicit Arcton
Natum fœlici sydus in Hesperia:
fllius ac totum radij effulsere per Orbem.
Viues doctrina & quos tulit & pietas.

B s

Ph. Galle, Vives, grabado. El autor de la copia no previó que la plancha una vez impresa daría la imagen en sentido inverso. Así, Vives aparece escribiendo con la mano izquierda (París, Bibliothèque Nationale, Estampes).

VIVES. DE LA EDICIÓN PRÍNCIPE
HACIA EL TEXTO CRÍTICO

Enrique González González

El propósito de la presente exposición es contribuir al esclarecimiento de los problemas que suscitan las primeras ediciones de los escritos de Vives, tanto las príncipes propiamente dichas como las reimpresiones que recogen modificaciones al texto primitivo introducidas por el autor. Ha parecido conveniente incluir en este plan, además de sus opúsculos y tratados, el epistolario, parte considerable del cual sólo fue impresa en el presente siglo. A modo de complemento, se exhiben unos cuantos de los estudios más relevantes en torno a la vida y obra del humanista valenciano, y lo que se lleva andado del largo camino hacia la edición crítica.

La bibliografía de Vives ha sido objeto de docenas de estudios desde el siglo XVI a nuestros días, pero dista mucho de haber sido establecida en su totalidad. Su esclarecimiento definitivo resulta sumamente arduo, si no imposible, primero, por el contraste entre el número extraordinario de ediciones antiguas frente a la actual escasez y dispersión de ejemplares. La frecuente lectura de sus escritos –en especial aquellos destinados al gran público o a las manos de los estudiantes– propició la multiplicación de ediciones, que posiblemente alcanzaron el millar.[1] Al propio tiempo, tan inusitada demanda llevó a la destrucción, por el simple efecto del uso, de incontables volúmenes. Ciertamente, la parte de sus obras que iba dirigida al círculo restringido de los estudiosos, y que con frecuencia fue estampada en grandes formatos, tuvo mejores condiciones para sobrevivir y hay constancia de ella en diversas bibliotecas. En cambio, es posible presumir –a través de noticias antiguas o inferencias indirectas– la existencia de unas cuantas impresiones de escritos como la *Linguae latinae exercitatio,* las *Preces et meditationes* y la *Introductio ad sapientiam,* de las que se ha perdido todo rastro de ejemplares. En decenas de casos más, se han localizado apenas una o dos copias que documentan determinado tiraje. Es muy probable, por tanto, que otras hayan desaparecido sin dejar rastro. Ciertamente, apenas existe biblioteca con un importante fondo antiguo de cuya

---

[1] Esa estimación de conjunto se funda en un censo de ediciones antiguas levantado a partir de la consulta directa de ejemplares en bibliotecas de diversos países, y cuya preparación para la imprenta realizo en colaboración con Víctor Gutiérrez Rodríguez. Este catálogo sería una primera entrega de ese trabajo en proceso.

visita no resulten entre una y seis fichas bibliográficas nuevas. La periódica aparición de catálogos de los libros del siglo XVI conservados en tal o cual biblioteca, suele aportar también revelaciones sobre impresiones antiguas. Se trata, en suma, de una tarea en la que, a pesar de lo mucho perdido, existe aún tanto por descubrir.

En segundo lugar, la fijación de la bibliografía de Vives resulta problemática a causa del tratamiento que han sufrido los datos manejados por los estudiosos de su obra. A lo largo de los siglos que nos separan de sus escritos, los autores empeñados en levantar el inventario, se encontraron con un panorama dispar. Alrededor de treinta y cinco títulos aparecían debidamente documentados tipográficamente, en una o varias ediciones previas a la recopilación de *Opera*, Basilea, 1555 (n.º 47). A continuación, surgían unos veinte opúsculos, incorporados a la edición basileense, pero de los que se ignoraba cómo circularon con anterioridad a esa fecha. Por último, los eruditos arrastraron con una decena de rúbricas cuyo contenido todos ignoraban, pero que se transmitían unos a otros, a despecho de las malas jugadas de las erratas de imprenta. Unos, reproducían pasivamente a su modelo; otros, buscaban soluciones coherentes o ingeniosas; pero rara vez se apartaron de la tradición inaugurada por C. Gesner, el primer bibliógrafo de Vives. No sólo por respeto a la autoridad. Ante todo, a causa de la extremada rareza y dispersión de los ejemplares de aquellas ediciones príncipes. Volúmenes que eran aún más inaccesibles por la penuria de bibliotecas públicas y la imposibilidad de contar con información sobre el contenido de aquéllas situadas más allá de la ciudad donde el erudito trabajaba.

Con haber sido tan estrecho su marco de referencia –tal vez precisamente por ello–, los bibliógrafos de los siglos XVI a XIX fueron tejiendo una madeja de equívocos y confusiones tal, que su sombra pesa aún sobre las investigaciones de nuestros días. De este modo, se ha llegado a afirmar que una docena de dichos escritos habría sido revisada por Vives en 1538, cuando los entregó a la imprenta con el título de *Diversa opuscula*. De ser así, su consulta resultaría imprescindible para fijar el texto definitivo de las obras en él contenidas. Pero, a pesar de los esfuerzos, no ha sido localizado un ejemplar. En cambio, un análisis del proceso por el cual la información de los primeros bibliógrafos fue reelaborada por los sucesivos autores, autoriza a postular que el presunto volumen fue una forja involuntaria de los eruditos y que, salvo prueba en contra, no existió en la realidad.

De forma análoga, otros puntos obscuros en el campo de los escritos atribuidos también parecen aclararse con base en un estudio de la bibliografía vivista fundado en el examen directo de los primeros ejemplares. En consecuencia, el presente recuento bibliográfico debe comenzar con un análisis de lo afirmado hasta hoy en torno al problema de las ediciones príncipes, particularmente en el pasado. Para este repaso, a una con las notas características de los más influyentes bibliógrafos, me ocuparé del largo proceso que desembocó en la afirmación de la existencia de unos *Diversa opuscula*.

BIBLIOGRAFÍAS VIVISTAS DEL XVI AL XIX. LA CUESTIÓN DE LOS "DIVERSA OPUSCULA"

Apenas muerto Vives, se habló de reunir y editar sus escritos. En noviembre de 1540, el impresor basileense J. Herwagen, casado con la viuda de J. Froben, comunicó a Beatus Rhenanus su intención de publicar las *lucubrationes* del valenciano, solicitándole un prólogo, en el que hablara de sus *vigiliae*.[2] El proyecto sólo prosperaría en 1555, a través de otro editor, *Episcopius,* cuñado de los Froben.

Entre tanto, apareció en Zurich la *Bibliotheca universalis* (nº 79), en 1545. Su autor, C. Gesner, al llegar al artículo *Vives,* expresó la necesidad de que sus obras se reunieran. En vista de esa carencia, él se había limitado a transcribir: *quæcunq; ego eius nomine publicata reperi.* De esta forma, enunció y comentó más de una treintena de escritos, a partir de la descripción tipográfica de 22 volúmenes en los que se hallaba una o más obras de Vives.[3] Su información es tan cuidadosa –y evidentemente casi siempre

---

[2] B. Rhenanus, *Briefwechsel,* ed. por A. Horowitz y K. Hortfelder, Leipzig, B.G. Teubner, 1886, págs. 470-471: Dice Herwagen: *Rodolphi [Agricolae] lucubrationes colligam, sed in praesentiarum malim habere Ludovici Vivis, qui vitam morte ab hinc quinque aut sex mensibus commutavit. Rogo conscribere non sit molestus eius vigilias, quo facilius conquirere liceat. Velim et hoc tua praefatione fieri... De Ludovici Vivis lucubrationibus scribe, nam hic non audeo quærere, ne alius irrepat...* después de anotar la fecha: 12.11.1540, insiste: *Opera Vivies ad futuras nundinas possem absolvere.* Sobre los impresores basilenses de Vives: *M. Steinmann, Johannes Oporinus. Ein Basler Buchdrucker um die Mitte des 16. Jahrhunderts,* Basilea-Stuttgart, Helbing & Lichtenhahn, 1967. Asimismo, J. Benzing que se cita en la nota 30. Agradezco al Dr. C. Coppens la ayuda para localizar bibliografía sobre impresores.

[3] Gesner citó: a) la *Introductio ad sapientiam* y opúsculos que la acompañan, por la ediciones de Basilea 1537 y Lyon 1532, que proceden de los números 25 y 26, respectivamente, de este catálogo. b) *De conscribendis,* Basilea, 1536, reimpresión del n.º 37. c) Una primera nota imprecisa, que no es, al parecer, sino la reimpresión de la *Introductio* hecha por B. Lasius en 1539 y 1541, a la que iban añadidos los opúsculos de Erasmo Melanchthon y otros, citados por Gesner como *De ratione studii & legendi interpretandique...* etc. Cuando el mismo Gesner reimprimió la *Bibliotheca* en forma compendiada, en 1555, esa ficha fue definitivamente suprimida. d) *Latinae linguae exercitatio,* Basilea, Winter, 1538, 8.º, 18 cuadernillos, *cum indice copioso.* e) La *Expositio* de las Bucólicas: cita la n.º 43, y la de Basilea 1541, que combinó la *Linguæ* y la *Expositio.* f) El *somnium,* de Basilea, 1521, n.º 12. g) *De ratione dicendi,* de Basilea, 1537 y de Colonia, Gymnicus, reimpresiones del n.º 35. h) *De disciplinis,* edición príncipe, n.º 34. i) *In pseudodialecticos,* Gesner sólo puso *typis excusu.* Lycosthenis, en 1551, agregaría *Selestadij apud L. Schurerij,* sin fecha, y así se transmitió desde entonces, n.º 8. j) La *Censura* a los libros de Aristóteles, n.º 42. k) *De virtute fucata, liber excusus.* Sin duda se refería al *Veritas fucata,* n.º 19, pero nadie hizo con posterioridad la corrección. l) *De anima,* del que cita la príncipe, n.º 36, y otra posterior, junto con Melanchton y Casiodoro: *opinor.* m) La *Praelectio* a Filelfo, n.º 5. n) Las *Declamationes sex... Item, de præsenti statu Europæ & Bello Turcico diuersa opuscula,* Basilea, Winter, 1538, 4.º, con 46 cuadernillos (n.º 15, que tiene en realidad 45 y medio). ñ) *De concordia, De pacificatione* y *De vita sub Turca,* Lyon, 1532, que reimprime el n.º 32. o) *De subventione,* ibid, que procede del n.º 28. p) *El Sacrum diurnum de sudore... Christi* y demás opúsculos, también Lyon, 1532, reimpresión del n.º 45. q) *De Institutione Christianae foeminae,* la edición revisada de Basilea, 1538, n.º 22. r) *De officio mariti,* Basilea, 1538, n.º 31. s) Las *Excitationes animi* (proceden del n.º 44), citadas de una edición, Basilea, 1540, que también incluía la *Introductio* y restantes opúsculos. t) *De veritate,* n.º 46. u) la edición príncipe de los *Commentarii* a Agustín (n.º 16). Por último, se refería al rumor de que sus *Opera* se habrían editado en Amberes en tres tomos.

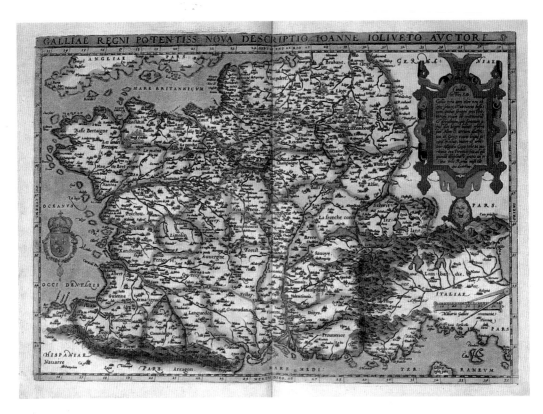

A. Oertel, Descripción del reino de Francia, *Theatrum Orbis Terrarum* (Valencia, Biblioteca Universitaria).

de primera mano– que, salvo en tres casos, mencionó incluso el número de cuadernillos de la edición descrita. A modo de complemento, dio cuenta de una o más reimpresiones, cuando llegaron a su noticia. Aun las tres veces en que sus datos son parciales o imperfectos, hoy parece posible identificar todas las ediciones por él mencionadas, y se conservan ejemplares de ellas. Catorce están representadas en esta exposición.

Ahora bien, si se exceptúan los *Opuscula varia,* de Lovaina <1519> y los escritos juveniles, aparecidos en París con anterioridad a esa fecha (n.ºs 1-4, 7-8), que Gesner no conocía, su nómina de obras citadas es más copiosa que la incluida en la compilación basileense de 1555.[4] No siempre citó la edición príncipe, pero supo inventariar la mayor parte de los escritos de Vives a partir de reimpresiones precisas, en su mayoría basileenses.

---

[4] En ella no se incluyeron la *Veritas fucata,* n.º 19 (inciso g, de la nota anterior), ni la *Censura* a Aristóteles, n.º 42, (inciso j). Sin embargo, Gesner no conoció *De communione rerum,* n.º 33.

Varias serían las consecuencias, durante siglos, del primer inventario gesneriano. En primer lugar, su desconocimiento de la bibliografía vivista anterior a 1520, llevó a que ésta fuera incluida en las nóminas sucesivas con notable y creciente imprecisión. De forma análoga, debido a que el sabio de Zurich no fue capaz de obtener noticia precisa del rarísimo opúsculo *Veritas fucata* (Lovaina, 1523, n.º 19), éste no sería citado correctamente por sus sucesores, quienes se limitaron a repetir: *De virtute fucata liber excusus.* Los editores de los *Opera,* en 1555, tampoco lo habrían conocido, puesto que no lo incluyeron. Sólo Mayans –quien obtuvo una copia del ministro Manuel de Roda– lo incluyó en los *Opera omnia* (n.º 48, vol. II, pág. 517), y puso fin a esa tradición.

Merece tratamiento aparte una tercera consecuencia del artículo *Vives* de Gesner. Ésta se suscitó, más que por desconocimiento o imprecisión, debido a la forma un tanto concisa como citó el volumen de opúsculos que comienza: *Declamationes sex* (n.º 15). En él Vives había dado a la prensa la versión definitiva de dos conjuntos de escritos publicados originalmente entre 1520 y 1526. La portada daba cuenta del primer grupo como *Declamationes sex,* pues contenía las cinco *Sullanae* (n.º 14) y la *Paries palmatus* (n.º 20). El segundo grupo fue anunciado en la portada bajo el rubro: *De Europae statu ac tumultibus Ioannis Lodouici Viuis diuersa opuscula.* Comprendía una carta a Adriano VI, dos a Enrique VIII, y una al confesor de éste; asimismo, el diálogo *De presente statu Europæ et bello Turcico,* y la traducción de dos oraciones de Isócrates. Todos ellos habían aparecido juntos en Brujas, en 1526 (n.º 29). Gesner se contentó con transcribir la portada del volumen,[5] donde se anunciaban tanto las seis declamaciones como los *opuscula diversa* acerca de la situación europea. Señaló también que lo había impreso Winter en Basilea, en 1538, en 4.º La confusión surgiría cuando los continuadores empezaron a citar nominalmente los opúsculos de la segunda parte, como si procedieran de ediciones autónomas.

La primera impresión de la *Bibliotheca,* incluía frecuentes citas de pasajes de los autores cuya bibliografía se enumeraba, así como juicios acerca de ellos. Esta abundancia de información dificultaba un tanto el acceso a los datos bibliográficos propiamente dichos, a la vez que abultaba el tamaño del infolio. Desde Basilea, C. Lycosthenes decidió reducir dicho volumen a un listado que incluyera exclusivamente el nombre del autor, lugar y fecha de origen y muerte (si se sabían) y las obras escritas, con los datos tipográficos, si habían sido impresas. Así, en su *Elenchus scriptorum omnium* (n.º 80), aparecido en 1551, en 4.º, el artículo *Vives* abarcó dos columnas, en vez de las ocho páginas de la edición previa.

Lycosthenes, por su parte, a más de resumir, se propuso complementar las noticias de su predecesor. Los datos así agregados, no fueron mezclados con los primeros; una vez compendiado el texto de Gesner, la nueva información, señalada por un asterisco [*], ocupaba las líneas finales del artículo. Sin embargo, lejos de sujetarse al rigor de su

---

[5] Ver nota 3, inciso n.

modelo –al menos en lo tocante a Vives–, Lycosthenes introdujo una enorme confusión. Agregó que el valenciano había escrito: i) una *descriptionem temporum & rerum Romanarum sub Ioannis Vuarsenij nomine Louanij editam, paucis mutatis, anno 1534* (ver nº 51), sin exponer los motivos de la atribución. Mencionó también, sin lugar, fecha ni

Anton van den Wyngaerde, *Valencia* (1563), detalle. Viena, Österreichische Nationalbibliothek.

nombre de impresor: ii) *Usum linguae latinae;* iii) *De communione rerum;* iv) *De sudore;* v) *Progymnasmata;* y vi) *Libellum de charitate dei & proximi nondum editum.* El iii, efectivamente había escapado a Gesner, pero no el iv, mencionado líneas arriba como *Sacrum diurnum de Christi sudore.*[6] De este modo, duplicaba una atribución. Los ii, v y vi no corresponden a ningún escrito de Vives conocido directa ni indirectamente. Quizás los dos primeros sean enunciaciones alternativas de la *Linguæ latinæ exercitatio,*

---

[6] Ver nota 3, inciso p.

y el último remita al *De subventione pauperum.* En lo sucesivo, todos los bibliógrafos reproducirían pasivamente tales afirmaciones, enunciadas sin fundamento.

Mayor fue la confusión introducida en otro punto. Al resumir el texto de Gesner, Lycosthenes reprodujo la información de aquél sobre el volumen *Declamationes sex... diversa opuscula,* incluido el lugar y fecha de edición (Basilea, 1538). No obstante, cuando el compendiador quiso agregar que Vives había traducido dos oraciones de Isócrates, en vez de indicar que éstas habían sido impresas en el mismo volumen de las *Declamationes,* las presentó como si se tratara de un impreso distinto, con su respectivo pie de imprenta: *Transtulit etiam Isocratis orationes duas, Areopagiticam & Nicoclem, impressas Basileæ apud Rob. Vuinter, anno 1538, cum alijs quibusdam eius opusculis.* Este desdoblamiento quedaría a la base de un embrollo cada vez más intrincado.

Por fin, Lycosthenes manifestó que convendría reunir el epistolario vivista en un volumen: *Desideratur etiam Farrago Epistolarum eius, & quaedam alia, quae fortassis dante Deo aliquando publicabuntur,* e indicó, correctamente, el año de muerte de Vives, en 1540. Gesner había dicho únicamente: *obiit nuper.*

Como puede apreciarse, el *Elenchus* de Lycosthenes, si bien agregó nuevas noticias a la información contenida en la edición príncipe de la *Bibliotheca universalis,* lo hizo sin el rigor y método de su modelo, sembrando el texto de imprecisiones, duplicaciones y atribuciones no fundamentadas.

Un nuevo paso hacia la confusión lo daría el propio Gesner, desde Zurich. En 1555 –un semestre antes de la aparición de los *Opera* de Vives, en Basilea–, publicó un *Epitome Bibliothecæ Conradi Gesneri.*[7] Como el título sugiere, no reimprimió su redacción original, sino un resumen. Este no era otro que el de Lycosthenes, transcrito íntegro, apenas sin retoques, pero callando el nombre del compendiador. Este peculiar plagio –no advertido al parecer hasta el día de hoy– tuvo por consecuencia que las imprecisiones y errores de Lycosthenes se incorporaran silenciosamente a la tradición gesneriana. Ésta aún se propagaría mediante dos ediciones póstumas, ampliadas, en 1574 y 1583.

A renglón seguido del texto tomado a Lycosthenes, Gesner agregó, por su parte, unos cuantos títulos al artículo de Vives, todos sin indicaciones tipográficas. En primer lugar, le atribuyó un *De prosperis & aduersis,* del que no existe otro dato. A continuación, mencionó dos cartas a Enrique VIII. Éstas habían sido impresas en el volumen *Declamationes sex... Diversa opuscula,* que ya había sido objeto de un desdoblamiento por Lycosthenes, pero Gesner no lo advirtió, y citó las epístolas fuera de contexto. Al final, enlistó trece de los quince escritos que habían aparecido en los *Opuscula varia,* Lovaina <1519> (n.º 7). Al citar el *Triumphus Christi* y la *Ovatio deiparæ,* ésta se convirtió, por errata, en *Oratio,* y así se transmitió hasta la corrección introducida por Mayans.

---

[7] Apareció en marzo. En la misma fecha se imprimió un *Appendix* donde se editó sólo información nueva respecto de 1545. El *Epitome* contenía el texto de Lycosthenes y, a continuación, los nuevos aportes contenidos en el *Appendix.*

Si la primera edición de la *Bibliotheca* fue un modelo de precisión bibliográfica, al menos en lo tocante a Vives, los agregados de 1551 y 1555, aquí descritos, convirtieron al artículo en un híbrido en el que acabaron confundiéndose los títulos originales de las obras de Vives, con aquellas variantes adoptadas por los tipógrafos para designar tanto escritos individuales como colecciones de opúsculos. Esto para no hablar de las meras erratas de imprenta y de enunciaciones tan vagas de unas obras no vistas quizás ni por el mismo que escribía. Tras la muerte de Gesner, dicho material –me refiero siempre al artículo sobre Vives– aún fue incrementado en unas cuantas líneas, y con dos o tres nuevas erratas, por I. Simler, en 1574,[8] y por I. Frisium, en 1583,[9] siempre desde Zurich.

Los bibliógrafos vivistas de los siglos XVII y XVIII se basarían, casi sin excepción, en las últimas ediciones de la *Bibliotheca* gesneriana, no en la más correcta, aunque incompleta, de 1545. Ya en 1598, desde Frankfurt, I. Boissardus publicó un retrato de Vives, grabado por T. de Bry, con una nota de dos páginas tomadas casi textualmente de la impresión de 1583 (*Icones quinquaginta,* págs. 122-124). En su *Apparatus sacer* (Colonia, 1603; ver nº 81), A. Possevino prescindió casi por completo de indicaciones tipográficas al enlistar, como obras individuales, todos los epígrafes encontrados en la *Bibliotheca,* según la edición de 1574 o tal vez de 1583. Sólo agregó la mención de las *Meditationes in psalmos poenitentiae,* en términos que parecen tomados de la *Bibliotheca*

---

[8] *Bibliotheca instituta et collecta primum a Conrado Gesnero, deinde in Epitomem redacta... postremo recognita... per Iosiam Simlerum...*

[9] *Bibliotheca... cum priorum tum nouorum authorum... amplificata, per Ioannem Iacobum Frisium...*

Sancta de Sixtus Senensis. [10] Puede afirmarse que se valió sólo de literatura secundaria, en vista de que su información, con todo y erratas, se localiza íntegra en Gesner y el Senense. Ciertamente, de haber tenido a mano los *Opera* de Basilea, Possevino habría podido corregir ciertos errores y añadir unas piezas a su repertorio. Se iría volviendo cada vez más frecuente, a medida que la figura de Vives se alejaba en el tiempo, encontrar artículos enteros basados estrictamente en referencias de segunda mano.

Al aparecer los *Opera* como fuente de información acerca de los escritos de Vives, ya la tradición de la *Bibliotheca universalis* se había afirmado, y pasaría tiempo antes de que los bibliógrafos recurriesen a ella. El examen de su contenido (ver n.º 47) permite apreciar que no sigue ni el orden cronológico ni tampoco el gesneriano, aun si los dos

En sus *Icones quinquaginta,* T. de Bry consideró dignos de una efigie a varios estudiosos e impresores que tuvieron relación con la persona y obra de Vives, también presente en los *Icones.* De izquierda a derecha aparecen: C. Gesner, el primero de sus bibliógrafos; C. Lycosthenes, autor del influyente *Epitome* a la bibliografía del primero; S. Grynaeus, amigo y corresponsal de Vives, para quien éste escribió la *Censura* a los *Opera* de Aristóteles; e I. Oporinus, el último impresor del humanista valenciano, uno de los tipógrafos más cuidadosos del Renacimiento (París, Bibliothèque Nationale, Imprimés).

primeros títulos coinciden. En tanto que no se explicó el criterio adoptado, parece que pasa de los escritos sobre el modo de enseñar a los ejercicios gramaticales *(Linguae Latinae exercitatio)* y redacción epistolar, para seguir con la teoría de la elocuencia *(De ratione dicendi)* y los ejercicios prácticos de ésta: las diversas declamaciones. De ahí, con orden menos aparente, se incluyeron varios tratados del *De disciplinis,* comentarios a

---

[10] Cito la 2.ª edición, Colonia, 1576, pág. 288. Paralela a la tradición inaugurada por Gesner, existía desde antiguo la tradición de elaborar bibliotecas eclesiásticas. El erudito dominicano Sixto de Siena (1520-1569) incorporó a Vives en ella. Salvo excepción, tales bibliógrafos mostraban escaso interés, así por los datos tipográficos, como por mencionar aquellos escritos que no consideraban de carácter religioso. Cuando un autor de esta línea, como Possevino, quería referirse también a la restante obra de cualquier escritor, tomaba su información de Gesner. Las bibliotecas de autores eclesiásticos siguieron produciéndose a lo largo del XVII y XVIII, así en el lado romano como en el reformado, y Vives rara vez dejó de ser mencionado.

autores, etc. En el II tomo se habría proseguido con la filosofía, religión y teología, para pasar a los asuntos morales y políticos, y concluir con el epistolario. Por otra parte, de la lista gesneriana de 1545, no se incluyeron el diálogo *Veritas fucata*, ni los comentarios a Aristóteles. En cambio, aparecieron las prelecciones parisienses y los escritos incluidos en los *Opuscula varia* (n.º 7).

El historiador V. Andreas fue el primero en apartarse de Gesner al enunciar los escritos de Vives en un *Appendix* a su *Bibliotheca Belgica* (segunda edición, Bruselas, 1643). Se concretó a citar la edición basileense y a enumerar el índice de cada uno de sus tomos, y en el mismo orden. Otro tanto haría en 1680 J. P. Foppens, en su reelaboración de la *Bibliotheca Belgica* de Andreas (págs. 679-682, de la edición de Bruselas, 1739). Dicho sea de paso, a partir de estos autores el valenciano fue explícitamente incorporado a la tradición intelectual de los antiguos Países Bajos.

El erudito sevillano Nicolás Antonio, por su parte, al editar la *Bibliotheca Hispana,* en 1672 (n.º 82), parece haber seguido una vía intermedia. A la vez que se ciñó al orden de los *Opera,* adjudicó un pie de imprenta a aquellos títulos que pudo obtener de la *Bibliotheca* gesneriana, en la versión editada por Simler en 1574. Una comparación entre la secuencia adoptada por la tradición gesneriana, los *Opera* y Nicolás Antonio, ayudará a entender su novedad. Emplearé como ejemplo la mención de las *Declamationes sex* y líneas siguientes:

Gesner [–Lycosthenes–] Simler, pág. 391	*Opera,* v. I, *Index*	Nicolás Antonio (1672), v. I, pág. 555
–Declamationes sex: De præsenti statu Europæ, & bello Turcico, diuersa opuscula, impressa Basileæ apud Vuinterum, anno 1538. –De concordia... [ver el orden en la nota 3].	–Declamationes septem, pág. 181.	–Declamationes sex. Basileæ apud Vuinter 1538. De præsenti statut Europæ & bello Turcico.
	–Pompeius fugiens 262. –Fabula de homine. 269. –Liber in Pseudodialecticos. 272.	–Pompeius fugiens –Fabula de Homine. –Liber in Pseudo-Dialecticos Selestadij apud Lazarum Schurenium [ver nota 3, inciso i]
	–Praelectiones quattuor in varia 286. –Ædes legum. 301.	–Praelectiones IV in varia –Aedes legum.
–Transtulit etiam Isocratis duas Areopagiticam & Nicoclem, impressas Basilee apud Rober. Vuinter, anno 1538 cum alijs quibusdam eius opusculis. –Scripsit præterea usum linguæ latinæ... [ver arriba pág. 18]	–Isocratis Oratio. Areopagitica. 308. –Isocratis Nicocles. 315. –De corruptis artibus tomi tres. 321.	–Isocratis Orationes Areopagitica & Nicocles, Latinè conuersæ editæque olim cum aliis Basileæ apud Vuinter 1538. –De corruptis artibus & Tradendis disciplinis libri XX. Antuerpiæ, apud Michaelem Hilenium 1531...

Como puede apreciarse, N. Antonio vació la información tipográfica gesneriana en el nuevo molde de los *Opera,* contentándose con dejar en blanco aquellos títulos cuya procedencia tipográfica ignoraba. Luego, al final de su artículo, enumeró todos aquellos que se venían arrastrando desde el *Elenchus* de Lycosthenes y que no cabían en el esquema del índice basileense, como *Usum linguæ latinæ, De prosperis & aduersis,* la *Descriptio temporum & rerum,* etc. Los subsecuentes autores harían lo mismo. Por lo demás, es necesario señalar que N. Antonio incorporó a su artículo sobre Vives información procedente de autores como Possevino, V. Andreas, A. du Verdier, sin contar con sus propias noticias y observaciones. Además, la parte biográfica superó a las existentes hasta entonces, aun si Antonio no fue capaz todavía de señalar las fechas de nacimiento y muerte. La difusión que la *Bibliotheca Hispana* tuvo, dio lugar a que las noticias ahí consignadas circularan como el texto corriente acerca de Vives. No obstante, al admitir acríticamente la viciada tradición gesneriana llevó adelante esa progresión de imprecisiones.

Una vez adoptado el método de N. Antonio para reagrupar los escritos de Vives, J. P. Niceron daría el paso definitivo hacia la fabricación de los *Diversa opuscula,* en sus *Mémoires pour servir à l'histoire des hommes illustres...* (París, Briasson, 1727-1745, 43 vols. en 12.º; vol. 21, págs. 178-179). Si el famoso volumen de *Declamationes sex,* había sido desglosado en dos piezas por Lycosthenes, Niceron lo partió en cuatro, como sigue:

5. *Declamationes sex.*
6. *De præsenti statu Europæ & bello Turcico.*
7. *Diversa opuscula* –y a continuación especificó:– ce sont les suivans. *Pompeius fugiens; Fabula de Homine; Liber in Pseudodialecticos; Prælectiones quattuor in varia; Aedes legum.*
8. *Isocratis Orationes; Areopagitica & Nicocles, Latina conversa.* Toutes ces pièces ont été imprimées ensemble à Basle en 1538. in 4.º

Por primera vez, los *Diversa opuscula* tenían una entidad propia, contenido específico, pie de imprenta y formato en 4.º Bastó con convertir en un volumen de opúsculos los títulos que Nicolás Antonio colocó, siguiendo el *Index* de Basilea, entre las *Declamationes sex* y las versiones latinas de Isócrates.

J. N. Paquot fue más lejos en su riquísimo artículo sobre Vives, publicado en sus *Mémoires pour servir à l'Histoire Littéraire... des Pays Bas...* (Lovaina, Imprimerie Académique, 1763, vol. II, págs. 34-60). Aseguró que los *Diversa opuscula* contenían, junto con los que ya Niceron había asignado, el Γενεθλιακòν, el *De tempore quo natus est Christus,* el *Christi triumphus,* la *Ovatio Virginis* y el *Clipei Christi.*

En el siglo XIX, las opiniones sobre el contenido del presunto opúsculo siguieron divididas, sin duda por hablar de algo no visto. Así, E. Vanden Bussche, en *J-L. Vivès. Éclaircissements et rectifications biographiques* (Brujas, 1871, pág. 58) coincidió con

Niceron, limitándose a enunciar aquellos títulos comprendidos entre las páginas 262-320 del volumen I de *Opera* (n.º 47). Bonilla, quien lo cita, se sumó a su parecer (n.º 87, pág. 751).

A diferencia de los anteriores, A.J. Namèche, en su *Mémoire* (n.º 85), mencionó el presunto volumen, pero siguiendo fielmente a Paquot, a quien citó en el momento de analizar los opúsculos en cuestión (pág. 93). En consecuencia, afirmó, a una con su fuente, que en él se contenían, además de los opúsculos enunciados por Niceron "quelques autres que nous énumerons plus loin sur des matières ascétiques" (pág. 92): se estaba refiriendo pues, a la tríada *Triumphus –Ovatio– Clypeus,* al Γενεθλιακὸν y al *De tempore* (ver pág. 101). No sólo nadie ha visto en nuestro siglo un ejemplar de los *Diversa opuscula;* los testigos decimonónicos se contradicen entre sí, delatando que se basaron en fuentes de siglos anteriores. Éstas, lejos de ser más firmes, proceden de una cadena de confusiones que se remontan a C. Lycosthenes, en 1551. En consecuencia, mientras no aparezca un ejemplar de los *Diversa opuscula* que demuestre lo contrario, su presunta existencia resulta insostenible.

Este prolijo repaso de la bibliografía vivista de los siglos XVI a XIX pone de manifiesto, primero, la medida en que toda ella depende de la tradición inaugurada por Gesner y, proseguida, con poca fortuna, por C. Lycosthenes, el cual fue reabsorbido por Gesner en las siguientes impresiones de su *Bibliotheca,* y por sus continuadores. Segundo, las graves confusiones que se generaron al aparecer en la edición póstuma de *Opera* (n.º 47) una serie de escritos de Vives, –muy en particular las prelecciones y otros opúsculos juveniles– de las que se ignoraba cuál había sido la edición príncipe. Cómo a partir de ese problema acabó por suponerse la existencia de unos *Diversa opuscula* donde se habrían incluido todas las obras de procedencia problemática. Tercero y último, el repaso de tan complejas circunstancias pone de relieve hasta qué punto nuestra visión actual de la vida y obra de Vives sigue condicionada a las interpretaciones del pasado.

VALENCIA: LA CIUDAD DEL CONVERSO

Vives no escribió obra conocida durante su etapa valenciana (1492/3-1509), en parte, sin duda, a causa de la corta edad en que abandonó la patria, entre los 16 y 17 años. En fecha tan tardía como 1610, G. Escolano[11] le atribuyó unas *Declamationes in*

---

[11] *Década primera de la Historia de... Ciudad y Reyno de Valencia...,* Valencia, pág. Mey, 1610-1611, libro 5, cap. 23. V. Ximeno, en *Escritores del Reyno de Valencia* (Valencia, 1747) ya había relatado la anécdota, pero atribuyéndola a J.L. Palmireno (1524-1579), sin indicar lugar. De cualquier modo, se trata de una fuente tardía. El hecho de que J.A. Morla conociera la anécdota en 1599, prueba que gozaba de crédito ya a finales del XVI (*Emporium utriusque iuris questionum...,* Valencia, A. Franco y D. de la Torre, 1599, *Praefatio*).

Antonium Nebrissensem. La anécdota es conocida, sobre todo, por la difusión que le dio Mayans en su *Vivis Vita* (n.º 84, pág. 12-13). Al introducirse la gramática de Nebrija en la universidad valentina, en 1507, Jeroni Amiguet, maestro de Vives en esta disciplina, lo habría animado a escribir en contra del humanista de Lebrija. En apoyo de esta historia, Mayans aduce una edición de las *Institutiones* al cuidado de Pedro Badía, impresas por Nicolás Spindeler el 18 de octubre de 1505. Dicho libro no indica el lugar de estampa en su colofón, pero Mayans lo consideró impreso en Valencia porque Spindeler trabajó muchos años en ella. Sin embargo, para 1505 ese impresor se hallaba instalado en Barcelona, como lo prueban, además de diversos colofones, varios contratos de edición que lo confirman. Badía, además, era a la sazón receptor de la inquisición en la ciudad condal, donde promovió la impresión de algunos libros, y están documentadas sus relaciones con Spindeler y otros impresores. Actualmente, pues, está fuera de duda que ni el libro ni Badía procedieron del ambiente valenciano, [12] donde Nebrija sólo se habría impreso en 1518 (Norton, 1205). Así pues, lo tardío de la fuente, lo inconsistente del apoyo documental y, sobre todo, la falta de noticias sobre el texto de las presuntas *Declamationes,* autorizan a dudar de la anécdota.

En vista de la ausencia de escritos conocidos de Vives durante este período, se han seleccionado cuatro títulos relacionados con su formación intelectual y con su futura actividad como escritor. Primero, el *Regiment de la cosa pública* (n.º I), del franciscano F. Eiximenis, publicado en 1499, y dedicado a los jurados valencianos, que aparecen representados en la portada, al frente de la torre de Serranos. Vives nunca citó a este autor, que perfectamente pudo haber leído en Valencia, donde gozaba de gran predicamento. Se ha especulado acerca de si el franciscano influyó en el pensamiento del humanista, habida cuenta que el segundo también se ocupó de los problemas de la ciudad y que ambos escribieron acerca de la formación de la mujer.

A continuación, se presenta el *Tractatus contra iudeos* (n.º II), del obispo auxiliar de Valencia y fraile agustino Jaume Pérez de Valencia. A pesar de la difusión que alcanzaron sus escritos por Europa, no ha sido estudiado aún. Vives citó en una ocasión su *Expositio* sobre los salmos (Valencia, 1484), sin demasiado entusiasmo: *Civis meus Iacobus Peres qui postremus in Psalmus longa commentaria scripsit, non tan disserta quam*

---

[12] F. J. Norton, *A descriptive catalogue...,* 87. Es en Barcelona donde la actividad de Martín Ivarra Cantábrico da a las prensas numerosos títulos del Nebrisense y algunos propios: Norton, n.º 122, 123, 155, 158, 174, 176, 191, 193. Ahí, pág. J. Mathosas editó un *Doctrinal* en el que polemizaba con Nebrija: *Gramatica Alexãdri cũ expositiõïbus textus ac Antonij Nebrissensis erroribus quibusdã,* impreso por Luschner (no he visto el único ejemplar conocido, de la Biblioteca Nacional de Madrid, incompleto, según Norton). Otros títulos relacionados con Nebrija, el 134 y 168, así como el adaptado por Amiguet –ya siendo profesor de medicina en Lérida– en 1518, n.º 192. Documentos sobre la presencia de Badía en Barcelona y sus relaciones con la imprenta, en J.M. Madurell Marimon y J. Rubió y Balaguer, *Documentos para la historia de la imprenta y de la librería en Barcelona (1474-1553),* Barcelona, 1955, docs. 212, 226 y 229.

erudita, operis initio disputat de auctoribus psalmorum.[13] Al igual que su paisano –de quien se afirma, ignoro el fundamento, que era converso–, Vives escribió un tratado contra los judíos, en el libro III del *De veritate fidei Christianae* (n.º 46).

Se expone también el único ejemplar conocido del *Grammaticale compendium* (n.º III), de D. Sisó (Zaragoza, 1490). Vives mencionó al autor en su *Ovatio Virginis.* Luego, en la versión de 1519, especificó que había sido su preceptor de gramática: *Valentiæ in novo gymnasio.*[14] Este volumen es, por tanto, un documento de primer orden para conocer el latín que el futuro humanista estudió en su patria, aun si el volumen se remonta a 1490. Es de notar que ya en esa fecha, Sisó afirmó haber tenido en cuenta a Nebrija –entre numerosos autores– para redactar su manual. Por lo mismo, es poco creíble que hacia 1507, como sostiene Escolano, el humanista de Lebrija hubiese constituido una novedad en la universidad. Queda, por otra parte, el problema de que, salvo el testimonio de Vives, en los *Manuals de Consells* del ayuntamiento valentino no se menciona a Sisó entre los catedráticos que la ciudad designaba, por Pentecostés, año con año.

Por último, se exhibe la adaptación de los *Synonima* de S. Fieschi, por obra de J. Amiguet (n.º IV), publicados en 1502, el mismo año en que el rey de Aragón confirmaba la universidad. Lleva dos cartas dedicatorias al rector Jeroni Dassió, una de ellas firmada *ex Valetino studio decimo quarto kalendas Decembrias* (hoja a[1] vº y h. LXIII). Sin embargo –al igual que en el caso anterior–, ningún otro documento señala que hubiese sido contratado por la ciudad para enseñar en la universidad. También en Valencia, cuidó la edición de tratados matemáticos de T. Brawardine y otros autores, en octubre de 1503, pero ahí nada informó acerca de su vida (Norton, n.º 1169). En cambio, en un par de epístolas incluidas en su compendio de la gramática de Nebrija *(In Aelij Antonij Nebrissensis artium grammaticam ysagogica via...* Barcelona, Amorós, diciembre 1518: Norton, n.º 192), mencionó unos cuantos datos biográficos: que durante largos años de su vida enseñó gramática en las escuelas de Valencia, Oliva, Gandía y Tortosa, y a la fecha era profesor de medicina en Lérida, a lo que pensaba dedicar el resto de su vida.[15] Se ignora cuándo se marchó de Valencia. Su visión del Arte de Nebrija por aquellos años, es que se trataba de una obra *consumata,* pero poco idónea para los niños, y así como a ellos no les resultaba saludable el alimento de los adultos, tampoco digerían bien una obra tan elaborada y artificiosa, de ahí que él la ofreciera cn forma

---

[13] J. L. Vives, *Commentaria* [n.º 16] nota al libro XVIII, capág. 14. González, *Joan Lluís Vives, de la escolástica al humanismo,* Valencia, 1987, pág. 115.

[14] J. L. Vives, *Selected Works* [104], vol. 5, págs. 92-93 para la versión aumentada; y pág. 75 para la versión original de 1514. (A partir de ahora cito: *S. W.).*

[15] Dice en la carta a Alfonso de Aragón: La gramática no le es ajena porque *multum vite tempus et Valentie et Oliue et Bandie* (sic ¿por Gandía?) *necnon Dertose in huismodi ludo exercendo consumpsissem, desyderio habebam reliquum etatis in medicina reponere.* No obstante, hacía la presente gramática a petición de la Universidad. Ahí mismo y en una carta *Ad lectores* expuso sus opiniones sobre la gramática y su enseñanza (h. a[2] vº-a[4] y l7 vº-l8). Ejemplar de la Biblioteca Colombina 6.3.8.

más accesible... Si Amiguet fue o no maestro de Vives, su adaptación de Fieschi es otra muestra del nivel medio de enseñanza gramatical en la ciudad natal del futuro humanista.

PARIS: EL ENCUENTRO CON LA IMPRENTA

El corpus parisiense

Hasta fechas muy recientes la parte menos conocida de la bibliografía de Vives era la parisiense. Todavía en 1978, cuando se publicó la versión castellana del *Juan Luis Vives,* de C.G. Noreña, se creía que el valenciano había abandonado París en 1512 y, por consiguiente, dejaba esa universidad sin haber publicado un solo escrito. Ciertamente, el *Triumphus Christi* y la *Ovatio Mariae,* (n.ᵒˢ 3, 4 y 8), de 1514, remitían a un ambiente parisino, pero se los consideraba escritos durante un viaje de Vives a la capital del Sena. El *Triumphus* y la *Ovatio* eran conocidos desde antiguo, pues fueron incluidos en las compilaciones basileense (n.º 47, vol. II, págs. 131 y 141) y valenciana (n.º 48, vol. VII, pág. 108-131). El texto adoptado por ambos editores fue aquel de la versión definitiva, publicada en los *Opuscula varia* (n.º 7), en <1519>, con diversas modificaciones respecto de la redacción de 1514. J. Estelrich, en su catálogo de la exposición de París, aparecido en 1942 (n.º 92), reveló la existencia, en dicha ciudad, de dos ejemplares de la primera edición, intitulada *Opuscula duo* (n.º 3), pero, durante años, nadie se interesó en estudiar el volumen.

En 1977, J. IJsewijn, en un importante artículo intitulado justamente, "J. L. Vives. A reconsideration of Evidence", llamó la atención sobre la importancia de la mencionada edición, que contenía en realidad –a pesar de su título–, tres obritas, la tercera de ellas, la *Christi Clipei descriptio.* Señaló también la existencia de variantes respecto del texto divulgado a través de los editores de Basilea y Valencia. Asimismo, reintrodujo –por así decir– en el *corpus* vivista dos cartas impresas en París en el propio año de 1514, que hasta entonces eran poco y mal conocidas: una, a Juan Fort, del mes de marzo, y otra a Francisco Cristóbal, con una *Vita Ioannis Dullardi,* de mayo. De este modo, los escritos parisienses de Vives pasaron, de dos, a cinco.

La carta de Vives a Juan Fort se había impreso como epílogo a una reedición del *Poeticon astronomicon* (n.º 1) de Pseudo-Higinio, con fecha *Parrhisijs pridie kal' Aprilis MCCCCCXIIII.* Vives planeaba dictar un curso acerca de dicho autor. La fecha de la carta, por hallarse en la última hoja, hacía las veces de colofón al libro. Sin duda por esto, cuando el volumen fue reeditado un trienio después, el editor adulteró la fecha de la epístola, para datarla: *pridie kal' septembris M.D.XVII.* (Estelrich [n.º 92], págs. 43-46. González, pág. 153). Dicho volumen, plagado de erratas, habría circulado en Brujas, en 1521, para vergüenza del ya famoso humanista Vives, quien negó toda participa-

28

ción en el "crimen". [16] Se trata del escrito fechado más antiguo llegado a nosotros. No circuló en las listas de la tradición gesneriana, y el primero en mencionarlo fue Mayans en su *Vivis Vita* (n.º 84, pág. 141). Transcribió, íntegra, la farragosa portada de la reimpresión de 1517, pero, inexplicablemente, dató el volumen en 1536, mencionando que había sido escrito cuando Vives *esset Lutetiæ Parisiorum,* viaje que carece de sustento documental. Podría especularse si el ejemplar mayansiano hubiera carecido de la última hoja, pero tampoco tendría la carta de Vives..., pues ahí iba impresa. Bonilla (n.º 87), en su página 241, tradujo a Mayans, haciéndolo autoridad en lo que éste no había probado. Luego, en su Apéndice IV (pág. 704), editó la carta, dando como referencia: *Hyginij Historiographi aureum opus, &c. Parisiis M.D.XIII.,* acotando al pie: "sic mendose pro M.D.XXXVI". Luego, en su Bibliografía, págs. 790-791) llevó la confusión a un extremo tal, que cada estudioso de Vives debió adivinar lo que mejor pudo, pero situando la carta entre las obras de madurez. IJsewijn, en el mencionado artículo, la dató y publicó en forma adecuada. Últimamente, la incluyó en su edición crítica de escritos tempranos de Vives (n° 104, vol. 5, págs. 6-9).

La *Vita Ioannis Dullardi* (n.º 2) no ofrecía problemas para su datación, 30 de mayo de 1514. Sin embargo, por hallarse en un escrito de J. Dullaert, se la tenía más en cuenta en relación con el biografiado que no con el biógrafo. [17] En 1977 IJsewijn lo reunió con los textos atrás mencionados; y lo incluyó, al lado de la carta anterior, en su edición crítica.

En 1984 hice pública la localización de un nuevo volumen de escritos tempranos de Vives, intitulado pomposamente *Opera,* y aparecido en Lyon en octubre de 1514 (n.º 4). Además del tríptico *Triumphus – Ovatio – Clipeus,* ya aparecido en junio en los *Opuscula duo* (n.º 3), comprendía el diálogo *Sapiens,* y cinco prelecciones: a) a las *Leges* de Cicerón; b) a los *Convivia* de Filelfo; c) al IV *ad Herennium;* d) a su propio *Triumphus,* con el título de *Veritas fucata;* y e) a su *Sapiens.* Además, el texto de la *Praelectio* al *Sapiens,* se reprodujo también al comienzo del volumen a modo de *Praefatio* para el conjunto de opúsculos. El pequeño libro renovó muchos planteamientos a la vez que suscitó cuestiones que siguen sin resolver.

Ante todo, la recopilación lionesa permitió, por fin, asignar un lugar y fecha de impresión a las enigmáticas *Praelectiones quattuor in varia,* recogidas por los editores de Basilea sin indicación de procedencia. Un silencio que, como sostuve en el apartado anterior, habría llevado a algunos eruditos del XVIII a imaginar la edición de unos *Diversa opuscula,* Basilea, 1538, en 4.º, donde las cuatro prelecciones estarían contenidas.

De forma paralela, obligó a replantear la cronología, primero, de la estancia de Vives en París. Dos opúsculos datados en dicha ciudad en 1514, podían ser explicados

---

[16] J. IJsewijn, *S. W.* [n.º 104], vol. 5, pág.7.

[17] Es citada, por ejemplo, en la nota sobre Dullaert de E. H. J. Reusens, en la *Biographie Nationale de Belgique* (t. VI, 1878). H. De Vocht, en el artículo correspondiente a Vives, de la misma publicación (t. XXVI, 1938) fue tal vez el primero en mencionarlo al biografiar al valenciano.

como fruto de un viaje a la ciudad del Sena. No así una docena de ellos, los cuales hacían referencia a una actividad docente más o menos continuada en París. Sin impedimento para que Vives hubiese viajado a los Países Bajos ya en 1512, se impuso la conclusión de que el valenciano permaneció en aquella ciudad de 1509 a 1514.[18] Asimismo, seis o siete opúsculos, que hasta hace quince años se habían considerado escritos en Lovaina, entre 1517 y 1520, se retrotraían a una fecha anterior a octubre de 1514, y quedaban incuestionablemente situados en París.

Además, a partir de entonces se cuenta con un variado *corpus* de escritos parisienses del valenciano, en función del cual estudiar su pensamiento durante los años cruciales de su tránsito de la escolástica al humanismo. El asunto reviste aún mayor interés, debido a que cinco de esos títulos fueron revisados por el autor y reimpresos en <1519>, en los *Opuscula varia* (n.º 7). De su cotejo resultan nuevos datos de interés para examinar la evolución de su pensamiento, a la par que de su estilo.

El primer gran paso ha sido la edición crítica de casi todos estos materiales. El plazo empleado ha sido tan corto, que en quince años la otrora desconocida obra parisiense –ciertamente de dimensiones reducidas– es la que con mejores ediciones cuenta. En 1984, C. Matheeussen publicó la *Praefatio in leges Ciceronis* (n.º 102) según la versión definitiva, aparecida en los *Opuscula varia,* pues desconocía la redacción anterior, que en la edición lionesa aparecía designada como *praelectio.* Tres años después, C. Fantazzi (n.º 104, vol. 1) pudo editar la *Veritas fucata,* comparando las versiones de 1514 y 1519. Por fin, el año pasado, J. IJsewijn publicó (n.º 104, vol. 5), junto con la carta a Fort y la *Vita Dullardi* arriba mencionadas, el grupo *Triumphus – Ovatio – Clipeus,* y las prelecciones al *IV ad Herennium* y a los *Convivia* de Filelfo. Sólo quedan pendientes el diálogo *Sapiens,* con la respectiva *Praelectio,* y la *Praefatio* que encabeza el volumen lionés. De este modo, se han establecido las variantes textuales –salvo en el caso de Matheeussen–, detectado las principales fuentes, y han abundado las notas filológicas. Además, puesto que el latín humanístico es una lengua de especialistas, la versión inglesa de la mayoría de ellos es un útil instrumento para la comprensión del original.

Con haber sido tan provechoso, el nuevo material trajo consigo problemas de difícil solución que la propia edición crítica ayudó a medir. En lo tocante al *Triumphus – Ovatio – Clipeus,* los pasos principales parecen resueltos. Quedó bien establecida la progresión que va de *Opuscula duo* (n.º 3), a *Opera,* Lyon, 1514 (n.º 4), *Opuscula varia* (n.º 7) y, por fin *Opera ,* Basilea, 1555 (n.º 47). Además, IJsewijn tuvo el acierto de editar en forma independiente, dada la importancia de las variantes, el texto parisiense y el definitivo, de 1519.

En cambio –y el editor es el primero en reconocerlo–, no se encontraron soluciones firmes al problema de la conexión entre el texto lionés de las prelecciones y el adoptado en los *Opera* de Basilea. Asunto que se complica por la existencia de un ter-

---

[18] En mi *Joan Lluís Vives*, págs. 75-83, y a lo largo del capítulo IV, discutí ampliamente la cuestión.

cer texto de la prelección a los *Convivia,* conocido sólo por una edición de 1537, aparecida en Colonia (n.º 5). A mi modo de ver, el señuelo de los *Diversa opuscula* ha desviado la atención del verdadero problema. No se trataba tanto de perseguir un presunto ejemplar que habría sido impreso veinticuatro años después, sino de centrarse en el examen de las condiciones en que determinados opúsculos se produjeron y editaron en el París y Lyon de 1514. No se resolverán, sin duda, todos los problemas, vista la precariedad de la información disponible, pero es ése un marco más adecuado para proponerlos.

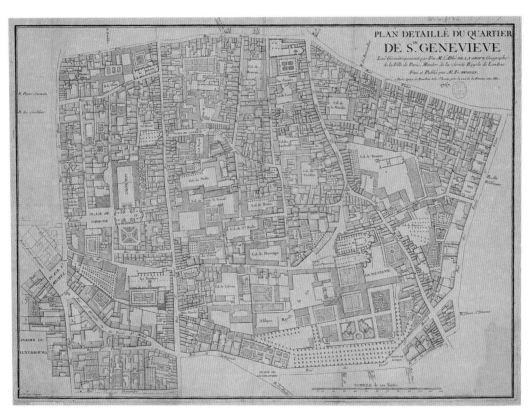

A. F. Hugnin, Plano del *Quartier de Sainte Geneviève* (1757). El París de finales del XVIII conservaba bien la estructura de la ciudad habitada por Vives. A la derecha de la Rue Saint Jacques se aprecia aún el emplazamiento de varios colegios, entre ellos, el de Montaigu –tan detestado por Erasmo y Rabelais–, donde enseñaron algunos maestros de Vives (París, Bibliothèque Nationale, Cartes et Plans).

Enseñanza y Libro. J. Dullaert y N. Bérault

Se sabe que Vives y el humanista N. Bérault coincidieron durante 1514 –y quizá, ya en 1513– en la imprenta de T. Kees, activo en París desde 1509 hasta su muerte, ocurrida a finales de 1514 o comienzos del año siguiente. A su vez, el escolástico J. Dullaert, maestro de Vives, había colaborado con el mismo impresor con anterioridad a su regreso a Gante, en 1512. Preparó para él ediciones de Higinio o de P. Veneto, prologó un sermonario de G. Pepin, y le entregó obra propia: un comentario al *Primum metheororum,* fruto de sus lecciones públicas en el colegio de Beauvais.[19] Tal vez por su mayor demanda, los impresos relacionados con cursos formales de la facultad de artes solían ser copatrocinados por varios comerciantes en libros. En tales casos, parte de los ejemplares de una misma tirada registraban, junto al nombre del impresor, el sello de uno de los libreros participantes; otros más llevaban el del segundo patrocinador, y así sucesivamente. Cuando Vives reimprimió el comentario de Dullaert a los *Meteoros,* en mayo de 1514 (n.º 2) algunas de las portadas incluyeron, aparte del nombre de Kees, el de O. Senant mientras otras, el de Gilles de Gourmont. Es este último el que distribuyó en París un libro del profesor lovaniense A. Barlandus, hacia 1515, donde se incluía al final una carta de Vives (n.º 6).

La actividad de Bérault en la imprenta de Kees era de varios órdenes. En mayo de 1514, prologó un libro de astronomía de T. Radini Todischi, *Syderalis abyssus* (Moreau II, 954), con materiales gráficos empleados previamente en ediciones al cuidado de Dullaert, como el libro de Higinio (Moreau, 954). Además, en marzo –¿1513, 1514?– publicó los *Convivia* de Filelfo.[20] No se trataba de ediciones críticas, y rara vez se partía de un manuscrito. La regla era reproducir servilmente un impreso previo, al que, si mucho, añadían una epístola o un poemilla, a veces a costa de anteriores piezas preliminares.

En una forma de participación editorial como la mencionada, la actividad del escolástico Dullaert no difería de la desempeñada por el humanista Bérault. La peculiaridad de este último estribaba en la manera de ligar la docencia con la actividad editorial. Dullaert daba a la imprenta el fruto de sus cursos formales de artes, una vez leídos. Bérault, en cambio, no era regente público, ni gozaba, por lo mismo, de becas u otros

---

[19] González, págs. 143-154. J. Machiels, "J. Dullaert..." (citado en el n.º 2 de este catálogo), y J. IJsewijn, S. W. [n.º 104], 5, págs. 10-12.

[20] No aparece el nombre del impresor, sólo del librero, H. Le Fèvre. No obstante, pude constatar que varias de las capitales empleadas aparecían en otros libros de Kees, como la *Summa philosophiae naturalis,* de P. Veneto (Moreau II, 921; abril, 1514), el *Syderalis Abyssus* (mayo, 1514; Moreau II, 954), y la edición del Higinio de 1514 (n.º 1), de los cuales hay ejemplar en la British Library de Londres. Así, la capital P (*Convivia,* vº de portada) se hallaba en la *Summa,* folio CXI vº; en *Syderalis,* folio XV; y en Hyginius, D^4, E^2. La capital M (*Convivia,* a_{ij}), no fue localizada en otro volumen. La capital T (*Convivia,* e_i) en Hyginius, h. 4 vº. La capital C (*Convivia,* a_i) en *Syderalis* (A). La capital F (*Convivia,* e_i vº) en *Syderalis,* folio LIIII. El libro, por tanto, procedía de las prensas de T. Kees.

emolumentos. Debía sostenerse mediante un programa intensivo de cursos particulares que lo ocupaban desde antes del alba, según relató en uno de sus prefacios. [21] A cambio de las lecciones, percibía una colecta de sus oyentes. Solía inaugurar estas lecturas con una suerte de arenga llamada *praelectio.* No es fácil saber si otros profesores la empleaban en París, o si él la introdujo a imitación de Poliziano, quien había sido su maestro en Florencia. [22] Cada curso se centraba en el examen exhaustivo de una obra concreta de cierto autor, clásico o moderno. Su duración dependía de la extensión de la obra a leer, del interés de alumnos y profesor y–factor fundamental– de su rentabilidad para el preceptor. Bérault recurría a la imprenta, en ocasiones, antes de iniciar su lectura, también a mitad de ésta o cuando ya había concluido. Más de una vez hizo reproducir el texto que planeaba explicar, como en <1515> cuando dio a la imprenta de J. Barbier (Kees ya habría muerto) el *De duodecim Caesarum vitae* (Moreau II, 1228). Es de presumir que, por esta vía, el profesor obtuviese ingresos adicionales si vendía algunos ejemplares entre sus alumnos. En cambio, no consta que hubiese hecho imprimir las *Institutiones* de Quintiliano para su curso sobre dicho autor, ni las *Leges* de Cicerón, ni los *Economica* de pseudo Aristóteles, leídos entre 1513 y 1514.

A mitad de las lecciones, o al término de ellas, Bérault gustaba de dar a las prensas el texto de su prelección. Es difícil determinar si recurría a tal práctica en cada una de las lecturas. Hay evidencia de que hacia enero de 1516, impimió su *Praelectio* al curso sobre Suetonio, que aún no concluía. Un simple pliego en 8.º –a veces en 4.º–, fácil de imprimir, en especial si el maestro tenía contacto regular con una imprenta. Fácil también de desaparecer sin rastro, como tantas hojas volantes. Ello sin contar que, por ir destinados a un público tan específico, los tirajes de las prelecciones serían cortos. Mientras hoy se conocen cuatro ejemplares de la edición beraldiana de las *Caesarum Vitae,* sólo sobrevive uno de su *praelectio,* precisamente en un volumen donde ambos textos fueron encuadernados juntos (Moreau II, 1228 y 1267). En otras ocasiones, la supervivencia fue facilitada gracias a que el propio autor recopiló varias prelecciones en un solo volumen; tal fue el caso del *In hoc volumine continentur infrascripta,* con tres muestras de lecciones preliminares, impreso por Kees en febrero de <1514>, del que se conoce un ejemplar en la British Library (Moreau II, 765). También podía suceder que el profesor diese a la imprenta el texto íntegro de un curso si su exposición había sido

---

[21] En la epístola que encabeza *In hoc opusculo...* (Moreau II, 765). Sobre los colegios de París en esos años: M.-M. Compère, "Les collèges de l'Université de Paris au XVIᵉ siècle: structure institutionelle et fonctions éducatives", en *I Collegi Universitari in Europa tra il XIV e il XVIII secolo,* Milán, Giupprè, 1991, págs. 101-118.

[22] Fuera de Bérault y Vives, no he detectado en el Moreau –quien sólo ofrece *short titles*– evidencias de esta práctica en otros profesores; sin embargo, en 1508, 1511, 1515... aparecieron unas *Orationes, praelectiones, praefationes et quaedam mythicae historiae...* de los italianos F. Beroaldo el Viejo, A. Poliziano, E. Barbaro, G. de Maino. Ver Moreau I, 1508, 26; II, 19, 1023, 1272. No se trataba de un procedimiento ignorado.

satisfactoria. Así, hacia julio de 1515,[23] apareció el que Bérault había dictado sobre la *Silva Rusticus* de Poliziano. Al frente del volumen reimprimió la prelección que el año anterior había formado parte de las piezas recopiladas en *In hoc volumine*. Además, durante cuatro años anunció que, apenas tuviese tiempo, llevaría a la imprenta su curso sobre las *Leges* de Cicerón, lo que al fin no realizó.[24]

Así pues, sin contar aquellos volúmenes que aparecían con prólogo de Bérault, pero que tal vez no tenían finalidad docente, la relación entre sus cursos y la imprenta podía verificarse en tres planos: a) la edición de un autor con el propósito de leerlo en un curso extraoficial; b) la impresión de la *praelectio* correspondiente, en un folio suelto o dos; c) la recopilación, tal vez corregida, de una colección de prelecciones, o también de un curso entero.

Vives: imprenta y docencia en París

Si se examinan los escritos parisienses de Vives a la luz del tipo de actividades advertidas en su amigo Bérault, resulta posible agruparlos también en un orden análogo. En mayo de 1514, imprimió una carta a Francisco Cristóbal donde biografió a su maestro Dullaert, recientemente muerto. Apareció en una reedición de los comentarios del último a los *Meteoros* (n.º 2). Nada indica que el valenciano tuviera planes de leerlo en un curso. En cambio, cuando incluyó una epístola a Juan Fort en su reedición del Higinio (n.º 1, 31 de marzo, 1514) habló de que planeaba unas lecturas sobre dicho autor. Se excusó de posibles erratas e imperfecciones, pues simplemente pasó a caracteres romanos un libro que antes su maestro Dullaert había llevado a la prensa en letras menos "delectabiles", es decir, góticas.

Tenemos noticia de otros cursos dictados por Vives en París, porque se conservan otras tantas prelecciones. Dichas lecturas tuvieron por objeto el pseudociceroniano libro *IV ad Herennium*; las *Leges* de Cicerón, que también habían ocupado a Béraul de finales de 1513 a mediados del año siguiente; los *Convivia* de Filelfo, libro editado por el propio Bérault en marzo de 1513 ó 1514. Además, Vives dictó dos cursos sobre escritos suyos, uno sobre el *Christi Triumphus* y otro sobre el *Sapiens*, a los que dedicó asimismo sus respectivas prelecciones. Puesto que la mayor parte de ese material docente fue recopilada por Vives en octubre de 1514, con el título de *Opera*, cabe la pregunta sobre si tales opúsculos circularon primero como impresos aislados. Así lo sugiere la portada del pequeño volumen, cuando dice que todos ellos se imprimían *ex ipsius authoris exemplaribus*, el cual los había revisado profusamente (ver n.º 4). Por desgracia, la evidencia disponible para responder a la pregunta es escasa y, en parte, indirecta.

---

[23] Moreau II, 2081, quien propone la fecha 1520; ver González, pág. 162, n.º 147.

[24] González, pág. 164.

Ante todo conviene destacar que, en Lovaina, en 1520, Vives dio a la prensa un par de folios en 4.º, con un breve *Argumentum* del *Somnium Scipionis* y el propio texto de Cicerón (nº 8). El motivo habrían sido las lecciones públicas que entonces dictó. Éstas, una vez concluidas y tal vez revisadas, fueron impresas en Amberes con el título de *Somnium et Vigilia* (n.º 11). En el nuevo y extenso escrito, vuelve a hallarse el *Argumentum,* ligeramente corregido, adaptado para prólogo a la *Vigilia in somnium Scipionis.*[25] Esta circunstancia prueba que Vives no era ajeno a la práctica de editar folletos sueltos en apoyo a la docencia, mismos que más tarde englobaba en unidades mayores. Semejante proceder tendría sus raíces en París, donde lo practicaba su amigo Bérault, según expuse arriba.

En París, consta que Vives dio a las prensas, en junio de 1514, la tríada *Triumphus – Ovatio – Clipeus,* con el título de *Opuscula duo* (n.º 3). Una vez el libro impreso, le dedicó un curso, cuya prelección recibió por título *Veritas fucata,* pero se carece en absoluto de elementos para decidir si tal opúsculo circuló impreso como folleto. Tampoco sabemos si se editaron sueltas las prelecciones al *IV ad Herennium,* a las *Leges* ni al diálogo *Sapiens.* En cambio, existen indicios de que, al menos dicho diálogo y la prelección a los *Convivia* de Filelfo, fueron objeto de ediciones separadas.

Cuando Vives leyó un curso sobre el *Sapiens,* ¿se basó en un manuscrito de su diálogo o en un texto impreso –como en el caso de los *Opuscula duo*–, cuya venta esperaba promover entre los estudiantes? En el *Catalogue méthodique des imprimés de la Bibliothèque Municipale de Douai,* existe la entrada: "Joan. Lod. Vivis Dialogus qui *Sapiens* inscribitur. Lille, de Courmont, in - 4.º"[26] Cabe apuntar que la imprenta dio comienzo en Lille en 1594, cuando ese opúsculo estaba por completo olvidado, lo que hace inverosímil la hipótesis de su impresión en dicha ciudad. Por otra parte, en Lille no existió impresor conocido con dicho nombre, ni se sabe que el valenciano hubiera salido alguna vez de aquellas prensas.[27] En consecuencia, resulta viable explicar la evidencia de semejante nota bibliográfica como un error de lectura por "Gilles de Gourmont", librero parisiense de principios del XVI, en cuya marca tipográfica su nombre se leía en letras góticas. Dicho comerciante, no impresor, llegó a estampar su escu-

---

[25] N.º 11, h. Dii, vº. Hay edición crítica de los opúsculos escritos por Vives en torno al *Somnium,* por E.V. George, nº 103.

[26] Ver el *Catalogue Méthodique des imprimés de la Bibliothèque publique de Douai. Theologie,* Douai, J. Six, 1874, n.º 2056: Joannis Ludovici Vivis Valentini opuscula duo: Christi Iesu Liberatoris nostri Triumphus et Mariae Parentis eius ovatio..., Venalia sunt in aed. J. Lamberti. In 8.º (sic) s.d. (15). En su sección *Sciences,* Delattre et Goulois, 1886 la n.º 111, arriba transcrita corresponde al *Sapiens;* la 419, al *De anima,* Basilea, Winter, 1538.

[27] Lo más parecido a dicho nombre es Jean-Baptiste Cormon (1663-1722), registrado en la ciudad con el título de impresor, en 1684, pero del cual F. Danchin (*Les imprimés lillois. Répertoire bibliographique de 1594 à 1815,* Lille, chez E. Raoust, 1926-1931, 3 vols, I, pp. 207-208) no fue capaz de localizar un sólo título. Agradezco a Salvador Albiñana sus gestiones para recabar éstas y otras noticias sobre la imprenta de Lille y la biblioteca de Douai.

dete en algunos impresos de Kees, como los comentarios de Dullaert a los *Metheora*, donde en mayo de 1514 apareció la *Vita Dullardi* de Vives (n.º 2). Él mismo escudó, hacia 1515, un impreso del lovaniense A. Barlandus, donde se localiza una carta del valenciano (n.º 6).[28] Por lo demás, la ficha de Douai ofrece una forma abreviada del título dado al *Sapiens* en la compilación de *Opera* de 1514 (y luego en Basilea, 1555): *Ioannis Lodovici Vivis Valentini uiri philosophi Vrbanus pariter ac grauis dyalogus qui Sapiens inscribitur*. Por fin, se da la circunstancia de que, según el inventario manuscrito de la Réserve de la biblioteca de Douai, el volumen del *Sapiens* (Rés. Cxx 631) se hallaba encuadernado con un ejemplar de los *Opuscula duo* (Rés. Cxx 6310), todo lo cual remite al medio parisiense de Vives hacia 1514.[29] A raíz de la segunda guerra mundial, aunque no pereció toda la reserva, se pierde el rastro de los ejemplares que correspondían a dichas entradas.

La existencia de dos versiones de la *praelectio* a los *Convivia* de Filelfo puede explicarse satisfactoriamente si se plantea también que una de ellas, la más corta, se habría impreso primero de forma separada. Ha llegado a nosotros en un volumen editado por J. Gymnicus, en Colonia, en 1537 (n.º 5), quien reprodujo, junto al texto breve de Vives, los *Convivia* de Filelfo, tal y como los había publicado Bérault en París hacia 1514, es decir, 23 años atrás. ¿De qué modo acertó el impresor coloniense a reunir en 1537 esas piezas distintas aunque contemporáneas y producidas en un mismo medio intelectual?

Si efectivamente la prelección de Vives se imprimió suelta con motivo del curso sobre Filelfo, resulta factible que un estudiante hubiese adquirido tanto el opúsculo del valenciano como la edición beraldiana de los *Convivia* y las hubiese encuadernado juntas. Gymnicus, que además de imprimir, practicaba el comercio librero a gran escala, habría descubierto el ejemplar, y decidiría reeditar juntas las dos piezas. Los libros de Vives se vendían por toda Europa a raíz del éxito de la *Introductio ad sapientiam* y el *De disciplinis*. El propio Gymnicus había reimpreso este último volumen en 1531, 1532 y 1536, y en años subsiguientes publicó repetidas veces otras obras del valenciano. Ese creciente prestigio explica que el impresor hubiese querido recomendar los *Convivia* filelfianos anunciando vistosamente en la portada que gozaban de la inequívoca aprobación de Vives.[30] No era pues necesario que Gymnicus lo conociera personalmente o es-

---

[28] Sobre este librero, ver la entrada correspondiente en P. Renouard, *Répertoire des imprimeurs parisiens... dépuis l'introduction de l'Imprimmerie à Paris (1470) jusqu'à la fin du seizième siecle...* París, 1965, y sobre su producción, Moreau, I y II.

[29] Ver nota 26.

[30] Sobre este impresor y librero, J. Benzing, *Die Buchdrucker des 16. und 17. Jahrhunderts im deutschen Spragebiet*, Wiesbaden, O. Harrassowitz, 1982, vol. II, p.. 238; S. Corsten, "Kölner Drucker und Verleger in Antwerpen (15. und 16. Jahrhundert)", en *Liber Amicorum Leon Voet* (F. de Nave, Ed.), Amberes, 1985, pp. 199-204. La práctica de encuadernar una *praelectio* con el texto leído en el curso fue ilustrada arriba en el caso de Bérault: el único ejemplar sobreviviente de su prelección sobre Suetonio fue encuadernado con su edición de las *Vitae Caesarum*. Cfr. Moreau, II, 1228 y 1267. A fines de los años treinta, im-

tuviera en tratos comerciales con él, para servirse de su renombre con fines mercantiles. Podía darse incluso que Vives ya hubiese olvidado ese opúsculo juvenil, o que no tuviese especial interés en desenterrarlo...

La versión más larga de la *praelectio* a Filelfo ha llegado a nosotros por la recopilación de *Opera*, de octubre de 1514 (n.º 4) y por la edición basileense de 1555 (n.º 47). Si se admite que el texto breve, editado por Gymnicus en 1537, corresponde a la lección efectivamente pronunciada por Vives ante su auditorio, la versión amplia sería el texto corregido y aumentado por el autor. En apoyo de esa hipótesis está la circunstancia de que Vives, al revisar, tendía más bien a ampliar que a reducir. Así, cuando en 1519 reimprimió cinco de los opúsculos aparecidos previamente en octubre de 1514, todos ellos fueron ampliados, a veces en más de la mitad.[31]

De las consideraciones anteriores resulta evidente que, si los *Opera* de octubre de 1514 abren un nuevo espacio para el estudio de la bibliografía parisiense de Vives, suscitan también un cúmulo de dificultades que nuestro grado actual de conocimientos no puede sacar suficientemente en claro. Una importante cuestión, sin solución hasta ahora, es por qué los *Opera* se imprimieron en Lyon, si Vives enseñaba en París. Caben dos posibilidades, ambas sin sustento empírico. Una, que Vives se hubiese desplazado a Lyon, a imprimirlos. Más aún, que se hubiese establecido ahí por una temporada. La segunda, es que el autor, relacionado como estaba con Kees y con algunos libreros de París, hubiese cuidado y estampado su libro en las prensas de dicha ciudad. En tal caso, la edición lionesa sería una reimpresión, no curada por él, de un original parisiense, hoy perdido. La segunda hipótesis explicaría mejor el extraordinario número de erratas que el profesor IJsewijn, editor crítico de varios de esos opúsculos, encontró en la edición lionesa. Lo poco que se sabe de G. Huyon, el impresor, avala esta sospecha: solía ser ocupado por los libreros lioneses para realizar ediciones "piratas", en especial para producir localmente impresos que se colaban al mercado como italianos.[32]

La cuestión arriba expuesta, no resuelta, lleva a otra: la edición lionesa de 1514, ¿es el texto del que partieron los editores basileenses de 1555 para publicar el *Somnium* y las prelecciones a éste, a Filelfo y al libro *IV Ad Herenium*? IJsewijn detectó tal número de variantes entre ambas, que optó por la negativa, y se inclinó por buscar el texto puente en la presunta edición de *Diversa opuscula* de 1538. A mi modo de ver,

---

presores de Estrasburgo, Basilea, Wrocław, dieron en anunciar escritos de Aristóteles, Valla y autores modernos incluyendo en la portada pasajes donde Vives recomendaba su lectura. Sobre esto, tengo un artículo: "La lectura de Vives en el Antiguo Régimen", inédito.

[31] Con los anteriores planteamientos me aparto de los expuestos por el Prof. IJsewijn en *Selected Works* (n.º 104). No es afán polémico, sino empeño por esclarecer, entre todos, unos asuntos que él mismo considera llenos de dificultad.

[32] En H. Baudrier, *Bibliographie Iyonnaise,* Lyon y París, 1895-1921, 11 vols. (Reimp.: París, F. de Nobele, 1964), no se dedica un estudio biográfico a este impresor, pero hay noticias aisladas en los siguientes volúmenes: III, pág. 142; VI, págs.107, 110, 162-167; VIII, 35 y 417; y IX, pág. 124. El último libro localizado con su nombre, es de 1523.

no es sostenible la existencia de dicha compilación.[33] Por otra parte, como el mismo profesor reconoce, las variantes detectadas, casi sin excepción, consisten en erratas: "and one must admit that a skilful editor could made all the corrections by himself".[34] No se descarta, pues, por completo que el equipo editorial de Episcopius hubiese corregido los defectos que detectó en la recensión lionesa, dejando otros, por inadvertencia. Consta que la edición de Huyon circuló ampliamente. Hoy se conoce sólo el ejemplar de Utrecht; pero se sabe de otra copia, adquirida por Fernando Colón, quien la llevó de Amberes a Sevilla. La tercera documentada, estuvo hasta la segunda guerra en Munich.[35] Cabe, pues la posibilidad de que otro ejemplar hubiese llegado a los editores basileenses de 1555. Nuevos estudios, y la eventual aparición de nuevos documentos, ayudarán a despejar tantas cuestiones.

Mientras tanto, la edición lionesa constituye un documento fundamental, ya se trate de la impresión original de un texto entregado por Vives a las prensas en el otoño de 1514, o también, si sólo es la copia defectuosa de un original parisiense, hoy desconocido. En cualquier caso, resulta fundamental para documentar la actividad intelectual de Vives durante la etapa final de su estadía en la ciudad del Sena, tan poco conocida con anterioridad. Por lo que toca al terreno de su bibliografía, ofrece la redacción temprana de cinco opúsculos que tiempo después editaría con mayor amplitud y cuidado, en Lovaina. Al mismo tiempo, el volumen contiene por primera vez una edición íntegra, en vida de Vives, de aquel misterioso grupo de opúsculos juveniles que los editores basileenses bautizaron como *Praelectiones quattuor in varia*. La falta de noticias ciertas sobre su procedencia motivó, como antes se expuso, toda clase de conjeturas en los antiguos bibliógrafos del humanista.

LA NUEVA PATRIA: LOS PAÍSES BAJOS (1514-1540)

Vives abandonó París hacia el otoño de 1514, sin haber siquiera obtenido, al parecer, el grado de bachiller en artes. En vez de volver a la patria (la persecución a los judeoconversos crecía año con año), se dirigió a los Países Bajos, que probablemente había visitado ya en 1512.[36] A partir de entonces y hasta su muerte, ocurrida en 1540, Brujas sería su lugar habitual de residencia. Ahí estableció lazos con la comunidad de "marranos" españoles, algunos de los cuales eran sus parientes. De ese grupo procedía Margarita Valldaura, la que a partir de 1524 fue su esposa. A pesar de sus vínculos con Brujas, Vives realizó desplazamientos, a veces de varios años, a Lovaina, Oxford, Londres, Bredá, para no hablar de viajes ocasionales a París y Amberes.

---

[33] Véase la primera parte de este artículo.
[34] *Selected Works* [n.º 104], 5, pág. 141.
[35] Ver n.º 6.
[36] Cfr. González, págs. 127-132; e IJsewijn, *S. W.* [n.º 104], 5, p. 2.

En adelante, serán Lovaina, Amberes, Brujas y Basilea los centros donde se impriman las primeras ediciones de la producción literaria del humanista. Éstas, en sentido estricto, alcanzan el número aproximado de veinticinco, más una docena de reediciones que incluyeron textos revisados por el autor. Se trata, pues, de un volumen de escritos a todas luces más numeroso que el parisiense, pues abarca casi una cincuentena de títulos que van de la epístola en unas cuantas líneas, al tratado de varios cientos de páginas en folio. Y si, prescindiendo de la cantidad, se atiende a la solidez intelectual, resulta patente que fue la obra vivista posterior a sus años en París la que le valió un lugar destacado entre los principales exponentes del humanismo nórdico: Erasmo, Moro, Budé, Melanchthon. Pero, al contrario de la producción de los años parisienses, los subsiguientes impresos del valenciano, mucho mejor conocidos, suelen ofrecer menos problemas y, por lo mismo, no exigen un tratamiento tan pormenorizado.

La obra de Vives, a partir de su instalación definitiva en los Países Bajos puede ser agrupada en varios rubros generales, en función de su contenido. Éste, a su vez, suele guardar relación con las sucesivas etapas de su vida. Así, durante los años transcurridos en la ciudad universitaria (1515/17–1523) predominan las declamaciones y los comentarios a autores. Luego, mientras estuvo próximo a la corte inglesa (1523–1528), sus es-

Taller de B. van Orley, Retrato de Carlos I, Brujas, Sint-Salvatorskatedraal.

critos acusan un gran interés por cuestiones sociales, políticas y por la educación de los príncipes y los ciudadanos, jóvenes y adultos. Retirado en Brujas de universidades y cortes, a partir de 1528, Vives produjo sus más importantes tratados teóricos, algunos comentarios a autores y, en vísperas de su muerte, escritos de carácter religioso y teológico. Entonces tuvo tiempo también para revisar sus principales obras de juventud.

Si es verdad que se advierte una cierta relación entre el carácter de los escritos de Vives y las diversas etapas de su vida, no se puede decir otro tanto de las imprentas a las que llevó sus manuscritos. Mientras residía en Lovaina, estampó parte de su obra en dicha ciudad, y otra en Amberes y Basilea. Los escritos ingleses no aparecieron en la isla, sino en los Países Bajos. Salvo en los últimos dos años de su vida, cuando impresores basileenses se hicieron cargo de toda su obra, el humanista debió bregar con tipógrafos que no lo satisfacían. En consecuencia, al ocuparme en lo sucesivo de sus ediciones príncipes, creí preferible seguir un criterio que combinara lo temático y lo biográfico, en vez de centrarme en los diferentes impresores. Esto no significa, pues quedaría fuera de lugar, que al tratar los diferentes rubros vaya a profundizar en el relato de esa parte de su vida o en un examen del sentido de cada uno de aquellos escritos.

LOVAINA: HACIA LA MADUREZ INTELECTUAL

Los escritos producidos por Vives durante su estancia en Lovaina (1515/17–1523), se inscriben de lleno en el campo que suele considerarse por antonomasia propio de los humanistas: el cultivo de las *humaniores litterae*. El valenciano produjo entonces comentarios al texto de poetas, oradores e historiadores y, sobre todo, declamaciones. Además, escribió diatribas contra sus antiguos colegas, los escolásticos, y contra el tipo de dialéctica que éstos profesaban en las universidades. De más está decir, Vives ejerció durante dichos años la docencia privada y pública, y parte de sus escritos de entonces está vinculada con ella.[37]

En Lovaina, Vives consolidó su formación humanística y alcanzó su madurez intelectual, gozando de la amistad y el magisterio de Erasmo. Ya se conocían a finales de 1516, cuando coincidieron en la corte de Bruselas. Pero es durante la estancia del roterodamense en la ciudad universitaria, del verano de 1517 al otoño de 1521,[38] cuando la relación entre ambos pudo volverse profunda. Pronto, diversas dificultades iniciadas a raíz de la preparación de los *Commentarii* de Vives a San Agustín, enfriarían el afecto

---

[37] No existe un estudio a fondo acerca de Vives en Lovaina. Aparte de sus propios escritos, es fundamental el epistolario a Cranevelt [n.º 72] con las imprescindibles notas de De Vocht, y la nueva serie Balduiniana [n.º 78]. Existe un estudio de conjunto sobre *The University of Louvain (1425-1985)*, Lovaina, 1985, con la bibliografía al día. Un relato sobre dichos años, en C.G. Noreña, [n.º 59 y 59 bis], en el capítulo correspondiente.

[38] Cfr. M. A. Nauwelaerts, "Erasme à Louvain. Ephémérides d'un séjour de 1517 à 1521", en *Scrinium Erasmianum*, I, pp. 4-24; y *Erasmi opuscula*, ed. por W. K. Ferguson, La Haya, 1933, pp. 237-240.

Erasmo, por Anton van Dyck, *Icones principum*. De entre los estudiosos que influyeron en el pensamiento del humanista de Valencia, sobresale Erasmo. Él ilustra bien el tránsito del humanismo de Italia al Norte de Europa y el decisivo papel de la imprenta como gran medio de difusión de ideas y autores. A pesar de las fricciones personales entre los dos humanistas, Vives nunca renunciaría a los puntos de vista defendidos por su maestro (Valencia, Biblioteca Universitaria).

del maestro por el discípulo. Pero éste último seguiría fiel a los principios de la *docta pietas* del erasmismo.

Se conoce media docena de primeras ediciones correspondientes al período lovaniense, más tres reimpresiones totales o parciales, sin contar los opúsculos corregidos por Vives en fecha posterior. La más antigua, es una carta de Vives al profesor lovaniense A. Barlandus (n.º 6), publicada en un libro de éste, quien afirma, por su parte, que el valenciano ya ejercía la docencia en Lovaina. A la importancia de esa noticia se suma la circunstancia de que la carta de Vives constituye su único impreso original conocido, entre otoño de 1514, fecha de aparición de los *Opera* de Lyon (n.º 4), y abril de 1519, cuando se publican en Lovaina los *Opuscula varia* (n.º 7). Su datación sin embargo, se ha ensayado por varios medios, llegándose a conclusiones que oscilan entre 1513 y 1517.[39] La cuestión es tan compleja, que merece ser discutida en un artículo especial, pues no hay forma de plantearla en unas cuantas líneas. Quienes optan por 1517 se basan en una declaración del propio Barlandus, manifestada en una epístola sin fecha, cuyo libro tiene colofón de cinco de enero de 1520. En ella afirmó que *abhinc*

---

[39] El último en discutir el asunto fue IJsewijn, en "Vives in 1512-1517...", y se inclina por 1517.

triennium había dado el libro a un *bibliopola* parisiense, quien lo imprimió de forma lamentable. Si se admite esta declaración del autor, queda resuelto el problema. Sin embargo, Barlandus solía referirse a los eventos de su vida pasada con gran imprecisión cronológica, lo que autoriza a dudar de su testimonio en este caso, por otros problemas que suscita. Por ejemplo, Vives ya tenía cierto trato con Erasmo en 1516. Sin embargo, en su epístola lo alaba sólo en tanto que autor admirable, y no como alguien conocido y tal vez amigo. Semejante silencio se explica mejor si la carta se fecha con anterioridad a su primer encuentro. Indicios análogos autorizan a datarla durante el primer semestre de 1515.

Dicho de paso, el librero aludido por Barlandus, que tan mal hizo imprimir su libro, fue Gilles de Gourmont, cuya conexión con Vives señalé en el apartado anterior. Se adivina la mano de éste –cuya epístola aparece en el libro de Barlandus– sugiriendo al amigo lovaniense probar fortuna en la imprenta parisiense.

Tras un silencio casi total de cinco años, Vives editó en Lovaina un libro aparecido hacia abril de 1519, pero sin fecha, una quincena de *Opuscula varia* (n.º 7), el más famoso de los cuales fue *In pseudodialecticos*. Como ya adelanté, cinco de los escritos incluidos ahí proceden de Lyon (n.º 4); pero en ésta, su versión definitiva, aparecen ampliados y con mayor corrección estilística y tipográfica. Su datación fue objeto de debate, hasta que C. Matheeussen asentó firmemente el año de 1519. El hallazgo de las nuevas cartas a Craneveld agregó evidencia en favor de esa fecha.[40] El primero de los opúsculos está dedicado al cardenal G. de Croy, mediante carta datable en 1517. Los restantes, de forma aislada o en grupos de dos, van nuncupados a nueve personas más, con sus respectivas epístolas, fechadas de 1517 a 1519. Nuevamente cabe la pregunta sobre si tales grupos de escritos, al menos los que tienen dedicatoria más antigua, fueron impresos antes por separado. Si se exceptúan los cinco que se remontan a Lyon, no existe evidencia, directa ni indirecta, de ello. Puede suponerse, mientras no se cuente con nueva información, que Vives los habría ofrecido a sus destinatarios originales en calidad de manuscrito. Los editores basileenses de 1555 conocieron los *Opuscula varia*, e incluyeron las quince piezas de acuerdo con esa versión, dejando fuera algunas epístolas.

Diez de ellos cuentan hoy con edición crítica (números 101; 102; 104, vols. 1 y 5), si bien C. Matheeussen, al imprimir la *Praefatio in leges Ciceronis* (n.º 102), no conocía la versión anterior, incluida en los *Opera* lioneses (n.º 4). Por su parte, C. Fantazzi, aunque tuvo en cuenta la edición de *In pseudodialecticos* aparecida en Sélestat en 1520 (n.º 8), no advirtió que este texto era posterior y se trata de una revisión del aparecido en Lovaina un año antes.

El *Somnium Scipionis,* de Cicerón, despertó un vivo interés en Vives, quien lo leyó públicamente en París durante un viaje a principio de 1519 (Allen, n.º 70, ep. 1108), y

---

[40] Cfr., del primero, IJsewijn "Vives in 1512-1517" y el n.º 54 de este catálogo.

en Lovaina en 1520, luego de grandes dificultades para obtener licencia de la universidad. Primero editó el texto del orador romano en Lovaina, en 1520 (n.º 9; posiblemente el de Amberes, n.º 10, es una reimpresión), con un breve *Argumentum*, al parecer para que sus alumnos lo adquirieran, según planteé en el apartado sobre París. Una vez dictado, el curso de Vives fue impreso en Lovaina por I. Thebaldus (n.º 11). La impresión tan defectuosa realizada por este *calcographus* motivó que Vives lo llamara *cacographus* en una carta a Craneveld (n.º 54). Más importante aún, Erasmo aceptó enviar un ejemplar corregido a J. Froben, a Basilea, el cual lo imprimió limpiamente en marzo de 1521 (n.º 12). Esta versión, al pasar a los *Opera* de Basilea y de Valencia, se convirtió en el *textus receptus*. No obstante, E. George, en su edición crítica del *Somnium* (n.º 103), puso en evidencia que I. Oporinus publicó, en 1544, una versión corregida por el autor en Breda, en 1539 (n.º 13), la cual constituía, por consiguiente, la versión definitiva.

Retrato de G. de Croy, detalle, Toledo, Cabildo de la Catedral Primada. Las expectativas de Vives sobre el mecenazgo de su discípulo, el joven cardenal G. de Croy, se frustraron con la brusca muerte de éste en 1521.

Las *Declamationes Sullanae quinque* (n.º14) fueron publicadas en Amberes paralelamente al *Somnium,* pero con el impresor M. Hillen, quien las concluyó en abril de 1520. Tanto *In pseudodialecticos*, como los dos recién mencionados tienen abierto tinte polémico. El último era una punzante invectiva contra los profesores escolásticos de las

Amberes, G. Braun y F. Hogenberg, *Civitates Orbis Terrarum* (París, Bibliothèque Nationale, Cartes et Plans).

facultades de artes, justo cuando la presión de los humanistas estaba obligando a introducir reformas en las universidades alemanas, y había gran agitación en las inglesas, en París y en la propia Lovaina.[41] No sorprende que el opúsculo se hubiera reimpreso en Séléstat al año siguiente. El *Somnium* era un comentario doble al *Sueño de Escipión* ciceroniano, de ahí el título de *Somnium et Vigilia*. Se componía, primero, de un "Sueño acerca del Sueño", en que el autor, transportado al país de los sueños, encontraba ahí a todos los filósofos escolásticos, abrazados a quimeras y confundiéndose con ellas. En cuanto a la "Vigilia acerca del Sueño", era una oración, en tono serio, donde comentaba las implicaciones filosóficas del escrito ciceroniano. Por último, en las *Declamationes Sullanae*, Vives reivindicaba el uso de la elocuencia como alternativa a la dialéctica de los "sofistas" universitarios. En la primera página, una epístola de Erasmo contenía un elogio del discípulo en términos verdaderamente hiperbólicos. Era alabado por abandonar el campo de los sofistas, entrando al de los cultivadores de musas más pacíficas.

[41] J. M. Overfield, en *Humanism and Scholasticism in Late Medieval Germany*, Princeton University Press, 1937, ofrece una notable síntesis de la transformación operada en las universidades alemanas entre 1480 y 1530.

Agudo, memorioso, y con una elocuencia unida a erudición y profundidad filosófica. Moro, por su parte, manifestó a Erasmo el entusiasmo que esos tres opúsculos le suscitaban (n.º 60). Ellos fundaron el inicial prestigio de Vives entre sus contemporáneos.

En 1528 –si no es que ya en 1523 (Cfr. Allen, 1362)–, Vives intentó que Froben publicara sus *Declamationes*, cosa a la que éste se negó, alegando que aún tenía cuatrocientos ejemplares del *Somnium* sin vender (Allen, 2040). Su reimpresión esperó hasta 1538, cuando apareció con otros opúsculos bajo el rubro *Declamationes sex* (n.º 15). La sexta aludida por el título, había aparecido por primera vez en Lovaina a comienzos de 1524, cuando Vives había cambiado la ciudad universitaria brabanzona por la de Oxford. En Inglaterra, Moro le propuso escribir una declamación contra otra de pseudo Quintiliano, imitando el estilo, pero argumentando lo opuesto (n.º 20). Los editores de 1555 recogieron las seis declamaciones según la versión revisada.

Las circunstancias que acompañaron la edición de los *Commentarii* de Vives a la *Civitas Dei* en agosto de 1522, en las prensas de Froben, son bastante conocidas. [42] Por iniciativa de Erasmo –comisionado por J. Froben para editar según criterios humanísticos, el *opus* agustiniano– Vives aceptó preparar una edición y comentario de la *Ciudad de Dios* en octubre de 1520, trabajo que concluyó en julio de 1522 (n.º 16). El monumental volumen quedó concluido en septiembre. Tirado con gran lujo, pasaba de ochocientas hojas en folio, lo que dificultó su venta. Froben y Erasmo achacaron del fracaso a la gran extensión de los comentarios, y la relación entre ellos se agrió definitivamente, quedando Vives excluido en adelante de las prensas basileenses, para su gran pesar (Cfr. por ejemplo, Allen, 1362).

Cuando Erasmo concluyó la edición completa de Agustín (Basilea, 1528-1529, diez volúmenes), la *Civitas Dei* apareció en el tomo V, pero sin el comentario de Vives. Éste entonces lo entregó a C. Chevallon en París, quien lo sacó en 1531 (n.º 17). Esta versión sería la base de las siguientes ediciones de los *Commentarii* –unas veinticinco en su siglo, y una docena más en el siguiente–. Incluso los Froben, cuando acabaron por publicarlos, a partir de 1543, se sujetaron a ella. [43]

A pesar de tantos disgustos, el estudio de Vives sobre la *Civitas Dei* consolidó el prestigio intelectual que los anteriores opúsculos le habían ganado. El tratado de San Agustín, verdadera enciclopedia de historia y mitología romanas, había sido apostillado durante la edad media por autores de la orden dominicana y franciscana, con los recursos filológicos a su alcance. Vives depuró el texto, cotejando varios manuscritos, y elaboró una profusa cantidad de notas explicativas, a la altura del grado de erudición alcanzado por la filología humanística de su momento. De paso, criticó a los frailes que lo habían precedido. La enciclopedia volvió a quedar al día, y durante dos siglos, la

---

[42] Allen, en la introducción a la epístola 1309 presenta un excelente resumen. Lo han contado bien Bonilla (n.º 87) y Noreña (59 y 59 bis) en los capítulos correspondientes de sus *Vives*.

[43] C. Coppens, "Une collaboration inconnue...", presenta el mejor censo de ediciones durante el siglo XVI.

Ciudad de Dios quedó asociada al nombre de Vives. Los lectores solían pasar del texto del santo al del humanista, como lo evidencian, entre otros, fray Bartolomé de las Casas o fray Alonso de la Veracruz.[44]

La creciente censura de que fue objeto la obra de Erasmo en los medios católicos, acabó afectando también a Vives. No sólo porque el maestro aparecía como director general de la obra. También, debido a que el discípulo participaba de las ideas de aquél. En tales condiciones, para no prescindir por completo del auxilio que los comentarios prestaban a la lectura de la obra agustiniana, quedaron dos opciones. O censurar diversos pasajes de los ejemplares al uso (n.º 17 bis), o hacer una edición donde estuviesen ausentes los lugares prohibidos. Tal fue el camino elegido por los teólogos lovanienses en su edición de 1576-77, aparecida en las prensas de Plantin (n.º 18).

Otro de los escritos de Vives impresos durante sus años lovanienses fue la *Veritas fucata* (n.º 19). Se trata de un diálogo entre el autor y su amigo Juan de Vergara, acerca de las relaciones entre poesía y verdad. Aparecido en Lovaina en enero de 1523, pronto se hizo sumamente raro. Tanto, que Gesner (n.º 79) lo citó de oídas como *De virtute fucata*, y así pasó a los sucesivos biógrafos, hasta que Mayans lo incluyó en el tomo II de las *Opera omnia*, gracias a una copia manuscrita que le obsequió su amigo el ministro Manuel de Roda.[45] Es posible que el ejemplar que sirvió de base, sea el existente actualmente en la Biblioteca de Palacio (Madrid, signatura VIII-60).

LENGUAJE, EDUCACIÓN Y SOCIEDAD

Vives dejó Lovaina debido a un cúmulo de motivos, el más importante de los cuales habría sido la muerte de su discípulo y mecenas el cardenal Croy, en 1521. Con independencia de la fecha de arribo a la universidad brabanzona, a partir de 1517 la estancia del humanista en ella tuvo una finalidad muy precisa: supervisar los estudios del joven noble, ascendido a las más altas dignidades eclesiásticas, como el arzobispado de Toledo. A raíz de la muerte prematura del protector, el valenciano debió buscar su sustento fuera de Lovaina, donde carecía de vínculos formales con la universidad, y no tenía más perspectiva que la docencia privada. Pero la enseñanza poco le satisfacía, y el clima de la universidad, escindida entre partidarios y enemigos de Erasmo, tampoco le agradaba. Si en ella había gozado del magisterio de Erasmo y había madurado como humanista, nada lo llevaba, en 1523, a permanecer ahí. A lo anterior, puede sumarse el desaliento por la suerte de su libro sobre Agustín.

---

[44] Cfr. González, pp. 58-59.

[45] Aparte de que Mayans lo menciona a la hora de editar el opúsculo (vol. II, p. 517), se conserva la carta en que Roda le envía el manuscrito (10 octubre 1781), y la respuesta del hijo de Gregorio (20 octubre 1781), en que manifiesta el júbilo del octogenario padre al recibir el opúsculo. Véase el *Epistolario*, vol. X, editado por A. Mestre Sanchis, Valencia, 1990, pp. 330 y 332.

Inglaterra, donde Vives gozaba de la amistad de Moro, y el rey había acogido con entusiasmo los *Commentarii*, dedicados a él, se abría como una posibilidad. Ahí pensaba dirigirse por septiembre de 1522, cuando Erasmo escribió en recomendación suya al obispo de Rochester (Allen, 1311). La etapa inglesa de Vives –que va de 1523 a 1528, con largos intermedios en Brujas–, se abrió como una promisoria alternativa, pero fue abruptamente interrumpida por las secuelas del divorcio entre Enrique y Catalina. [46] Retirado de nuevo en Brujas, apenas si se movería al castillo de Bredá, de 1537 a 1539, llamado por doña Mencía de Mendoza. [47] Estos doce años finales de su vida suelen ser vistos por los biógrafos como una etapa de amargura y pobreza. Al menos doña Mencía era generosa con él. Además, ¿cómo combinar la supuesta amargura con el hecho de que fueron los años de más fecunda actividad intelectual? Una obra como los *Diálogos* no podría haberla escrito alguien que hubiese perdido todo sentido del humor.

Los escritos de estos años, lejos de constituir una renuncia a los idelaes del humanismo nórdico, buscan su aplicación en la sociedad. Ciertamente, salvo la traducción al latín de dos oraciones de Isócrates y sus notas a las Bucólicas (n.os 29 y 43), apenas si vuelve Vives a ocuparse durante el resto de su vida de la anotación de autores o la crítica de textos. No obstante, a menos que se pretenda reducir el concepto de humanismo a cultivo de la gramática y la filología, Vives sigue siendo humanista. No sólo por la presencia constante, a veces casi excesiva, de autores griegos y latinos en su prosa. También, debido a la vigencia que en él tuvo siempre la preocupación por una lengua elocuente, es decir, eficaz. Eficacia que, para alcanzarse, busca en todo momento adaptarse a su auditorio. Un estilo deliberadamente llano al tratar acerca de la instrucción de la mujer cristiana, o al dirigirse a ciudadanos y magistrados para convencerlos de sus obligaciones para con los pobres de su comunidad (n.os 21 y 27). Estilo llano, en tales casos, que busca también los argumentos pertinentes, es decir, convincentes, y que éstos contribuyan a lograr cierto objetivo. La misma eficacia también fue procurada al hablar contra los corruptores de la gramática, la dialéctica, la elocuencia, etc., en *De disciplinis* (n.º 34). O para convencer de las excelencias del cristianismo en *De veritate fidei christianae* (n.º 46). En suma, a fuerza de buen humanista y autor juvenil de declamaciones, en todo momento es consciente de su lenguaje como un objeto a construir en función de un propósito preciso. No es pues la suya un habla que fluye sin control, *ex abundantia cordis*.

Por todo ello, su humanismo lo lleva a considerar el cultivo de las letras, no como un fin por sí mismo, sino al servicio de algo; del mismo modo que las lenguas se aprenden, no para la pericia hueca, sino para acceder a los tesoros de que ellas son la llave.

---

[46] El mejor relato de sus estancias inglesas sigue siendo el de H. de Vocht (n.º 73), "Vives and his visits to England".

[47] Estos dos años de la vida de Vives nos son conocidos por los estudios de S. A. Vosters, "De geestelijke achtergronden van Mencía de Mendoza, vrouwe van Breda", en *Jaarb. Geschied en Oudhk. Kring van Stad en Land van Breda "De Oranjeboom"*, XIV (1961); y J. K. Steppe, "Les relations de Mencía de Mendoza avec Jean Louis Vivès", en *Scrinium Erasmianum*, Leiden, Brill, 1969, vol. II, págs. 485-506.

H. Holbein, Enrique VIII, Roma, Palazzo Barberini.

M. Sittow, Retrato de Catalina de Aragón (?), Viena, Kunsthistorisches Museum, Gemäldegalerie.

Su lenguaje de humanista –formado en el estudio de las artes sermocinales y en la lectura insaciable de autores griegos y latinos, cristianos y paganos– es puesto durante el resto de su vida al servicio de diversas causas. Una, la formación intelectual de los príncipes, convencido, según era tópico entonces, de que la cabeza de una sociedad haría mejores o peores a sus súbditos si ella misma era mejor o peor. La educación de la mujer, la cual era considerada, como soltera, casada o viuda, en tanto que parte integrante de la familia. Su tratado acerca de ella (n.os 21 y 22) guarda significativo silencio sobre la posibilidad de optar por la vida conventual. Procura la formación de los hijos, y argumenta a los padres acerca de la conveniencia de que los conserven en la familia mientras duran los estudios. De ese modo se evita que el niño se olvide del respeto a los padres, se desligue del medio y las tradiciones en que se ha criado, y pierda el aprecio por la cosa pública, cuyo fundamento es la concordia (n.º 32). Donde ésta falta –escribió una y otra vez– todos los órdenes de la sociedad pierden el equilibrio que permite su buena marcha. No sólo los individuos riñen entre sí, lo hacen también los príncipies y los pueblos, y los estudios no tienen espacio para ser debidamente cultivados.

El estudio, como puerta del saber, fue la mayor dedicación de su vida, dijo su amigo Craneveld en el prólogo a la edición póstuma del *De veritate fidei christianae*.

Dentro de este campo, el humanismo de Vives se revela en su empeño por encontrar las causas de lo que él consideraba corrupción de las artes y las disciplinas en su conjunto. Una parte apreciable del mal lo encuentra en la forma como se enseñaba en las universidades. Su obra magna, *De disciplinis* (n.º 34), completada por *De ratione dicendi* (n.º 35) y *De Anima et vita* (n.º 36), ahonda en esas cuestiones y busca nuevos terrenos y fundamentos al saber y al decir humanos.

Por fin, para el humanista nórdico que fue Vives, lejos de existir un conflicto entre el saber terrenal y la ciencia divina, el hombre se prepara mejor para la segunda si adquiere el primero. Como Erasmo y sus amigos, a la fe del carbonero prefería la *pietas erudita.* No sorprende por esto encontrar entre sus escritos títulos como *Excitationes animi in Deum* (n.º 44), el mencionado *De veritate fidei* (n.º 46), y un sermón y oficio litúrgico sobre una peste de sudor que se abatió sobre Inglaterra y los Países Bajos en 1529 (n.º 45).

Todos los mencionados intereses confluyen en uno: la búsqueda de la armonía de los hombres consigo mismos, con sus semejantes y con Dios. Para que fuesen capaces de ella, era necesario formarlos, humanizarlos, mediante el cultivo de las letras humanas y divinas.

EL ENCUENTRO FINAL CON LA IMPRENTA DE BASILEA

En 1537 pasó por Brujas el joven Rodolfo Gwalther (1519-1586), futuro jefe de la iglesia de Zurich, a la sazón estudiante y criado de H. Bullinger, quien entonces la presidía. Iba a Londres, enviado por su amo, en cumplimiento de una misión para con T. Cranmer, arzobispo de Canterbury, en la nueva iglesia anglicana. Tuvo la alegría –se lee en su diario de viaje– de ver a Vives, quien lo acogió en su casa *humanissime*; departieron con enorme cordialidad, y el valenciano le habló acerca de unos escritos filosóficos y teológicos que tenía deseos de imprimir en Basilea. Se quejó de la mediocridad de los impresores de los Países Bajos, en contraste con la gran calidad de los existentes en aquella ciudad. Vives había accedido a las prensas basileenses en 1521, con el *Somnium*, y de nuevo en 1522, con los *Commentarii* agustinianos. Los problemas derivados de la mala venta del segundo libro, deterioraron las relaciones del autor con Froben y Erasmo. Así, mientras el holandés vivió, los escritos del valenciano estuvieron ausentes –¿deliberadamente?– de ese vital centro librero del Renacimiento. En 1523 Vives se lamentaba de que sus libros quedaran excluidos de las prensas de Basilea y en 1528, aún intentó que Froben reimprimiera sus *Declamationes.*[48]

---

[48] Quizás en la ep. 1362, del 10-V-1523, ya alude Vives a sus *Declamationes* cuando pregunta a Erasmo: *Vellem scripsisses an sit Frobenius illa Opuscula impressurus.* P. Boesch, "Rudolph Gwalthers Reise nach England im Jahr 1537", en *Zwingliana,* VIII, (1947), 2, págs. 433-471.

Basilea, G. Braun y F. Hogenberg, *Civitates Orbis Terrarum.* Vives siempre deseó llevar sus escritos a la imprenta de Basilea, lo que les garantizaba una difusión de alcance europeo. Esto sólo lo conseguiría plenamente en 1538, a dos años de su muerte (París, Bibliothèque Nationale, Cartes et Plans).

Vives entregó a Gwalther, a su regreso de la isla, el 6 de mayo, ciertas *litteras ad Operinum [sic].* La anécdota, además de poner de relieve la tolerancia mutua, a pesar de las diferencias en materia religiosa, entre Vives y diversos humanistas protestantes, revela un hecho capital: la existencia de nexos personales –si bien por vía epistolar– entre Vives y sus impresores de Basilea. Además, parece evidenciar que la iniciativa de dicha relación habría partido del valenciano. Éste, un año después de la muerte de su maestro, volvía a intentar suerte en Basilea.

Ioannes Oporinus, helenista y médico, antiguo criado de Paracelso, y corrector de Froben, acababa de formar una sociedad con su acaudalado cuñado R. Winter, con el impresor B. Lasius y el profesor de griego T. Platter. Disuelta la sociedad, por dispendios, hacia 1543, Oporinus seguiría al frente de la imprenta hasta 1567.[49] Era prover-

---

[49] Ver nota 2.

bial el cuidado que ponía en sus impresiones. Valga como ilustración, la conocida anécdota de que Vesalio se desplazó a Basilea, teniendo Venecia al lado de su universidad, para imprimir la *Fabrica* en el taller de Oporinus, en 1543. Establecido el contacto con dicha sociedad a escasos dos años de la muerte de Vives, Basilea se puso al frente de una sistemática difusión de sus escritos durante los treinta años siguientes. Estos fueron llevados a las prensas, solos o en grupos de opúsculos, más de sesenta veces. Fue en semejante marco que tuvo lugar la compilación de *Opera* (1555), por Episcopius, yerno de Froben el viejo. De tanta o mayor importancia que el número de reimpresiones, es la circunstancia de que tales libros, puestos regularmente a la venta en la ferias de Frankfurt, se difundían por toda Europa. Y eran, en ocasiones, multiplicados por diversos impresores locales.

Así se explica la extraordinaria y veloz difusión que alcanzaría la *Linguae latinae exercitatio*, puesta en el mercado, con el sello de Winter en marzo de 1538 (n.º 38) con dedicatoria al joven príncipe Felipe, hijo del emperador. El famoso conjunto de veinticinco diálogos fue diseñado para enriquecer el lenguaje cotidiano de los escolares en sus diversas ocupaciones de cada día: levantarse, escuela, alimentos, estudio, descanso, etc. Al punto se convirtió en la obra más difundida de Vives, pues todavía a principios del siglo XX se utilizaba como libro escolar, y es también una de las menos estudiadas. Se ignora a ciencia cierta si fueron elaborados súbitamente y en su conjunto, o son resultado de muchos años. Tampoco se han hecho estudios acerca de su léxico, el número de neologismos, que produjeron cierto escándalo en su tiempo, ni si algunas de las propuestas verbales de Vives se adoptaron.

De igual modo, se carece de un censo completo y fiable de ediciones. La tarea es por lo demás imposible, pues puede probarse la desaparición completa de varias, a causa del uso, y en el caso de muchas más, se tiene constancia por un solo ejemplar superviviente. Ya Winter lo reimprimió en marzo y septiembre de 1539, año en que se estampó también en Milán, Amberes, París y, al parecer dos veces, en Lyon. El ritmo no disminuyó en los años siguientes, pues quince después se habían rebasado las sesenta impresiones, y al final del siglo pasarían de 217,[50] una de ellas estampada en México, en 1554.

Con semejante número de reimpresiones y la escasez de ejemplares que las documenten, la detección de la primera edición no es asunto fácil. Casi todas las aparecidas en 1539 y 1540 reivindican en su portada el mérito de la príncipe; la más antigua de las datadas, de marzo, es la de Winter (n.º 38). Gregorio Mayans poseía un ejemplar impreso en París, en 1539 (n.º 39) y la creyó primera edición. También en Amberes salió una reivindicando ese título, pero el colofón señala claramente el mes de julio (n.º 40).

---

[50] Se han podido controlar a vista de los ejemplares, unas 170 ediciones. De otras 30, se tienen noticias susceptibles de comprobar. El resto corresponde, bien a referencias del catálogo de una biblioteca destruida, o a la indicación aislada de otro autor, cuyo ejemplar no ha sido localizado. Varias bibliotecas de la antigua Alemania Oriental guardan seguramente sorpresas. Véase la nota 1.

Algo análogo sucedió con las impresiones de Milán y Lyon. La noticia sobre un ejemplar en la Bibliothèque Municipale de Gray, en Francia, con el colofón Basilea, marzo de 1538 (n.º 38), en caso de ser debidamente confirmada, resolvería la cuestión, habida cuenta que Vives dató su conclusión en Bredá en dicho año.

Otro tipo de polémica suscitó la existencia de un ejemplar en Madrid en cuya portada se lee el pie de imprenta: "BREDE BRABANTICAE: Anno Dñi. 1538" (n.º 41). Se trata de una edición del libro de Vives realizada por iniciativa de Juan Maldonado, quien imprimió en el mismo volumen su opúsculo *Eremitae*. Este segundo es anunciado mediante una portada aparte, localizada a continuación de la hoja 81. Diversos autores[51] han demostrado que la portada inicial, suscrita *Brede*, es falsa, datable en el siglo XVIII. Otro tanto puede afirmarse del último cuadernillo de cuatro hojas, impreso con otros tipos, a fin de completar el *Index*. Pero el resto del volumen es indudablemente del XVI. El hecho de que la misma portada interior hubiese aparecido en Zaragoza, en 1560, en la imprenta de Pedro Bernuz, llevó a suponer ese lugar y una fecha análoga para el escrito de Vives. Recientemente, D.E. Rhodes[52] ha identificado que la portada en cuestión, así como una serie de letras capitales, pertenecieron a Adrián de Amberes, quien, procedente de los Países Bajos, empezó a imprimir en Estella en 1547. Con base en las ilustraciones aportadas por Rhodes, puede afirmarse con seguridad que, tanto la portada interior como la capital de la hoja dos del libro de Vives y Maldonado, son identificables con el material gráfico de Adrián de Amberes. El propio Maldonado imprimió una *Vitae sanctorum* en 1548 que procedió del mismo taller. Bataillon, al margen de las consideraciones tipográficas enunciadas, opinó que el volumen habría sido impreso hacia 1550, pues el diálogo *Eremitae* no apareció en las recopilaciones de opúsculos que Maldonado publicó en 1541 y 1549.[53] Ambas informaciones, por diversas vías, confluyen. De ser así, se trataría de la más antigua edición en España de la *Linguae latinae exercitatio*.

En agosto de 1538, y en Basilea, aparecieron dos obras nuevas. La *Censura* acerca de los escritos de Aristóteles (n.º 42) encomendada a Vives para ser colocada al frente de los *Opera* de Aristóteles, en latín, al cuidado de su amigo S. Grynaeus (1538, 1542, 1548; Lyon, 1549 y 1561). Asimismo, en dicho mes se publicó *De anima et vita* (n.º 36), uno de los escritos fundamentales de Vives. En él se estudian las funciones del intelecto, a fin de conocer sus operaciones y ponerlo al servicio del saber y de la virtud. Concebido al mismo tiempo que *De disciplinis* y *De ratione dicendi*, en ambos tratados hay referencias al *De anima*. Sin duda porque, para Vives, los procesos de aprendizaje y de enseñanza son inseparables del problema de cómo es la mente que realiza tales operaciones. En 1543 reapareció en la misma ciudad, al lado del *De anima*, de Me-

---

[51] N. K., 01128; Palau, t. 27, pág. 425; Vosters, "Vives al hilo...", págs. 37-41. Este último ha puntualizado, también, que la imprenta comenzó en Bredá en 1611, pág. 39.

[52] "Juan Maldonado and the Press in Burgos", en *Gutenberg Jahrbuch*, 1988, págs. 141-145.

[53] *Erasmo y España. Estudios sobre la historia espiritual del siglo XVI*, México, F.C.E, 1966, p. 645, n. 4.

lanchthon, y desde entonces, salvo en los *Opera* de Basilea y Valencia, iba acompañado de otros tratados sobre el tema.

Al año siguiente de 1539, los mismos impresores publicaron *In Bucolica Vergilii interpretatio potissimum alegorica* (n.º 43), escrita a petición de su protectora Doña Mencía de Mendoza. El opúsculo alcanzó al menos veinte ediciones, trece de las cuales, italianas (las dos últimas de 1610 y 1624).

A la muerte del humanista, su viuda, Margarita Valldaura y el amigo común F. Craneveld, prepararon para la imprenta *De veritate fidei Christianae*, que Oporinus publicó en 1543 (n.º 46). El mismo editor lo reimprimió al año siguiente, y aún alcanzó cuatro ediciones sueltas más, una en alemán. El tratado, obra de un católico laico y además casado, sin grado universitario, parece haber hallado mejor acogida del lado protestante. Los impresores de todas las ediciones separadas, salvo quizás el de Colonia –del que carezco de información– eran reformados. El único ejemplar suelto cuya circulación en España he podido comprobar documentalmente en el XVI, fue confiscado por la inquisición al doctor Constantino Ponce, condenado por luterano en el famoso proceso de Sevilla, en 1560. [54] En Ginebra, un ejemplar se encuadernó junto con la *Institutio Christianae Religionis*, de Calvino.

Si los últimos cinco títulos de la bibliografía vivista proceden de las prensas de Winter, Oporinus y socios, no menor importancia revisten los escritos anteriores que con ese motivo fueron revisados por el autor, a varios de los cuales ya me he referido antes. En marzo de 1538, Winter estampó, con el título de *Declamationes sex* (n.º 15), la versión definitiva de las cinco *Declamationes Sullanae* (n.º 14); de una sexta, escrita a petición de Moro, para responder a otra de pseudo Quintiliano (n.º 20); y por fin los opúsculos publicados en 1526, con el título *De Europae statu ac tumultibus* (n.º 29). Ese mismo mes, saldría la versión definitiva del *De officio mariti* (n.º 31); y en agosto, de la *Institutio christianae foeminae* (n.º 22). Por fin, en 1544 Oporinus publicó la versión del *Somnium* que Vives preparó en Bredá en 1539, y que no alcanzó a ver (n.º 13).

La calidad de las cinco ediciones príncipes aparecidas en Basilea poco antes y después de la muerte de Vives, así como la versión definitiva de más de media docena de títulos, son circunstancias que allanaron el camino a los editores de los *Opera* de 1555 (n.º 47), cuando la difusión de los escritos vivesianos se encontraba en su punto máximo. Sin duda también resultó útil el inventario de Gesner en su *Bibliotheca* (1545, n.º 79), obra que Lycosthenes compendió para Oporinus seis años después (n.º 80). Sin duda, los editores no supieron disponer de la mejor versión para cada caso. Para la *Introductio ad sapientiam* y opúsculos que solían acompañarla, eligieron el texto difundido por Colines en 1527 (n.º 25), correspondiente a la segunda versión, en vez de

---

[54] No es aquí el lugar para discutir si efectivamente Ponce era luterano. El libro pertenecía a alguien oficialmente condenado como tal. K. Wagner, *El Doctor Constantino Ponce de la Fuente. El hombre y su biblioteca,* Sevilla, Dip. Provincial, 1979, n.º 422, pág. 73. Aparecen en el inventario también dos ediciones no precisadas de los *Diálogos,* números 140 y 205.

cualquiera de las revisiones posteriores (n.ᵒˢ 24 y 26). O, en el caso del *Somnium*, no incluyeron el texto divulgado en 1544 (n.º 13). Asimismo, no incluyeron la *Censura* de Aristóteles, ni llegó a sus manos la *Veritas fucata* (n.º 19). Suele reprochárseles no haber incluido los *Commentarii* a la *Civitas Dei* (n.ᵒˢ 16 y 17), pero tal vez es una reclamación injusta. La portada del volumen primero, señala que no se incluye dicha obra porque se localiza en Froben, es decir en la casa editorial de los cuñados de Episcopius, que ese mismo año publicaban una nueva edición de los *Opera* agustinianos. Los comentarios, por sí mismos, carecían de sentido en ausencia del texto que estaban glosando. Esas faltas aparte, sorprende que los editores hubiesen localizado incluso los tempranos escritos parisienses de Vives (n.º 4, posiblemente), y los *Opuscula varia* (n.º 7), ambos desconocidos para Gesner. Así pues, salvo las dos fallas mencionadas, y algunas epístolas aparecidas sueltas, hoy no conocemos ninguna obra de Vives ausente de aquella compilación.

De la recopilación preparada por los hermanos Mayans en ocho volúmenes (n.º 48), se ha dicho que se limitó a reproducir, a veces empeorándolo, el texto de la edición anterior. Ciertamente no se advierte en los editores preocupación por mejorar el texto de Vives buscando la mejor recensión o comparando ediciones. Su interés parece haberse centrado en enriquecer el *corpus*, al que incorporaron la *Veritas fucata*, una copia manuscrita de la cual fue obtenida para Gregorio Mayans por Manuel de Roda.[55] Los Mayans agregaron también aquellas cartas de la *Farrago epistolarum* (n.º 59), publicadas un año después de la recopilación de Basilea. En este caso, se ha encontrado un manuscrito en la Biblioteca provincial franciscana de Valencia, con letra de J.A. Mayans (n.º 59 bis), donde se transcriben las cartas originales de la *Farrago*. El manuscrito tiene el interés adicional de demostrar que Mayans tuvo en sus manos una versión íntegra de la epístola a Erasmo que comienza *Progresso mihi*, misma que en el volumen VII de los *Opera omnia* (págs. 151-157) apareció con dos pasajes censurados.

Otro de los puntos en que los Mayans esperaban superar a los editores basileenses era procediendo mediante un plan. El único manuscrito conocido de la *Vivis vita* (n° 83) se abre, precisamente, con una *Idea editionis*, y ésta fue impresa entre las piezas preliminares del volumen I. A la larga, esta virtud se convirtió en defecto, pues los criterios clasificatorios que en el XVIII tenían sentido, hoy parecen inconvenientes, en particular porque diversas obras acabaron apareciendo, desmembradas, por varios volúmenes. Tal es el caso con los tratados que componen la tercera parte del *De disciplinis*.

La extensión de este trabajo obliga a no referirme por ahora a la cuestión de las obras atribuidas, ni al grado de avance en la localización y publicación de sus cartas. Los dos estudios siguientes se referirán, uno al epistolario de Craneveld, y el otro a los manuscritos epistolares del humanista valenciano. Mucho más queda por decirse acerca de las ediciones príncipes de Vives, y de las recopilaciones de *Opera*; pero esto se

---

[55] Cfr. nota n.º 45.

hará con mayor propiedad a medida que nuevas ediciones críticas vean la luz. No sobra destacar aquí, que de toda su producción literaria posterior a París y Lovaina, sólo *De conscribendis epistolis* (n.º 104, 3) ha sido objeto de una edición crítica. Con mucho, la mayor parte del trabajo espera aún la paciencia y el rigor de los especialistas.

✦ ✦
✦

Obras citadas

Adams, H. M., *Catalogue of books printed on the Continent of Europe, 1501-1600, in Cambridge Libraries.* Cambridge, Cambridge University Press, 1967, 2 vols.

Aznar Casanova, Ricardo, *Soixante lettres de Jean-Louis Vivès*, París, Presses universitaires de la France, 1943.

Bedouelle, Guy, y Patrick le Gal, *Le "Divorce" du Roi Henry VIII. Etudes et documents*, Ginebra, Droz, 1987.

Biblioteca Colombina: Catálogo de sus libros impresos, Sevilla, Imp. E. Risco, 1888-1948, 7 vols.

Bibliotheca Belgica. Bibliographie générale des Pays-Bas, Bruselas, Culture et civilisation, 1963-1975, 7 vols.

Bibliothèque Pillone, prefacio de Lionello Venturi, París, Pierre Berès, [1957].

Bongiovanni, Adriana, *Il De Initiis, sectis et laudibus philosophiae di Juan Luis Vives. Temi e problemi di storiografia filosofica nel primo Rinascimento*, Pavía, 1984. Tesis doctoral en la Università di Pavia.

Books printed in Spain and Spanish Books printed in other Countries, Londres, Maggs Bros., 1927.

Breva-Claramonte, Manuel, "A Re-Analysis of Juan-Luis Vives' (1492-1540) Exercitatio Linguae Latinae", en Hans Aarsleff et al (Eds), *Papers in the History of Linguistics*, Amsterdam, Benjamins, 1987, págs. 167-177.

Brunet, Jacques-Charles, *Manuel du libraire et de l'amateur de livres*, París, Firmin-Didot, 1860-1865, 6 vols.

Bussche, E. van den, "Luis Vives, célèbre philosophe du XVe siècle (notes biographiques)", en *La Flandre*, VIII (1876), págs. 291-328.

Cárcel Orti, Vicente, "Obras impresas del Siglo XVI, en la Biblioteca de San Juan de Ribera", en *Anales del Seminario de Valencia*, VI (1966), págs. 117-383.

Catálogo Colectivo de obras impresas en los siglos XVI al XVIII existentes Bibliotecas españolas: Siglo XVI, Madrid, Dirección General de Archivos y Bibliotecas, 1972-1984, 15 vols., edición provisional.

Catalogue général des livres imprimés de la Bibliothèque Nationale, París, [Imp. Joseph Floch], 1967, 231 vols. [vol. 212: Vivès-Vergile].

Cockx-Indestege, E., y G. Glorieux, *Belgica Typographica 1541-1600*, En proceso (Nieuwkoop 1968-   ).

Cooney, J.F., *"De ratione dicendi", a Treatise on Rhetoric by J. L. Vives*, Ann Arbor, 1966. Tesis doctoral en Ohio State University.

Copinger, W. A., *Supplement to Hain's Repertorium Bibliographicum; or, Collection Toward a New Edition of That Work*, Londres, Sotheran, 1895-1902, 3 vols. Reimpreso: Milán, Görlich, 1950, 3 vols.

Coppens, C., "Une collaboration inconnue entre Caroline Guillard et Hugues de la Porte en 1544: le *De civitate Dei* d'Augustin, edité par Juan Luis Vives", en *Gutenberg-Jahrbuch*, 1988, págs. 126-140.

Daxhelet, E., *Adrien Barlandus humaniste belge, 1486-1538*, Lovaina, Humanistica Lovaniensia, 1938.

Delaruelle, Louis, *Répertoire analytique et chronologique de la correspondande de Guillaume Budé*, Toulouse, E. Privat, 1907-

Gallardo, Bartolomé José, *Ensayo de una biblioteca española de libros raros y curiosos, formada con los apuntamientos de...*, coordinados y aumentados por M.R. Zarco del Valle y J. Sancho Rayón, Madrid, M. Rivadeneira, 1863-1889, 4 vols.

Gallinari, Luigi, *Il "De Communione Rerum" di Giovanni Ludovico Vives*, Cassino, Istituto universitario de magisterio, 1974.

General Catalogue of Printed Books to 1955. Compact edition, Nueva York, Readex Microprint, 1967. (Vives en el volumen 26).

González González, Enrique, "Humanistas contra escolásticos. Repaso de un capítulo de la correspondencia de Vives y Erasmo", en *Diánoia*, 29 (1983), págs. 135-161.

————, *Joan Lluís Vives. De la escolástica al humanismo*, Valencia, Generalitat Valenciana, 1987.

Graesse, Jean George Théodore, *Trésor de livres rares et précieux, ou Nouveau Dictionnaire Bibliographique*, Dresde, Kuntze, 1859-1900, 8 vols.

Guerlac, Rita, "Textos, traducción, introducción y notas", *Juan Luis Vives against the pseudodialecticians*, Dordrecht, Reidel, 1979.

Haebler, Conrado, *Bibliografía ibérica del siglo XV. Enumeración de todos los libros impresos en España y Portugal hasta el año de 1500 con notas críticas.* Leipzig, Hiersemann, 1903-1917, 2 vols.

Hain, Ludwig, *Repertorium bibliographicum, in quo libri omnes ab arte typographica inventa usque ad annum MD, typis expressi ordine alphabetico vel simpliciter enumerantur vel adcuratius recensentur,* Stuttgart-París, 1826-1838, 4 vols. Reimpreso: Milán, Görlich, 1948, 4 vols.

Iglesias Tais, Manuel y Antonio Flores Muñoz, *Catálogo de Incunables e Impresos del Siglo XVI de la Biblioteca Pública de Córdoba,* Córdoba, Junta de Andalucía-Consejería de Cultura, 1986.

IJsewijn, Jozef, "J.L. Vives in 1512-1517. A Reconsideration of Evidence", en *Humanistica Lovaniensia,* XXVI (1977), págs. 82-100.

——, "Vives and poetry", en *Roczniki Humanistyczne,* XXVI, 3 (1978), págs. 21-34.

——, "Vivès et Virgile", en R. Chevallier (ed), *Présence de Virgile,* París, 1978, págs. 313-321.

——, "Vives' Jugendwerke neu datiert", en *Wolfenbütteler Renaissance Mitteilungen,* 2 (agosto 1987), págs. 58-59.

——, "Zu einer kritischen Edition der Werke des J.L. Vives", en *Juan Luis Vives,* Hamburgo, Hauswedell, 1982, págs. 23-34.

Index Aureliensis: Catalogus librorum sedecimo saeculo impressorum..., Aureliae Aquensis, 1965-1982, 7 vols.

Iseghem, A.F. van, *Biographie de Thierry Martens d'Alost. Premier imprimeur de Belgique,* Malinas, 1852; *Supplément,* Malinas, 1866.

Laurenti, Joseph L., *Hispanic Rare Books of the Golden Age (1470-1699) in the Newberry Library of Chicago and in Selected North American Libraries,* Nueva York, Peter Lang, 1989.

Machiels, J., "Johannes Dullaert: Gent, ca. 1480-Paris, 10 september 1513", en *Professor R. L. Plancke 70. Getuigenissen en Bijdragen,* Gante, 1981, págs. 69-96.

Machiels, J., *Catalogus van de boeken gedrukt voor 1600 aanwezig op de Centrale Bibliotheek van de Rijksuniversiteit Gent,* Gante, Uitgaven van de Centrale Bibliotheek, 1979, 2 vols.

Matheeussen, Constant, "Quelques remarques sur le De subventione pauperum", en J. IJsewijn y A. Losada (eds), *Erasmus in Hispania. Vives in Belgio,* Lovaina, Peeters, 1986, pp. 87-97.

Matheeussen, Constant, "The Date of the "Opuscula varia" of J.L. Vives", en I.D. McFarlane (ed), *Acta Conventus Neolatini Sanctandreani,* Binghamton, 1986, págs. 263-268.

——, "Vives' Two Letters to George Halewin. Themes and Dates", en *Lias,* 3 (1976), págs. 79-83.

Millares Carlo, Agustín, *Catálogo razonado de los libros de los siglos XV, XVI y XVII de la Academia Nacional de Historia,* Caracas, Academia Nacional de Historia, 1969.

Nijhoff, W. y M. Kronenberg, *Nederlandsche bibliographie van 1500 tot 1540,* La Haya, Martinus Nijhoff, 1923-1971, 5 vols.

Norton, F.J., *A descriptive catalogue of printing in Spain and Portugal 1501-1520,* Cambridge, Cambridge University Press, 1978.

Palanca Pons, Abelardo y María del Pilar Gómez Gómez, *Catálogo de los incunables de la Biblioteca Universitaria de Valencia,* prólogo de Justo García Morales, Valencia, Universidad de Valencia 1981.

Palau y Dulcet, Antonio, *Manual del librero hispanoamericano: Bibliografía general española e hispanoamericana desde la invención de la imprenta hasta nuestros tiempos con el valor comercial de los impresos descritos,* Barcelona, Librería Anticuaria de A. Palau, 1948-1977, 28 vols.

Panzer, Georg Wolfgang, *Annales Typographici ab artis inventae ad annum MD post Maittairii Denisii aliorumque doctissimorum virorum curas in ordinem redacti emendati et aucti,* Hildesheim, Georg Olms, 1963-1964, 11 vols.

Porqueras Mayo, Alberto y Joseph Laurenti, *The Spanish Golden Age (1472-1700): A Catalog of Rare Books Held in the Library of the University of Illinois and in selected North American Libraries,* Boston, G.K. Hall, 1979.

Reichling, Dietrich, *Appendices ad Hainii-Copingeri Repertorium bibliographicum; additiones et emendationes*, Munich, Rosenthal, 1905-1910, 6 vols.

Rhodes, Dennis E., "Juan Maldonado and the Press in Burgos", en *Gutenberg-Jahrbuch,* 1988, págs. 141-145.

———, *Catalogue of books printed in Spain and of spanish books printed elsewhere in Europe before 1601 now in the British Library,* Londres, The British Library, 1989, 2.ª ed.

Ribelles Comín, José, *Bibliografía de la Lengua Valenciana*, Madrid, Tipografía de la Revista de Archivos, Bibliotecas y Museos, 1915 [1920].

Schulte Herbrüggen, Hubertus, "Notes et Documents. A hundred new humanists' letters: More, Erasmus, Vives, Cranevelt, Geldenhouwer and other dutch humanists", en *Bibliothèque d'Humanisme et Renaissance*, LII (1990), págs. 65-76.

Serrano Morales, José Enrique, *Reseña Histórica en forma de diccionario de las imprentas que han existido en Valencia desde la introducción del arte tipográfico en España hasta el año 1868*, Valencia, Imprenta de F. Domenech, 1898-1899.

The National Union Catalog. Pre-1956 imprints: A cumulative author list representing Library of Congress printed cards and titles reported by other American Libraries, [Londres], Mansell, 1968-1981, 754 vols.

Thomas, D.H., "Notes sur les premières traductions françaises des "Dialogues" de Jean-Louis Vivès", en *Bibliothèque d'Humanisme et Renaissance*, XLVI (1984), págs. 131-151.

Thomas, Henry, *Short-title Catalogue of Books printed in Spain and of Spanish Books printed elsewhere in Europe before 1601 now in the British Museum*, Londres, The Trustees sold at the British Museum, 1921.

Tobriner, A., *J. L. Vives Introduction to Wisdom: A Renaissance Textbook*, Stanford, 1966. Tesis en la Stanford University.

Vasoli, Cesare, "Juan Luis Vives e un programma umanistico di riforma della Logica", en *Atti dell'Accademia Toscana di Scienze e Lettere La Colombaria*, 25 (1960-1961), págs. 219-263.

Vindel, Francisco, *El Arte tipográfico en España durante el siglo XV*, Madrid, Ministerio de Asuntos Exteriores, 1945-1952, 10 vols.

Vosters, Simon A., "Vives al hilo de algunas portadas", en *Cuadernos de Bibliofilia*, 11 (junio 1983), págs. 25-42.

Wutterich, J.G., *Juan Luis Vives. The instruction of the christian woman: A critical evaluation and translation*, Boston, 1969. Tesis doctoral en el Boston College.

Zuska Polasek, Simón, *Biblioteca de la Provincia Franciscana de Valencia: Libros del siglo XVI*, Valencia, 1981.

THE *LITTERAE AD CRANEVELDIUM*

Jozef IJsewijn

During the first part of the sixteenth century humanism in Flanders and Brabant – that is in the two states which were the core of the Burgundian-Hapsburg Netherlands – was wholly dominated by four major authors, none of whom, however, was born in those lands.

The first of them, and the undisputed key figure of them all, was a Dutchman from Rotterdam in Holland, Desiderius Erasmus, the greatest scholar and Latin author of his age. From the same county of Holland came the leading Latin poet of the time, Janus Secundus, born at The Hague.

To those two Dutchmen we have to add two exceptional men who came from outside the Burgundian states: Sir Thomas More, an Englishman from London, and the scholar we commemorate this year, Joannes Ludovicus Vives from Valencia.

The inclusion of Thomas More in this group may cause some surprise, since he never lived in the Low Countries except as a visitor on diplomatic missions, when he came to Flanders and Brabant as an ambassador of the English king. These visits, however, were fundamentally important in the development of humanism in both England and the Low Countries. In fact, they not only gave him the occasion to get to know men such as Vives and his friends in Bruges, Mechlin and Antwerp, but – most important of all – it was at Antwerp at the house of his friend and colleague Petrus Aegidius that he conceived and composed his *Utopia,* one of the rather few lasting monuments of humanistic literature. Moreover, when he had finished that work in London, he sent the manuscript back to Antwerp, from where Aegidius forwarded it to Erasmus in Louvain. In his turn, Erasmus prepared it for the press with the help of a few friends and edited it from the press of Dirk Martens, who was the academic printer at that time. All this happened in the autumn of 1516, about a year before the first moves were taken towards the foundation of the *Collegium Trilingue Lovaniense,* and a year after the famous letter More had written on behalf of Erasmus to the Louvain theologian Martinus Dorpius when the *Moria* conflict was at its hottest. From all this it is clear that More is an essential figure in the history of humanism in the Southern Netherlands.

This is even truer of Vives, who spent most of his adult and scholarly life in Flanders and Brabant – only interrupted by some sojourns in England – and who wrote most of his important works at Louvain and Bruges.

The four men I have mentioned so far had a common friend, a jurist by profession and a humanist in heart and soul. That man was Franciscus Cranevelt. He was born in Nijmegen, Guelders, in 1485, which means that in years he stood exactly in the middle between the older generation of Erasmus (° 1467) and More (° 1478) on one side, and the younger one to which Vives (° 1493) and Secundus (° 1511) belonged, on the other.

Cranevelt had studied law at Louvain and he married there a girl from a local patrician family. That means that he had both intellectual and family links with Louvain for the rest of his life. He was a successful man and he had a brilliant career, first as the juridical adviser of the town Council of Bruges in the years 1515-1522, next as a leading member of the Supreme Court of the Netherlands in Mechlin, from 1522 to his death in 1564.

De Cranevelt Correspondentie, Brussel, Koning Boudewijn Stichting, 1990.

At Bruges and Mechlin Cranevelt's house was the meeting place not only of the local humanists, but also of friends flocking in from everywhere, men such as Erasmus, Thomas More, Vives, Conrad Geldenhouwer, the Polish diplomat and poet Joannes Dantiscus, the Walachian courtier and historian Nicolaus Olahus and many more. When ambassador More came to Bruges it was Cranevelt who looked for suitable accommodation and offered him hospitality at his own house until such accommodation became available.

Cranevelt outlived all his friends by many years, even the much younger Secundus, who had made his portrait medal, but who died at the early age of only 25 in the same year as Erasmus. At the end of his life Cranevelt may have been a lonely old man left over in a completely changed world. He had witnessed the beginnings of

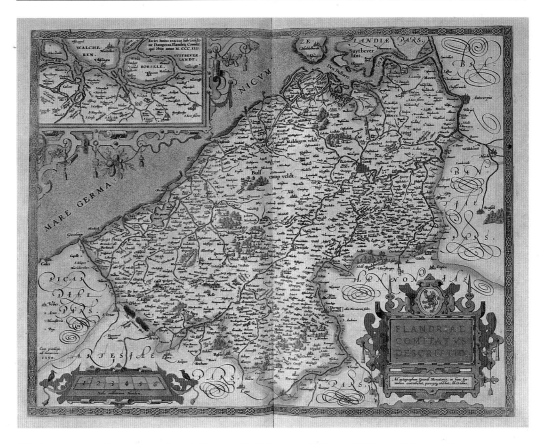

Flandriae Comitatus Descriptio, A. Oertel, *Theatrum Orbis Terrarum* (Valencia, Biblioteca Universitaria).

Luther and the first stirs of the Reformation. When he died, the Council of Trent – 1545/ 1563 – was already closed.

Humanism in the Low Countries owns a lot to Cranevelt. He had the excellent idea of carefully preserving all the letters sent to him by his many humanist friends as well as copies of part of his own letters. As a good lawyer he kept them in strict order, adding a serial number to each of them in the order he received the letters. Not rarely he marked, under the address, the day on which the letter was delivered to him. He had only one fault, an almost illegible handwriting. Vives himself complained that he could not read his friend's scrawls and (*experto crede!*) it often requires an exceptionally skilled palaeographer to make sense of Cranevelt's scribbling.

But for all that, we now are extremely fortunate that several hundreds of letters from Cranevelt's collection, divided into three bundles, survived the many wars and other disasters which the Netherlands and especially Louvain underwent between the early sixteenth century and the last World War. Until the beginning of the twentieth century the collection remained in the possession of descendants of the Cranevelt family at

Louvain, which became extinct in 1930. One cannot say that they always kept them with good care. Often enough, it seems, they were lying neglected in an attic among other old papers and exposed to mice, water and chimney soot.

Without Cranevelt's correspondence our knowledge of early sixteenth-century humanism in North-Western Europe would be much poorer, and we would miss a very substantial part of Vives's correspondence, viz. 77 of the 216 letters now known, *i. e.* largely 35 % of the whole corpus.

The dramatic history of bundles I and II, 269 letters in all, which came to light in 1912, is rather well-known, since it has been told in detail by my predecessor Henry de Vocht in the introduction to his edition of 1928: *Literae virorum eruditorum ad Franciscum Craneveldium 1522-1528. A Collection of Original Letters Edited from the Manuscripts and Illustrated With Notes and Commentaries* by Henry de Vocht, Humanistica Lovaniensia 1 (Louvain 1928), pp. vii-ix. Bundles I and II remained in the hands of Professor De Vocht until his death on 17 June 1962. He kept them stored in a large biscuit-tin in his study. The first time I saw them was during the academic year 1953/54 when I was attending his course on the history of humanism, which he gave in his own house after his retirement (1950) as a professor of the University of Louvain. He showed them to us to illustrate his course. After his death they entered the University Library, to which Professor De Vocht had bequeathed them together with the original doctor's diploma of Hieronymus Busleyden granted by the University of Padua, and with his extremely rich collection of old books.[1]

Professor De Vocht was keenly aware of the fact that a number of letters were missing, but he never did know that a third bundle was lying hidden in a house at Louvain a few streets away from where he lived and taught. As a matter of fact, its probably wrongful possessors in the period after 1930 never breathed a word of it. In 1989 their heirs tried to sell bundle III, consisting of 117 documents, at an auction of Christie's in London and, with the collusion of the auctioneers, did all they could to prevent Louvain from knowing about it before the day of the auction. Only the scholarly conscience of two colleagues, Professor Hubertus Schulte Herbrüggen from the University of Düsseldorf and Professor Joseph Trapp, the then director of the Warburg Institute in London, who had known of the imminent auction barely a month before it was scheduled, thwarted their scheme and made it possible for us to save the letters from a disastrous dispersion. Indeed, thanks to the quick action of the Belgian Cultural Foundation "Koning Boudewijn-Roi Baudouin", which at our request bid successfully at the auction in London, the letters returned to Belgium and, eventually, to Louvain.[2] They

---

[1] On Professor De Vocht's life and work see *Charisterium H. de Vocht 1878-1978,* uitgegeven door J. IJsewijn & J. Roegiers, *Supplementa Humanistica Lovaniensia* II (Louvain U.P., 1979).

[2] For more details see my introduction to J. IJsewijn with G. Tournoy, D. Sacré, Line IJsewijn-Jacobs and Monique Mund-Dopchie, "Litterae ad Craneveldium Balduinianae. A Preliminary Edition", *Humanistica Lovaniensia* 41 (1992), 1-85 (pp. 1-4).

are now given in deposit to the University Library of Louvain and reunited with bundles I and II. Together with colleagues from Louvain and Antwerp we are now working on the edition and letters 1-30 will be available at the end of 1992 in volume 41 of the journal *Humanistica Lovaniensia.* Most of the remaining documents have now been transcribed more or less in their entirety, although in some cases we are still puzzling at the correct reading of a word or a passage.

In principle we edit the text of each letter as faithfully to the original as possible, changing only the punctuation to modern usage and eliminating obvious errors such as *excunduntur* instead of *excuduntur* in letter 3, written by Vives in great haste and under considerable stress (such corrections are pointed out, of course, in the notes). Whenever the original is damaged we try to restore the lacunae, but not rashly. In one case, viz. letter 2 by Vives, which suffered most of all, we can restore part of the text because Valerius Andreas, a historian of the University of Louvain in the early 17th century, has quoted from it the long passage on Vives's vicissitudes with the academic authorities of Louvain when the latter had asked permission to give a course on Cicero's *Somnium Scipionis.* But that is an isolated and happy exception to the rule. Each letter will be preceded by an extensive introduction in English in which we summarise all relevant points of the content and provide the necessary philological and historical information and explanation the reader may need to understand the text well. That means that we try to identify quotations from mostly ancient, but sometimes also humanistic sources, persons and facts mentioned or alluded to, etc.

We are perfectly aware of the fact that at this point of time we have not yet succeeded in solving the last problems of interpretation or in clarifying every question. That is why we decided to begin with a preliminary edition. When we have achieved it in two or three years, we will come to the texts again and prepare a more definitive edition in book form. That procedure will allow us, so we hope, to profit from critical reviews of the preliminary edition and, moreover, to include a revision of the 1928 edition of bundles I and II.

All the letters of the new bundle except one were written in the years 1520-22. The only exception is a letter from Thomas More dated 11 August 1528, which at some unknown moment of the history of the letters was misplaced in bundle III just before another letter of More dated 9 April 1521. The mistake is not Cranevelt's as is proved by the serial number 220 he put on it. The letter, therefore, rightly belongs to bundle III.

The date of the new letters puts them, in history, right at the beginning of the Lutheran turmoil. The famous Diet of Worms, in which the imperial ban was put on Luther, was held in the spring of 1521, and several letters refer to it, as well as to the religious and political disputes of the time in general.

The main figure of bundle III is without any doubt J. L. Vives, who wrote over thirty of the letters and many of them very long ones covering up to four large sheets of paper. Next comes a common and intimate friend of both Vives and Cranevelt, viz. Joannes Fevynus (1490-1555), a Flemming from Veurne, who had studied in Italy and

Gaspar Sensi, Thomas More, from a portrait by P. P. Rubens, Lithography, 19th century, *Colección lithográfica de cuadros del Rey de España... Fernando VII* (Valencia, Biblioteca Universitaria).

was a member of the chapter of St. Donatian's, the main church of Bruges at the time. A few years later he would solemnize the marriage of Vives with Margaret Valdaura. Dr. E. González González recently discovered in the library of the Royal Palace at Madrid three works of Vives from 1523-24 (*De institutione feminae christianae, Veritas fucata* and *Declamationes duae*) and other writings bound in one volume which once belonged to Fevynus and bears his autograph annotations.

Apart from Vives and Fevynus other correspondents are Thomas More, Conradus Vecerius, a Luxemburger at the imperial court, Conradus Geldenhouwer from Nijmegen, a youthful friend of Cranevelt and at the time secretary of Philip of Burgundy, bishop of Utrecht, and various other minor humanists. There is also one letter of Erasmus which was known in a rewritten printed version. The present version is a letter written in confidence to a friend about Erasmus's troubles with the Louvain divines, the printed text has been changed into a formal apology of Erasmus's point of view. The new text will be available as letter 22 in the first series of letters published in *Humanistica Lovaniensia* 1992.

In Bundle III we find, basically, two types of letters (as well as two epigrams). There are long reports and discussions on the one hand, short notes on the other. The first group contains mostly letters sent to Bruges from elsewhere, from Louvain, Nijmegen, the imperial court, etc. The notes are either announcements of a longer letter to come when more time is available, or – more often – quick messages between Cranevelt and his friends in Bruges. In our time these would not be letters, but phone calls. They are often the most difficult to understand, because most of them are isolated fragments of discussions and conversations which were being held orally and thus escape us completely. This is not to say, however, that everything is very clear in the long letters. Not rarely they are an answer to a letter we do not have either, or they allude to events and persons unknown or imperfectly known to us. On the other hand, the fact that all the documents are part of the correspondence of one person in a fairly short span of time and that they were kept and numbered in strict chronological order is a great help towards a correct interpretation and understanding. Many letters would not make any sense to us if they had survived separately as stray documents.

The subjects discussed in the letters are roughly the following:

1.   Family and personal matters, especially concerning Vives, the Valdaura family in Bruges and Cranevelt himself. Thanks to one of the letters we can now be sure that Bernardo Valdaura, the father of Vives's future wife, died in January 1521. We also learn the correct date of the death of Cardinal de Croy, Vives's protector and Maecenas. We get new information on the early career of Vecerius (a journey to Palermo, Barcelona and France) and on Erasmus's whereabouts in the latter half of April 1521. Finally, we are now sure that Vives visited Budé in Paris in May 1519 and not in 1520, which means that some letters of Erasmus must also be redated.

2.   Humanistic studies, first and foremost among them Vives's and Cranevelt's endeavours to learn Greek. Two letters of Vives are written entirely in Greek, in many others there are Greek passages, but they all contain a fair number of errors as is normal with a person who begins to learn a language. Other texts closely studied at Bruges were Pliny's Natural History and the *Codex Iuris Civilis,* which of course could be expected from a jurist such as Cranevelt.

3.   Vives's Commentary on St. Augustine and the progress of other works such as the *Somnium.* We get a good insight into Vives's hectic work rhythm and the help he received or expected from his friends: he borrowed their books, asked them if they could locate certain texts quoted by St. Augustine and got himself and his assistant at Louvain completely worn out by the stressing rhythm of their labours. Dark passages in the *Somnium* can now be explained with the help of information contained in the letters.

4.   The situation of the humanists at Louvain and, in particular, Erasmus. Many letters testify to the immense prestige Erasmus enjoyed everywhere among the humanistic minded intellectuals. People tried to obtain a letter from Erasmus addressed to them through the intermediary of his friends.

5.   The first stage of the Lutheran conflict, including Erasmus's position, Hutten's activity, the first burning and confiscation of books. Especially on this subject the letters of 1520/21 are extremely interesting because their authors still voice their opinions without restraint and in a way which only a few years later might have had deadly consequences for them. In February 1520 Geldenhouwer, secretary to the bishop of Utrecht, reports that the theologians in Germany and at Louvain tried to make Luther a heretic, but in vain, since – he adds – the truth always overcomes. Vives told Crane-

velt bluntly that he was not interested at all in those theological squabbles about the authority of the pope, Jewish books, confession etc. Fevynus, appealing to the authority of Erasmus, even refused to obey an order of the Bruges magistrate to surrender his works by Luther. He did not buy them, he said, in order to give them to the bishop, who might go and sell them in Paris!

Finally, some of the letters are exceptionally rare autographs. One is written by John Clement, More's servant-pupil and, later on, professor in Oxford and president of the Royal College of Physicians in London. Our letter is the first autograph document of Clement ever found. Another letter is written by Jodocus (Laetus) Gaverius, professor and twice rector at Louvain. Until the last World War another letter in his hand existed at Leipzig, but it was destroyed during the war.

In conclusion, we can say that it will take several years more to study the *Litterae ad Craneveldium Balduinianae,* as we called bundle III, and to clarify all the problems involved. Professor De Vocht needed eighteen years to complete his splendid edition of bundles I and II, but, as every scholar in the field knows, it was worthwhile. It became a fundamental contribution to the history of Erasmus's time and Northern humanism. We hope that in the end bundle III will prove to be another valuable contribution in the same fascinating field.

✦ ✦

✦

A SURVEY OF THE EXTANT MSS. OF J. L. VIVES'S LETTERS

Gilbert Tournoy

In my recently published Inventory of Vives's correspondence [1] I gave a chronological survey of the letters written by Vives or addressed to him, indicating the most recent and/or the easiest available edition.

This contribution, which is meant to be a pendant to that by Dr. E. González González, will focus on the extant manuscripts of Vives's own letters. The main body of them, some 80 letters, is now in Leuven University Library, contained within the bundle of letters addressed to Francis Cranevelt and preserved in his family for centuries. Some of them were bequeathed by Prof. H. de Vocht; others were recently acquired by the cultural Foundation named after the Belgian King, *Koning Boudewijn Stichting,* and were deposited in the Library together with the other bundles with which they were originally associated. These letters I have been able to check personally; the description of the remaining ones will necessarily be less detailed and less accurate, being based on secondary sources.

This survey will list in part I the libraries and archives where letters by Vives are kept. Here, a first section (I A) will deal with the overwhelming majority held by Leuven University Library; the other locations will be treated in a second section (I B). In part II all the letters will be listed in chronological order, followed by the siglum indi-cating the library in which they are kept. Part III will give the names of the addressees, again in alphabetical order.

SIGLA

A   P. S. Allen - H. M. Allen - H. W. Garrod, *Opus Epistularum Des. Erasmi,* 12 vols. (Oxford, 1906-1958).

B   *Joannis Lud. Vivis Valentini Opera in duos distributa tomos* (Basileae, 1555).

C   *Literae virorum eruditorum ad Franciscum Craneveldium, 1522-1528,* ed. H. de Vocht, Humanistica Lovaniensia, 1 (Louvain, 1928).

---

[1] *Pour une nouvelle édition de la correspondance de J. L. Vives,* Kulck preprint no. 77 (Kortrijk, 1992).

CV   "Herdenkingstentoonstelling H. De Vocht 1878-1962. Catalogus", in: *Charisterium H. De Vocht 1878-1978.* Uitgegeven door J. IJsewijn & J. Roegiers, Supplementa Humanistica Lovaniensia, 2 (Leuven, 1979), pp. 102-164.

GT   G. Tournoy, *Pour une nouvelle édition de la correspondance de J. L. Vives,* Kulck preprint no. 77 (Kortrijk, 1992).

H   A. Bonilla y San Martín, "Clarorum Hispaniensium Epistolae Ineditae", *Revue Hispanique,* 8 (1901), 181-308.

K   P. O. Kristeller, *Iter Italicum,* 6 vols. (London-Leiden, 1963-1992).

LB   J. IJsewijn - G. Tournoy, "Litterae ad Craneveldium Balduinianae. A Preliminary Edition. 1. Letters 1-30 (March 1520 - February 1521)", *Humanistica Lovaniensia,* 41 (1992), 1-85 (in the press).

LBE   J. IJsewijn e. a., "Literae ad Craneveldium Balduinianae. Elenchus pro tempore", *Humanistica Lovaniensia,* 41 (1990), 369-374.

MG   Melchior Goldast (ed.), *Philologicarum epistolarum centuria una...* (Francfort, 1610).

MHL   H. de Vocht, *Monumenta Humanistica Lovaniensia,* Humanistica Lovaniensia, 4 (Louvain, 1934).

MS   A. Moreira de Sá, "Uma carta inédita de Luís Vives para D. João III", *Arquivo de Bibliografia Portuguesa,* 3 (Coimbra, 1957), 1-8.

P   J. Paquier, *Lettres familières de Jérôme Aléandre (1510-1540)* (Paris, 1909).

R   A. Bonilla y San Martín, *Luis Vives y la Filosofía del Renacimiento,* 3 vols. (Madrid, 1903; 1929^2).

RD   Louvain, Universiteitsbibliotheek KULeuven, ms. R.D.1 (Epistulae Balduinianae).

T   *De Cranevelt Correspondentie / La Correspondance Cranevelt* (Brussel/Bruxelles, 1990).

V   *Joannis Ludovici Vivis Valentini Opera Omnia,* ed. Gregorius Majansius, 8 vols. (Valentiae, 1782-1790).

W   F. Watson, *Les Relacions de Joan Lluís Vives amb els Anglesos i amb l'Angleterra* (Barcelona, 1918).

Y   G. E. McCully, "A Letter of Juan Luis Vives to Jerome Aleander, from Louvain, December 17, 1522", *Renaissance Quarterly,* 22 (1969), 121-128.

I. *TABLE OF MSS*

I. A. LEUVEN, *Universiteitsbibliotheek* (all letters are addressed to Francis Cranevelt)

1) MS. R.D. 1 (contains 31 original letters)

(1) fol. 6: Paper, 1 leaf, 210 × 270 mm. Entirely in Vives's hand.

Inc.: Tuae epistolae iustae iusta etiam mea epistola respondi
Lit.: LBE, no. 2; GT, no. 27; LB, p. 10.

(2) ff. 1-2: Paper, 1 sheet, folded narrow end to narrow end, 287 × 430 mm. Written by a secretary; badly damaged.

Inc.: Dolet me tam inepte scripsisse
Lit.: LBE, no. 1; GT, no 29; LB, pp. 11-14.

(3) fol. 7: Paper, 1 leaf, 146 × 211 mm. Entirely in Vives's hand.

Inc.: Πρὸς τῶν θεῶν ἁπάντων σὲ δέομαι
Lit.: LBE, no. 3; GT, no. 30; LB, p. 15.

(4) ff. 12-13: Paper, 1 sheet, folded narrow end to narrow end, 434 × 303 mm. The last four lines are autograph.

Inc.: Solutior sum aliquanto
Lit.: LBE, no. 7; GT, no. 32; LB, pp. 24-27.

(5) fol. 14: Paper, 1 leaf, 215 × 200 mm. Written by a secretary.

Inc.: Quam vellem Deus immortalis faceret
Lit.: LBE, no. 8; GT, no. 34; LB, pp. 28-29.

(6) ff. 15-16: Paper, 1 sheet, folded narrow end to narrow end, 434 × 311 mm. Written by a secretary, except for the last line and the signature, which are autograph.

Inc.: Memini quod nuper, quum de genio ageremus
Lit.: LBE, no. 9; GT, no. 36; LB, pp. 29-34.

(7) fol. 20: Paper, 1 leaf, 155 × 111 mm. Entirely in Vives's hand.

Inc.: Primum mihi est abs te petenda venia
Lit.: LBE, no. 12; GT, no. 37; LB, pp. 39-40.

(8) fol. 25: Paper, 1 leaf, 204 × 190 mm. Written by a secretary, except for the last three lines, which are autograph.

Inc.: Non male coniectasti, mi Cranaveldi
Lit.: LBE, no. 15; GT, no. 38; LB, pp. 45-46.

(9) fol. 26: Paper, 1 leaf, 210 × 165 mm. Entirely in Vives's hand.

Inc.: Abiit tandem ὁ Νιβέλλανος ἐς οὐρανόν.
Lit.: LBE, no. 16; GT, no. 39; LB, pp. 47-48.

(10) fol. 27: Paper, 1 leaf, 215 × 303 mm. Written by a secretary, except for the last line, which is in Vives's own handwriting.

Inc.: Binas ad te litteras dedi superiore mense
Lit.: LBE, no. 17; GT, no. 40; LB, pp. 48-50.

(11) ff. 30-31: Paper, 1 sheet, folded narrow end to narrow end, 420 × 290 mm. Written by a secretary, except for the last eight lines and the signature, which are in Vives's hand.

Inc.: Binas tuas litteras accepi diversis
Lit.: LBE, no. 20; GT, no. 41; LB, pp. 53-58.

(12) fol. 40: Paper, 1 sheet, folded narrow end to narrow end, 420 × 290 mm. Written by a secretary, except for the last five lines, which are in Vives's hand.

Inc.: Habes, ut credo, epistulam loquacem
Lit.: LBE, no. 26; GT, no. 42; LB, pp. 70-74.

(13) ff. 57-58: Paper, 1 sheet, folded narrow end to narrow end, 427 × 290 mm. Written by a secretary, except for the last line.

Inc.: Litteras, quas mihi misisti per Laurinum
Lit.: LBE, no. 38; GT, no. 45.

(14) fol. 67: Paper, 1 leaf, 226 × 115 mm. Entirely in Vives's hand.

Inc.: Remitto tibi tuum Plinium
Lit.: LBE, no. 47; GT, no. 46.

(15) fol. 79: Paper, 1 leaf, 214 × 283 mm. Entirely in Vives's hand.

Inc.: Salve propera epistola. Nam Augustinus meus non sinit
Lit.: LBE, no. 56; GT, no. 47.

(16) ff. 85-86: Paper, 1 sheet, folded narrow end to narrow end, 406 × 293 mm. Written by a secretary, except for the last two lines, which are in Vives's hand.

Inc.: Vellem faceret deus immortalis
Lit.: LBE, no. 62; GT, 48.

(17) fol. 91: Paper, 1 leaf, 208 × 116 mm. Autograph letter, entirely in Greek.

Inc.: Αὔριον πρωὶ σχολαστικός
Lit.: LBE, no. 66; GT, no. 49.

(18) fol. 92: Paper, 1 leaf, 216 × 293 mm. Autograph letter, entirely in Greek, followed by Latin translation by Cranevelt.

Inc.: Ἐγὼ δὲ θαυμάζω καὶ φιλοῦμαι
Lit.: LBE, no. 67; GT, no. 51.

(19) fol. 93: Paper, 1 leaf, 213 × 289 mm. Autograph letter, entirely in Greek, except for the last two lines, which are in Latin.

Inc.: ᾽ Ενίκησας ἀτεχνῶς ἐμὲ
Lit.: LBE, no. 68; GT, no. 52.

(20) fol. 95: Paper, 1 leaf, 217 × 294 mm. Entirely in Vives's hand.

Inc.: Mirabar equidem, sapientissime Cranaveldi, quid esset causae
Lit.: LBE, no. 70; GT, no. 53.

(21) fol. 97: Paper, 1 leaf, 203 × 67 mm. Three autograph lines, followed by Vives's signature.

Inc.: Medicus meus mihi hodie dedit veniam
Lit.: LBE, no. 72; GT, no. 54.

(22) fol. 99: Paper, 1 leaf, 153 × 110 mm. Entirely in Vives's hand.

Inc.: Amicus quidam maximus meus
Lit.: LBE, no. 74; GT, no. 55.

(23) fol. 105: Paper, 1 leaf, 216 × 122 mm. Entirely in Vives's hand.

Inc.: Brugas veni ut et tuam et amicorum omnium bibliothecam spoliarem
Lit.: LBE, no. 80; GT, no. 56.

(24) fol. 110: Paper, 1 leaf, 213 × 296 mm. Entirely in Vives's hand.

Inc.: Scribo ad te, mi Cranaveldi, non iam ut
Lit.: LBE, no. 87; GT, no. 57.

(25) fol. 112: Paper, 1 leaf, 214 × 287 mm. Written by a secretary, except for a few corrections, the last two lines, the signature and the address, which are in Vives's hand.

Inc.: Ergo abiit in Britanniam Morus?
Lit.: LBE, no. 89; GT, no. 58.

(26)   fol. 113: Paper, 1 leaf, 219 × 153 mm. Entirely in Vives's hand.

Inc.: In medio tumultu occupationum mearum hec ad te scribo
Lit.: LBE, no. 90; GT, no. 59.

(27)   fol. 116: Paper, 1 sheet, folded narrow end to narrow end, 428 × 296 mm. Written by a secretary, except for some corrections, the Greek words and the two last lines, which are in Vives's hand.

Inc.: Binas abs te litteras habeo
Lit.: LBE, no. 93; GT, no. 60.

(28)   fol. 121: Paper, 1 sheet, folded narrow end to narrow end, 424 × 289 mm. Written by a secretary, except for the four last lines and the address, which are in Vives's hand.

Inc.: Quid est, mi Craneveldi humanissime, quod Fevinus scribit
Lit.: LBE, no. 98; GT, no. 61.

(29)   fol. –: Paper, 1 leaf, 212 × 157 mm. Attribution to Vives is doubtful.

Inc.: Si vales <gaudeo>. Nam et nos valemus
Lit.: LBE, no. 101; GT, no. 64.

(30)   fol. –: Paper, 1 leaf, 150 × 107 mm. Short note, entirely in Vives's hand.

Inc.: Mitt<e quaeso a>d me Suidam et opera philosophica Ciceronis
Lit.: LBE, no. 104; GT, no. 65.

(31)   fol. 135: Paper, 1 leaf, 195 × 130 mm. Entirely in Vives's hand.

Inc.: Redit ad te tuus Ptolemaeus
Lit.: LBE, no. 116; GT, no. 81.

2)   MS. A. 36

(32)   I, fol. –: Paper, 1 leaf, 205 × 263 mm. Written by a secretary and corrected by Vives, who added the last ten lines and the address.

Inc.: Ubi est mei Craneveldi animus
Lit.: C, no. 6, pp. 13-16; GT, no. 69.

(33)   I, fol. –: Paper, 1 leaf, 217 × 268 mm. Written by a secretary and corrected by Vives, who added the last seven lines, including the Greek text.

Inc.: <De tab>bellariis istis m<erito conqueris
Lit.: C, no. 8, pp. 17-19; GT, no. 71.

(34) I, ff. –: Paper, 1 sheet, folded narrow end to narrow end, 217 × 267 mm. Written by a secretary, except for a few corrections, the Greek text and the last three lines, which are all autograph.

Inc.: Nolo tecum d<e philosophia disput>are, homo qui
Lit.: C, no. 13, pp. 32-35; GT, no. 73.

(35) I, fol. –: Paper, 1 leaf, 207 × 273 mm. Entirely in Vives's hand.

Inc.: Si vales, bene est; ego quoque valeo, occupatissimus docendo
Lit.: C, no. 23, pp. 59-61; GT, no. 77.

(36) I, fol. –: Paper, 1 leaf, 212 × 273 mm. Written by a secretary.

Inc.: Pergratum de Lapostolio et hospite tuo
Lit.: C, no. 30, pp. 80-83; GT, no. 78.

(37) I, fol. –: Paper, 1 leaf, 204 × 262 mm. Written by amanuensis A, except for the last eight lines and the address, which are in Vives's hand.

Inc.: Nescias <quanto aegritudine sim affectus
Lit.: C, no. 32, pp. 85-87; GT, no. 84.

(38) I, fol. –: Paper, 1 leaf, 204 × 267 mm. Entirely in Vives's hand.

Inc.: Tuas litter<as Antverpiae accepi
Lit.: C, no. 38, pp. 98-99; GT, no. 86.

(39) I, fol. 36: Paper, 1 leaf, 210 × 136 mm. Entirely in Vives's hand.

Inc.: ...... in>quit ille <   >passi, repugnante
Lit.: C, no. 45, pp. 98-99; GT, no. 87.

(40) I, fol. –: Paper, 1 leaf, 211 × 124 mm. Entirely in Vives's hand.

Inc.: Cum amicis confa<bulando dies ago valde amoenos
Lit.: C, no. 47, pp. 114-115; GT, no. 88.

(41) I, fol. –: Paper, 1 leaf, 215 × 264 mm. Written by amanuensis A, except for the two last lines and the address, added by Vives.

Inc.: Redditae sunt n<obis suavissimae tuae literae
Lit.: C, no. 48, pp. 115-117; GT, no. 89.

(42) I, –: Paper, 1 leaf, 212 × 269 mm. Entirely in Vives's hand.

Inc.: <Verecundia erga te mea est t>alis, ut in quaerendis
Lit.: C, no. 56, pp. 137-142; GT, no. 92.

(43) I, ff. 99-100: Paper, 1 sheet, folded narrow end to narrow end, 430 × 284 mm. Written by a secretary, except for a few corrections, the last 5 lines and the address, which are in Vives's hand.

Inc.: Ex conditione ista me<a nihil concipi potest quod> mihi
Lit.: C, no. 80, pp. 197-201; GT, no. 97.

(44) II, ff. 9-10 (now glued together!): Paper, 1 leaf (originally 1 sheet!), 223 × 290 mm. Written by a secretary, except for some corrections, the last paragraph and the address, which are in Vives's hand.

Inc.: Ad binas litteras tuas, quas mihi Morus noster reddidit
Lit.: C, no. 90, pp. 231-236; GT, no. 104.

(45) II, ff. 24-25: Paper, 1 sheet, 450 × 302 mm. Written by a secretary, except for the last four lines and the address, which are in Vives's hand.

Inc.: Ad postremas literas tuas, mi Craneveldi, quae
Lit.: C, no. 102, pp. 272-276; GT, no. 105.

(46) II, fol. 29: Paper, 1 leaf, 215 × 197 mm. Entirely in Vives's hand.

Inc.: Excusationem meam, quam iussi tibi per Lucenam nunciari
Lit.: C, no. 106, pp. 284-285; GT, no. 106.

(47) II, f. 37: Paper, 1 leaf, 226 × 305 mm. Written by a secretary, except for the last two lines and the address, which are in Vives's hand.

Inc.: Literas, quas tibi scripsi nona mensis huius, non dubito
Lit.: C, no. 112, pp. 302-304; GT, no. 110.

(48) II, f. 54: Paper, 1 leaf, 210 × 193 mm. Entirely in Vives's hand.

Inc.: Etiam in mediis tumultibus itineris, quum mei ipsius
Lit.: C, no. 119, p. 325; GT, no. 111.

(49) II, f. 67: Paper, 1 leaf, 217 × 293 mm. Entirely in Vives's hand.

Inc.: Ex litteris, quas ad te Calicio dedi, intellexisti
Lit.: C, no. 122, pp. 333-336; CV, no. 126, p. 145; GT, no. 112.

(50) II, f. 37: Paper, 1 leaf, 220 × 293 mm. Entirely in Vives's hand.

Inc.: Unas tantum tuas accepi ex quo huc sum reversus
Lit.: C, no. 128, pp. 351-353; GT, no. 114.

(51) II, f. 74: Paper, 1 leaf, 205 × 295 mm. Written by a secretary, except for the last four lines and the address, which are in Vives's hand.

Inc.: Ministro Erasmi quid contigerit, coniicere non possum
Lit.: C, no. 136, pp. 367-370; CV, no. 128, p. 146; GT, no. 118.

(52) II, f. 85: Paper, 1 leaf, 200 × 300 mm. Entirely in Vives's hand.

Inc.: Non tam fuit mihi gratum iudicium
Lit.: C, no. 144, pp. 398-400; GT, no. 119.

(53) II, f. 89: Paper, 1 leaf, 221 × 218 mm. Entirely in Vives's hand, except for the address.

Inc.: Redditus sum Brugis meis et uxori desyderatus et desyderans
Lit.: C, no. 153, pp. 422-424; GT, no. 122.

(54) II, f. 95: Paper, 1 leaf, 215 × 320 mm. Written by a secretary, except for a few corrections and the last two lines, which are in Vives's hand.

Inc.: De uxore pulchre tu quidem omnia et acute
Lit.: C, no. 157, pp. 433-435; GT, no. 124.

(55) II, f. 96: Paper, 1 leaf, 218 × 313 mm. Written by a secretary, except for the last nine lines, which include two or three postscripts, all of them in Vives's hand.

Inc.: Accepi τὸ σὸν ἐπιστόλιον ex quo intelligo
Lit.: C, no. 159, pp. 438-442; CV, no. 129, pp. 146-7; GT, no. 125.

(56) II, f. 97: Paper, 1 leaf, 216 × 312 mm. Written by a secretary, except for a few corrections, the last two lines and the address, which are in Vives's hand.

Inc.: Sic fert saepe negociorum ratio, ut illuc eas minime
Lit.: C, no. 160, pp. 442-444; GT, no. 126.

(57) II, f. 100: Paper, 1 leaf, 215 × 318 mm. Written by a secretary, except for the last four lines and the address, which are in Vives's and.

Inc.: Vereor ne quae tu dicis tibi ficturum somnia
Lit.: C, no. 163, pp. 449-450; GT, no. 127.

(58) II, f. 106: Paper, 1 leaf, 209 × 316 mm. Written by a secretary, except for the last four lines and the address, which are in Vives's hand.

Inc.: Inscriptiones et librorum argumenta explicarem tibi coram omnia
Lit.: C, no. 167, pp. 455-458; GT, no. 130.

(59) II, f. 108: Paper, 1 leaf, 213 × 295 mm. Written by a secretary, except for a few corrections, the last two lines and the address, which are in Vives's hand.

Inc.: Quod dicis te olfecisse tandem, quod ego tanto amico
Lit.: C, no. 171, pp. 467-468; GT, no. 131.

(60) II, f. 115: Paper, 1 leaf, 222 × 300 mm. Written by a secretary, except for the last four lines and the address, which are in Vives's hand.

Inc.: Προσέδεξα τὴν ἐπιστολὴν τὴν σὴν, ἢ μᾶλλον
Lit.: C, no. 175, pp. 477-479; GT, no. 135.

(61) II, f. 123: Paper, 1 leaf, 203 × 290 mm. Written by a secretary, except for the final greeting and the date, which are in Vives's hand.

Inc.: Homerocento tuus placuit mihi, ἀλλὰ οὐκ οἶδα εἰ
Lit.: C, no. 185, pp. 494-496; GT, no. 136.

(62) II, f. 127: Paper, 1 leaf, 214 × 298 mm. Written by a secretary, except for the last six lines, the monogram and the address, which are in Vives's hand.

Inc.: Epistolam tuam scriptam feriis Divi Marci accepi
Lit.: C, no. 193, pp. 508-510; GT, no. 137.

(63) II, f. 136: Paper, 1 leaf, 218 × 153 mm. Entirely in Vives's hand.

Inc.: Non statueram spectare homines istos nutantes bene potos
Lit.: C, no. 200, pp. 526-527; GT, no. 140.

(64) II, f. 140: Paper, 1 leaf, 212 × 298 mm. Written by a secretary, except for the last two lines and the address, which are in Vives's hand.

Inc.: Vehementer me quidam conturbarunt qui nunciarent
Lit.: C, no. 202, pp. 531-534; GT, no. 139.

(65) II, f. 155: Paper, 1 leaf, 215 × 324 mm. Written by a secretary, except for a few corrections, the last three lines and the address, which are in Vives's hand.

Inc.: Aegrotasse te, mi Craneveldi, vehementer mihi fuit grave
Lit.: C, no. 217, pp. 566-569; GT, no. 142.

(66) II, f. 164A: Paper, 1 leaf, 218 × 320 mm. Written by a secretary, except for the last line, the monogram and the address, which are in Vives's hand.

Inc.: Ego vero scribendi ad te occasionem nullam praetermito
Lit.: C, no. 221, pp. 575-577; GT, no. 143.

(67) II, f. 164B: This letter, entirely in Vives's hand, is in fact a postscript written a fortnight later at the end of the previous letter.

Inc.: Dederam litteras has scholastico cuidam, qui aiebat
Lit.: C, no. 223, pp. 579-580; GT, no. 144.

(68) II, f. 165: Paper, 1 leaf, 213 × 320 mm. Written by a secretary.

Inc.: Duas tuas habeo epistolas, quibus nondum respondi
Lit.: C, no. 227, pp. 585-587; GT, no. 145.

(69) II, f. 180: Paper, 1 leaf, 214 × 319 mm. Written by a secretary, except for a few corrections, the last two lines, the monogram and the address, which are in Vives's hand.

Inc.: Prius facio certiorem te redisse me ex Britannia
Lit.: C, no. 237, pp. 604-605; GT, no. 149.

(70) II, f. 181: Paper, 1 leaf, 214 × 315 mm. Written by a secretary, except for the last three lines, the monogram and the address, which are in Vives's hand.

Inc.: Postridie, aut die tertio, quam ex Britannia redissem
Lit.: C, no. 241, pp. 614-617; GT, no. 151.

(71) II, f. 187: Paper, 1 leaf, 215 × 296 mm. Written by a secretary, except for a few corrections, the last two lines, the monogram and the address, which are in Vives's hand.

Inc.: Reddita est mihi epistola tua scripta abs te
Lit.: C, no. 246, pp. 631-634; GT, no. 155.

(72) II, ff. 189-190: Paper, 1 sheet, folded narrow end to narrow end, 392 × 277 mm. Written by a secretary, except for the last two lines, the monogram and the address, which are autograph.

Inc.: Περὶ τοῦ Σαραπτάνου nihil audio; puto refrixisse
Lit.: C, no. 248, pp. 636-639; GT, no. 157.

(73) II, f. 198: Paper, 1 leaf, 212 × 295 mm. Written by a secretary, except for the last three lines, the monogram and the address, which are in Vives's hand.

Inc.: Quum is sis, qui in dandis ad amicos litteris cura diligentiaque
Lit.: C, no. 251, pp. 645-647; GT, no. 160.

(74) II, f. 206: Paper, 1 leaf, 215 × 311 mm. Written by a secretary, except for the last two lines and the monogram, which are in Vives's hand.

Inc.: Reverso domum mihi duas abs te epistolas reddidit Fevynus noster
Lit.: C, no. 261, pp. 670-675; GT, no. 161.

(75)   II, f. 213: Paper, 1 leaf, 222 × 305 mm. Written by a secretary, except for the last two lines and the monogram, which are in Vives's hand.

Inc.: Epistolia abs te accepi tria: nescio an hoc etiam digna nomine
Lit.: C, no. 266, pp. 680-681; GT, no. 162.

Letter from J. L. Vives to Henry VIII, Bruges, 13th July 1527 (Foster Watson, *Les relacions de Joan Lluís Vives amb els anglesos i amb l'Angleterra,* Barcelona, 1918 [no. 71], between pp. 272 and 273).

I. B. OTHER LOCATIONS

BREMEN, *Staats- und Universitätsbibliothek,* a. 8.

> Paper, 16th c.
> On ff. 26-29 two original letters to Guillaume Budé
> > (1) ff. 26r-27v: 1 sheet, 432 × 290 mm (GT, no. 28)
> > > *inc.*: Binas tuas literas accepi eodem fere argumento
> > (2) ff. 28r-29v: 1 sheet, 440 × 328 mm (GT, no. 191)
> > > *inc.*: Epistolam tuam accepi, qua communicas

> *Lit.*: MG, pp. 217-223 and pp. 212-217; [H. Rump], *Verzeichnis der handschriftlichen Bücher und einiger alten Drucke der Bremischen öffentlichen Bibliothek welche in den Schränken der großen Bibliotheks-Saals aufbewahrt werden* (Bremen, 1834), p. 5; G. Gueudet, "Papiers de Guillaume Budé à la Bibliothèque de Brême", *Bibliothèque d'Humanisme et Renaissance,* 30 (1968), 155-183; K, III, pp. 508-9.

CITTÀ DEL VATICANO, *Biblioteca Apostolica Vaticana,* Vat. lat. 6199.

> Paper, 16th c., 163 ff.
> On f. 32ʳ original (not autograph) letter to Hieronymus Aleander (GT, no. 79),
> > *inc.*: Nullas inter nos litteras scripsimus ex quo hinc abiisti

> *Lit.*: P, pp. 104-105; Y, 121-128; K, II, p. 379.

ÉVORA, *Biblioteca Pública,* C X 1-3, fasc. 2.

> Paper, 18th c.
> Copies of three letters from *J. L. Vivis epistolarum farrago* (Antwerp, 1556) (GT, nos. 210, 208 and 193):
> > (1) To Caspar a Castro, *Inc.*: Epistola tua fuit mihi gratissima: iter tuum
> > (2) To Barettus, *Inc.*: Si Barettum meum non nossem
> > (3) To Damião de Goís, *inc.*: Quod epistolae tuae nondum responderim

> *Lit.*: V, VII, pp. 205-206, pp. 211-212 and p. 198; K, IV, p. 454.

ÉVORA, *Biblioteca Pública,* C XXIX/1-1.

> Paper, 18th c.

Letter to King John III of Portugal (GT, no. 197),
   inc.: Quod iampridem ad Celsitudinem tuam nihil scribo

Lit.: H. da Cunha Rivara, *Catálogo dos manoscritos da Bibliotheca Pública Eborense,* 4 vols. (Lisboa, 1850-71), II, 608; MS, pp. 1-8; K, IV, p. 454.

LISBOA, *Arquivo Nacional da Torre do Tombo,* Colecção S. Lourenço, Vol. 1, f. 19.

Paper, 16th c.
Original letter to King John II of Portugal,
   inc.: Quod iampridem ad Celsitudinem tuam nihil scribo (GT, no. 197)

Lit.: MS, pp. 1-8.

LONDON, *Record Office,* Letters and Papers of Henry VIII, IV, 3261, ff. 200-201.

Letter to King Henry VIII (GT, no. 152),
   Inc.: Si Maiestatem tuam non nossem

Lit.: J. S. Brewer, *Letters and Papers, Foreign and Domestic, of the Reign of Henry VIII.* Vol. IV, Part 2 (London, 1872 = Vaduz, 1965), p. 1479, no. 3261; W, between pp. 272 and 273; MHL, pp. 23-26.

MADRID, *Biblioteca Nacional,* 18675, fasc. 13.

Paper, 18th c.
Copy of two letters to Juan de Vergara (GT, nos. 154 and 190),
   (1) *inc.*: Epistolam tuam reddidit mihi Iacobus noster
   (2) *inc.*: Epistolium tuum scito magnam Europae partem peragrasse

Lit.: H, pp. 261-266 and 267; P. Roca, *Catálogo de los Manuscritos que pertenecieron a D. Pascual de Gayangos* (Madrid, 1904); A, VI, p. 502; K, IV, 577.

VALENCIA, *Biblioteca Provincial Franciscana,* 43-f-6.

Paper, 18th c., 208 × 150 mm.
Copy by Juan Antonio Mayans of *J. L. Vivis Epistolarum... Farrago* (Antwerp, 1556).
See complete description in this catalogue, No. 59 bis.

VALENCIA, *Archivo del Reino de Valencia, Varia:* Carta autógrafa de J. L. Vives. 1527.

Paper, 16th c.
Autograph letter to Ferdinand of Aragon, Duke of Calabria (GT, no. 205),
   inc.: Epistulam tuam accepi, qua mihi cives quosdam meos

Lit.: R, III, p. 135.

VENEZIA, *Biblioteca Nazionale Marciana,* lat. XII, 211 (4179).

Paper, 16th c., 200 × 140 mm.
On ff. 276ʳ-278ʳ copy of letter to Calcerano Cepello, written by Marin Sanudo il Giovane (GT, no. 165)
   inc.: Gratissima mihi multis de causis fuit tua epistola

Lit.: K, II, p. 262; A. Caracciolo Aricò, "Marin Sanudo il Giovane precursore di Francesco Sansovino", *Lettere Italiane,* 31 (1979), 419-437 (p. 423).

WROCŁAW, *Biblioteka Uniwersyteka,* R. 254.

Paper, 16th c.
On f. 161 original letter to Erasmus, written by a secretary, with a marginal addition, dates and monogram by Vives (GT, no. 150),
   Inc.: Raro admodum ad me scribis

Lit.: R, III, p. 129-131; A, ep. 1836; K, IV, p. 433.

II. *CHRONOLOGICAL LIST*

1.	<1520 03 00> (Recepta 03 06)	To Francis Cranevelt	Leuven, U.B., RD, f. 6.
2.	1520 03 07	To Guillaume Budé	Bremen, S.B., a.8
3.	<1520> 03 07	To Francis Cranevelt	Leuven, U.B., RD, ff. 1-2.
4.	<1520> 03 22	To Francis Cranevelt	Leuven, U.B., RD, f. 7.
5.	<1520 03 29>	To Francis Cranevelt	Leuven, U.B., RD, f. 12-13.
6.	<1520 05 00>	To Francis Cranevelt	Leuven, U.B., RD, f. 14.
7.	1520 <after 05 22; Recepta 06 06>	To Francis Cranevelt	Leuven, U.B., RD, ff. 15-16.
8.	<1520 07 00>	To Francis Cranevelt	Leuven, U.B., RD, f. 20.
9.	<1520> 10 10	To Francis Cranevelt	Leuven, U.B., RD, f. 25.
10.	<1520 10 00>	To Francis Cranevelt	Leuven, U.B., RD, f. 26.
11.	<1520> 11 11	To Francis Cranevelt	Leuven, U.B., RD, f. 27.
12.	<1520> 12 01	To Francis Cranevelt	Leuven, U.B., RD, ff. 30-31.
13.	<1520> 12 20	To Francis Cranevelt	Leuven, U.B., RD, f. 40.
14.	1521 02 01	To Francis Cranevelt	Leuven, U.B., RD, ff. 57-58.
15.	<1521 03/04>	To Francis Cranevelt	Leuven, U.B., RD, f. 67.
16.	1521 04 29 (R. 05 05)	To Francis Cranevelt	Leuven, U.B., RD, f. 79.
17.	1521 05 22	To Francis Cranevelt	Leuven, U.B., RD, ff. 85-86.
18.	<1521 07> 00	To Francis Cranevelt	Leuven, U.B., RD, f. 91.
19.	1521 07 22	To Francis Cranevelt	Leuven, U.B., RD, f. 92.
20.	<1521 07> 00	To Francis Cranevelt	Leuven, U.B., RD, f. 93.
21.	<1521> (R. 08 05)	To Francis Cranevelt	Leuven, U.B., RD, f. 95.
22.	<1521> 00 00	To Francis Cranevelt	Leuven, U.B., RD, f. 97.
23.	<1521> 00 00	To Francis Cranevelt	Leuven, U.B., RD, f. 99.
24.	<1521> 00 00	To Francis Cranevelt	Leuven, U.B., RD, f. 105.
25.	<1521> 10 12	To Francis Cranevelt	Leuven, U.B., RD, f. 110.
26.	<1521> 11 02	To Francis Cranevelt	Leuven, U.B., RD, f. 112.
27.	<1521> 11 04	To Francis Cranevelt	Leuven, U.B., RD, f. 113.
28.	<1521> 11 13	To Francis Cranevelt	Leuven, U.B., RD, f. 116.
29.	<1522> 01 09	To Francis Cranevelt	Leuven, U.B., RD, f. 121.
30.	<1522> 03 15	To Francis Cranevelt	Leuven, U.B., RD, f. -.
31.	<1522> 00 00	To Francis Cranevelt	Leuven, U.B., RD, f. -.
32.	1522 06 24	To Francis Cranevelt	Leuven, U.B., A. 36, I, f. -.
33.	1522 07 08	To Francis Cranevelt	Leuven, U.B., A. 36, I, f. -.
34.	1522 08 10	To Francis Cranevelt	Leuven, U.B., A. 36, I, f. -.
35.	1522 11 08	To Francis Cranevelt	Leuven, U.B., A. 36, I, f. -.

36.	1522 12 00	To Francis Cranevelt	Leuven, U.B., A. 36, I, f. -.
37.	1522 12 17	To Hieronymus Aleander	Vat. lat. 6199, f. 32.
38.	<1523> 00 00	To Francis Cranevelt	Leuven, U.B., RD, f. 135.
39.	1523 01 04	To Francis Cranevelt	Leuven, U.B., A. 36, I, f. -.
40.	1523 01 28	To Francis Cranevelt	Leuven, U.B., A. 36, I, f. -.
41.	1523 02 22	To Francis Cranevelt	Leuven, U.B., A. 36, I, f. -.
42.	1523 03 15	To Francis Cranevelt	Leuven, U.B., A. 36, I, f. -.
43.	1523 03 17	To Francis Cranevelt	Leuven, U.B., A. 36, I, f. -.
44.	1523 05 10	To Francis Cranevelt	Leuven, U.B., A. 36, I, f. -.
45.	1523 11 11	To Francis Cranevelt	Leuven, U.B., A. 36, I, ff. 99-100.
46.	1524 01 25	To Francis Cranevelt	Leuven, U.B., A. 36, II, ff. 9-10.
47.	1524 05 01	To Francis Cranevelt	Leuven, U.B., A. 36, II, ff. 24-25.
48.	1524 06 07	To Francis Cranevelt	Leuven, U.B., A. 36, II, f. 29.
49.	1524 <07 24>	To Francis Cranevelt	Leuven, U.B., A. 36, II, f. 37.
50.	1524 10 04	To Francis Cranevelt	Leuven, U.B., A. 36, II, f. 54.
51.	1524 11 01	To Francis Cranevelt	Leuven, U.B., A. 36, II, f. 67.
52.	1524 12 02	To Francis Cranevelt	Leuven, U.B., A. 36, II, f. 63.
53.	1525 01 25	To Francis Cranevelt	Leuven, U.B., A. 36, II, f. 74.
54.	1525 03 07	To Francis Cranevelt	Leuven, U.B., A. 36, II, f. 85.
55.	1525 05 27	To Francis Cranevelt	Leuven, U.B., A. 36, II, f. 89.
56.	1525 06 20	To Francis Cranevelt	Leuven, U.B., A. 36, II, f. 95.
57.	1525 07 18/25	To Francis Cranevelt	Leuven, U.B., A. 36, II, f. 96.
58.	1525 09 02	To Francis Cranevelt	Leuven, U.B., A. 36, II, f. 97.
59.	1525 09 17	To Francis Cranevelt	Leuven, U.B., A. 36, II, f. 100.
60.	1525 10 25	To Francis Cranevelt	Leuven, U.B., A. 36, II, f. 106.
61.	1525 12 10	To Francis Cranevelt	Leuven, U.B., A. 36, II, f. 108.
62.	1526 02 17	To Francis Cranevelt	Leuven, U.B., A. 36, II, f. 115.
63.	1526 04 13	To Francis Cranevelt	Leuven, U.B., A. 36, II, f. 123.
64.	1526 06 10	To Francis Cranevelt	Leuven, U.B., A. 36, II, f. 127.
65.	1526 09 00	To Francis Cranevelt	Leuven, U.B., A. 36, II, f. 140.
66.	1526 09 04	To Francis Cranevelt	Leuven, U.B., A. 36, II, f. 136.
67.	1526 12 31	To Francis Cranevelt	Leuven, U.B., A. 36, II, f. 155.
68.	1527 01 15	To Francis Cranevelt	Leuven, U.B., A. 36, II, f. 164A.
69.	1527 01 27	To Francis Cranevelt	Leuven, U.B., A. 36, II, f. 164B.
70.	1527 02 26	To Francis Cranevelt	Leuven, U.B., A. 36, II, f. 165.
71.	1527 06 13	To Francis Cranevelt	Leuven, U.B., A. 36, II, f. 180.
72.	1527 06 13	To Erasmus	Wrocław, B.U., R. 254, f. 161.
73.	1527 07 12	To Francis Cranevelt	Leuven, U.B., A. 36, II, f. 181.
74.	1527 07 13	To King Henri VIII	London, R. O.
75.	1527 08 14	To Juan de Vergara	Madrid, B.N., 18675, fasc. 3.
76.	1527 08 16	To Francis Cranevelt	Leuven, U.B., A. 36, II, f. 186.
77.	1527 10 01	To Francis Cranevelt	Leuven, U.B., A. 36, II, ff. 189-190.
78.	1528 01 22	To Francis Cranevelt	Leuven, U.B., A. 36, II, f. 198.
79.	1528 05 24	To Francis Cranevelt	Leuven, U.B., A. 36, II, f. 206.

80.	1528 07 14	To Francis Cranevelt	Leuven, U.B., A. 36, II, f. 213.
81.	1528 09 18	To Calcerano Cepello	Venezia, B.N. Marciana, lat. XII, 211 (4179), ff. 276^r-278^r.
82.	1532 08 08	To Juan de Vergara	Madrid, B.N., 18675, fasc. 3.
83.	1532 09 01	To Guillaume Budé	Bremen, S.B., a.8.
84.	1534 09 18	To King John III of Portugal	Lissabon, Torre do Tombo
85.	1538 08 20	To Ferdinand of Aragon, duke of Calabria	Valencia, Archivo del Reino de Valencia

III.   *ALPHABETICAL LIST OF ADDRESSEES*

CATÀLEG DE L'EXPOSICIÓ

LAS PRIMERAS EDICIONES DE VIVES

E. González, S. Albiñana y V. Gutiérrez

El problema de las primeras ediciones de Vives no ha sido convenientemente resuelto por sus estudiosos y sigue ocasionando errores e imprecisiones. Con el presente trabajo nos hemos propuesto inventariar y describir todas aquellas ediciones príncipes y reimpresiones revisadas por el autor de las que hoy se tiene noticia cierta. Hemos creído necesario complementar el elenco con una relación de las dos compilaciones de *Opera*, los escritos atribuidos y el epistolario. Por último hemos seleccionado, sin afán de exhaustividad, varios de los estudios más relevantes acerca de su obra a lo largo del tiempo.

Criterios generales

Los materiales expuestos son de diverso carácter. Consecuentemente, juzgamos que no procedía aplicar el mismo criterio para describir una edición príncipe, una nota antigua y una publicación de los siglos XIX y XX. Así pues, ofrecemos una descripción bibliográfica completa, con datos sobre localización de ejemplares y bibliografía, sólo para las secciones: *Vives y Valencia* (Números I-IV); *Ediciones príncipes* (1-48) y *Obras atribuidas* (49-52). Gran número de los ejemplares carece de paginación, en particular, las hojas preliminares y finales. Además, con gran frecuencia hay errores o peculiaridades de foliación. En cambio, la regularidad del volumen (y la posibilidad de determinar si tiene faltantes) está dada por la signatura de los cuadernillos. Hemos optado, pues, por describir con base en el número de hojas de cada cuadernillo, indicando con "vº" el verso. A fin de no perder esta secuencia, cuando en el libro aparece una página foliada, al lado de su número hemos incluido entre paréntesis la signatura que le corresponde.

Más compleja ha sido la cuestión del *Epistolario*. Los manuscritos seleccionados (53-58) han sido presentados por el Profesor G. Tournoy. A continuación, como las cartas editadas del XVI al XVIII (59-67) suelen aparecer en libros de otros autores, se tendió a una descripción más sucinta, pero destacando el lugar donde aparecen los escritos del valenciano. La mención de aquellas aparecidas en los siglos XIX y XX (68-78) se limita a la ficha bibliográfica, la procedencia del ejemplar expuesto y un breve comentario.

En cuanto a la última sección, *Principales estudios* (79-104) también hemos tenido en cuenta las fechas. Con anterioridad al XIX, hemos descrito la portada y localizado el pasaje acerca de Vives, pero no mencionamos otros ejemplares aparte del expuesto ni bibliografía. Para el resto de los casos se sigue el criterio adoptado en la sección *Epístolas.*

En la descripción de las ediciones antiguas se ha procurado transcribir la ortografía y abreviaturas existentes en los ejemplares, con tres excepciones. Hemos homogeneizado el uso de la *s* larga y corta; los contados pasajes en griego han sido transcritos con grafía moderna; y por fin, hemos desestimado la distinción entre redonda y cursiva que en ocasiones se alternan en las portadas con fines ornamentales. Dado que nuestro propósito era esclarecer la bibliografía de un autor, hemos omitido la consideración de elementos artísticos y tipográficos. Por otra parte, las diferencias advertidas en distintos ejemplares de una misma edición fueron acotadas. El texto de referencia siempre fue, salvo faltantes, el de la biblioteca mencionada con negritas.

La localización de los ejemplares no es exhaustiva. Se limita: 1) a los comprobados personalmente; en tales casos se agrega entre paréntesis la referencia, y alguna peculiaridad si fue advertida, en particular las faltas. Y 2) a referencias de catálogos, no verificadas. Las noticias se han agrupado alfabéticamente según el nombre en castellano –si lo hay– de la ciudad de procedencia, a lo que se añade las iniciales de la biblioteca cuando no ofrecen duda, como las nacionales, universitarias, municipales, públicas, etc. En todos los casos, el volumen facilitado para exhibirse, o al menos para ser reproducido, se destaca tipográficamente con un asterisco, negritas y el nombre completo de la biblioteca.

Se ha procurado ordenar cronológicamente la literatura relacionada con cada edición descrita. Si se trata de un título incluido en nuestro catálogo, será citado con el nombre del autor o la obra, agregando entre corchetes nuestro número de referencia. Las restantes menciones abreviadas pueden localizarse completas en la *Bibliografía* de las páginas 55-58. No se pretendió ofrecer en ella un inventario general, sino enlistar los trabajos que se citan abreviados a lo largo de este volumen pero que no forman parte de la exposición. Salvo si se dice "pág." o "col.", se hace referencia al número de serie de un repertorio.

En cuanto a las ilustraciones, hemos logrado reproducir la totalidad de las portadas de ediciones príncipes conocidas, así como de varias primeras impresiones del epistolario. Cuando ha sido posible, y parecía pertinente, también se reprodujeron otros elementos significativos. Finalmente, gracias a la generosidad de la Universidad de Lovaina, ha sido posible ofrecer el facsímil de seis cartas de Vives relacionadas con su tarea editorial, dos de ellas inéditas.

VIVES Y VALENCIA

LA CIUDAD DEL CONVERSO
LA INICIACIÓN LITERARIA

I. Grabado en madera, h. a¹ v° (Foto: P. Alcántara).

I. F. Eiximenis, *Regiment de la cosa pública*, Valencia, C. Cofman, enero, 1499.

4º (19.8 x 13.5 cm), 74 h. no foliadas. a-h⁸, i⁶, k⁴. Portada a dos tintas. Caracteres góticos.

Port.: Regimēt de la cosa publica ordenat per/ lo reuerent mestre Francesch eximenes./ *a¹ v°:* mars. Valencia. scorpio./ *Grabado de las torres de Serranos/ a²:* La letra quel actor del libre tramet/ endreçāt aquell als jurats dela ciutat/ de valencia. E aquest es lo prohemi./ [M] Olt sauis... vera creu./ Segueixse la letra/ [S] Enyors me⁹... *k⁴:* ❪ A honor e gloria dela sanctissima trinitat e ꝑ in=/structio dels qui lo be augment e conseruacio de=/la cosa publica zelen. fon *[sic]* emprēptat lo present trac=/tat en la inclita ciutat de Valencia per Xꝓofol cof=/man alamany. En lo any dela salutifera natiuitat/ del redemptor senyor deu nostre jesucrist. Mil.cccc./lxxxxix. a. xxviij. del mes de Jener:/ *k⁴ v°: blanca.*

EJEMPLARES:
Barcelona, BC. Londres, BL. Madrid, B. de la Casa de Alba. Madrid, BN. Palma de Mallorca, BP. **Valencia, *Biblioteca Universitaria (Inc. 276**).

BIBLIOGRAFÍA:
Copinger, 6599. Haebler, 708. Vindel, III, 80. Aguiló, 1886. Ribelles, I, 96. Palau, 85214. Palanca, 134.

II. J. Pérez de Valencia, *Tractatus contra Iudaeos*, y otros opúsculos, Valencia [A. Fernández de Córdoba], 1484-1485.

Folio (28.5 × 19.5 cm), 150 h. sin foliar. Cuatro tratados, sin portada, con signatura, *incipit* y colofón propios, en caracteres góticos, a dos columnas.

Primer tratado: 56 h. a-g⁸, la última blanca.
a¹, al centro: .Questio./ *1ª col.:* Incipit: tractatus contra iudeos/ edditus per Reuerendissi-/muȝ dñȝ Iacobuȝ de valencia Eꝑȝ / cristopolitanum./ [P] ostquaȝ : expleueraȝ / comētarios/ in libro psalmoꝶ relatū... *g⁷:* scl'a scl'oꝶ. Amen./ Eplicit *[sic]* tractat' ꝗ iudeos edit' ꝑ. Reu̇endis/simū magīrm τ dñȝ Iacobū ꝑeç de valētia/ ꝓfessū ordis fruȝ scti Augustini ñcnō eꝑȝ / xꝓopolitanū, impressus ī eadē famo-

92

Questio.

Incipit tractatus contra iudeos editus per Reuerendissimus dominus dominum Jacobum de valencia Episcopum cristopolitanum.

Postquam expleueram cometarios in libro psalmorum relatum est michi quod iudeos egre tulisse et murmurasse propter ea que dicta sunt in expositione psalmi xxxix. et xlix. et in plerisque locis. scilicet quod lex moysi fuerat mortua et impleuerat cursum et officium suum in aduentu christi. eo quod non fuit data gratia sui sed in signum christi futuri et legis euangelice. Et dictum fuit quod omnia promissa in lege et prophetis erant spiritualiter intelligenda. que omnia fuerunt impleta in christo vero messia in lege promisso. Et dictum fuit quod cessante lege moysi que ad officium et figuras successit lex euangelica tanquam veritas illius. eo quod tota scriptura legis et prophetarum fuit verificata per christum et legem euangelicam. Quod audientes iudei quodammodni ingenti fremitu et conatu ceperunt instare et conari probare totum oppositum per auctoritates sacre scripture. Quaobrem compulsus ab amicis meis pressbiteris iudeorum ineptijs et friuolis argumentis breui tractatu respondere.

Vnde est aduitendum quod sex sunt que retinent iudeos modernos in sua perfidia et obstinatione. Primo quia putant leges moysi fuisse data gratia sui non propter alium finem. Secundo quia putant ipsam inferum duraturam. Tercio quia putant illam terram canaã et israel cum omnibus fructibus suis esse eis promissam et data in premium precisum pro obseruantia legis. Quarto quia putant quod messias in lege promissus debebat eos liberare ab omni captiuitate temporali et reducere eos in illam terram canaã. Et ideo non crediderunt quod christus fuisse verum messiam. sed expectant alium qui debeat eos liberare. Sexto putant legem euangelicam esse imperfectam et omnino contrariam legi moysi. et esse sacrilegam et falsam. Ideo eam nolunt sequi nec recipe.

Et ideo in presenti tractatu mouebuntur quinque questiones cum argumentis iudeorum quibus ab

solutis videbis manifesta deceptio et cecitas eorum. Et soluetur omnes obiectiones et rationes eorum adducte contra ueritatem nostram. Quarum prima erit. vtrum omnia legalia debuerint cessare tanquam mortua propter aduentum christi. Secunda vtrum sabbatum legale debuerit cessare et celebrari dies dominica. Tercio vtrum terra canaã maternal cum suis fructibus fuit precise promissa filijs israel in premium precisum propter obseruantiam legis. Quarta vtrum christus quem nos recepimus fuerit verus messias in lege et prophetis promissus et expectatus. Quinta vtrum cessante lege moysi debuerit succedere lex euangelica quam christus tulit et predicauit. In quibusque questionibus primo adducetur rationes et auctores quas iudei adducunt in contrarium. secundo in decisione questionis declarabitur veritas et verus sensus auctoritatum inductarum affirmando fidem et veritatem nostram et ea que dicta sunt in expositione psalmorum. tercio autem respondebit ad argumenta eorum.

Quantum ergo ad primas questionem in qua queritur vtrum lex moysi fuerit mortua et debuerit cessare propter aduentum christi. Arguunt iudei moderni quod nullo modo debuit cessare et arguunt primo sic. Illa lex nunquam debuit cessare que sufficienter fuit a deo instituta ad iustificationem hoies et tollendum omnem peccatum. lex autem moysi est huius. igitur nunquam debuit cessare. Maior est nota de se. Minor probatur per totum discursum legis. nam circumcisio data est in remedium et ad tollendum originale. Genesis xvij. vbi dicitur quod caro que circumcisa non fuerit peribit anima illius de populo suo et cetera. Et ideo quando factus siue rabinus circuncidit puerum. dicit hec verba. scilicet Benedictus dominus deus israel qui per istam circuncisionem liberauit istum puerum de inferno. Et sic patet quod deus iam dedit circuncisionem abrae ad tollendum peccatum originale. Item de in lege precepit offerri holocausta et sacrificia pro peccato sacerdotis et pro peccato populi. Leuitici ix. ymo ordinauit sacrificia et oblationes iuxta differentiam et conditiones peccatorum vt patet per totum discursum leuitici. Ex quibus patet quod legalia sufficienter tollebat peccata. ergo nunquam debuerunt cessare.

sissĩ/ yspīa℞ vrbe valētie, Anno d'o Millesimo/ quadringētesimo octoagesimoquarto./ *g⁷ v° y   g⁸ r° y v°: blancas.*

Segundo tratado: 34 h. A¹⁰, B-D⁸.
A¹, al centro: .Canticum./ *1ᵃ col.:* [C] Onsumata τ ꝑ acta expositiōe/ libri p℘℞ ... *D⁸:* populu**3**   eius τc̄./ Explicit expositio cātico℞ feria-liũ edita ꝑ/ reùendissimũ dñ**3**   Iacobũ pereç de valēcie/ ep̄**3**   cris-topolitanũ īpressa Valencie. Anno/ dñi Milesimo quadrigentesimo. Lxxxiiij./ *D⁸ v°: blanca.*

Tercer tratado: 16 h. a-b⁸.
a¹, al centro: .Canticum./ *1ᵃ col.:* [T]E DEVM LAVDAMVS... *b⁸ v°:* ī scl'a scl'o℞ amen./ Explicit expositio suꝑ Te deum laudam⁹/ edita per Reùendissimũ. D. Iacobũ ꝑeç de/ valētia episcoũ *[sic]* cristopoli-tanũ. impressa va/lētie. die. xi. Anno a natiuitate dǒ. M.cccc/ Lxxxv. mensis Ianuarij./

Cuarto tratado: 44 h. a-e⁸, f⁴.
a¹, al centro: .Canticum./ [R]egia ex yspano℞ et illustri ꝓpagine/ nobi-lissm̄ filie. ac dil'ctissime dñe. E/lysabeht de billena abtisse sacri mo-nast'ij. sā/cte t̄nitati' vrbi' Valētie. Jacob' ep̄' cristo/politan' ī filio v̇ginis salutē. Ingēti cũ af-/fectu... *2ᵃ col:* caǹe īcipia**3** ./ [M] agnificat aīa... *f³ v°:* secula secu/lorum. Amen./ Explicit expositio suꝑ Magnificat. et bene-/dictus et Nunc dimitis et Gloria in excel/sis deo. edita per reuerendum. d. Iacobu**3** / de Valentia episcopum cris-topolitanu**3**   In/pressa *[sic]* in eade**3**   vrbe valentie in mēse Mar/çij. Anno. dǒ. M.cccclxxxv./ In hoc volumine ꝑtinentur opera seq̄ntia/ domini Iacobi ep̄i cristopolitani./ ❦ Primo tractatus contra iudeos./ ❦ Secd'o expositio cātico℞ ferialium./ ❦ Tercio expositio cātici au-gustini. s. Te/ deum laudamus./ ❦ Qurto *[sic]* expositio suꝑ cantica euangelica/ scilicet suꝑ Magnificat. Et suꝑ beñdictus./ Et suꝑ nunc dimitis. Et suꝑ gloria in excel/sis deo τc̄./ :Deo gracias:/ *f⁴: blanca.*

EJEMPLARES:
Ávila, BP (parte II). Barcelona, Col. F. Marés (sin g⁸). Cáceres, BP. Castellón, BP (II al IV). Córdoba, B. Cap. (II al IV). Cuenca, Sem. Guadalajara, BP. Londres, BL. Madrid, BN. Nueva York, Hisp. S. of A. Palma de Mallorca, BP. Pavía, BU. Perpiñán, BM. Segorbe, Sem. Stuttgart, WLB. Tarazona, B. Capitular. Tarragona, BP (I al III). Toledo, BP (I al III). Tortosa, Arch. Capitular. **Valencia, *Biblioteca Universitaria (Inc. 91,** al primer tratado falta la g⁸. La biblioteca posee dos ejempla-res completos más, así como dos incompletos). Valladolid, BU. Zaragoza, B. de Catedral.

BIBLIOGRAFÍA:
Reichling, 12591. Haebler, 536. Vindel, III, 19. Serrano Morales, pág. 162. BMC, X, 17. Palau, 222615. Palanca, 256. García Craviotto, 4415.

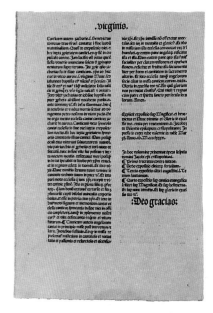

II. Colofón, h. f³ v° (Foto: P. Alcántara).

¶Perutile danielis sisonis grāmaticale compendiuz
ad generosum Franciscū de luna dicatum incipit feliciter.

[D]Aniel siso fra
gensis præcla
rissimo Fran
cisco de luna:
salutem pluri
mā dicit. Op
tauit sepenu
mero hūanis
sime vir tua inclita atq3 egregia pa
rens:dux vite mirabilis:virtutū oz
natrix:vigozuz expurgatrix:vt si qn
mihi adesset ocium:nonnullas Artis
grāmatices introductiones diuersis
in voluminibus sparsas:τ vage dis
jectas conscribere tibi:atq3 in facile
quandā reducere methodū:q doctio
re nobiliozeq3 te redderent. Rem p
fecto valde dignā poposcit:sed longe
humeris meis imparē:Cum plures
litterarū studijs excellētes considero
viros:qui me temeritatis:τ impudē
tie accusent:qd rem ab antiquis:atz
iuniozibus grāmaticis detritā ausus
sim quasi nouū aliquod præstantissi
mo noī tuo dedicare. hoc itaq3 tam
arduū mihi esse videtur:vt non infi
mū:aut mediocrē viruz defatigaret:
sed sūmum aut prope diuinū ozatozē
id aggredi perhozrescere qplurimuz
faceret:qtomagis me qui inter infi
mos cōnumerari possū. Attamē sua
ne precamina τ tua(q sedulo imperij
mihi loco sūt)videar declinare:τ nō
modo huic rei:veruetiaz cuicūq3 pos
sibili obnoxium me tenes:materiam
lōge patentē angustis finibus termi
nabo. Ad hoc eni institutū cōpendiū
nulla magis res vir optime me excita
uit:q ut tue in primis generositati
(qua jampridē vnice atq3 religiossis

sime coluī)cōplacerē. Et licet tot in
omni scia solertes:τ in primis in grā
matice artis facultate scripserint:vt
jam munduz pene illuminarint. Ad
huc tn malui edaci quozūdam liuozi
me iudicandū exponere:q de tua qc
q ōnatione diminutū videri. Consi
dero tn benignissime vir totius pro
bitatis exemplar:q siqui artē tue p
stātie dedicatā,ppa iusticia τ inuidia
condēnabūt:nō ipam:sed priscianū
grāmaticoz principē. Catholiconē.
phocā. Capzū. Alexādzū Micholaū
perotū. Anthoniū nebzissensen:τ a
lios qplurimos egregios magistros
accusabunt. Ab ipis nāqz hoc opus
receptū est. Michil eni esse iam dictū
(Comico dicente)qd nō sit dictū pri
us. Si quicq tn humana fragilitate
vel mei ingenij imbecillitate minus
bene dixerim:vel ab ipis deuiaueri:
aut impstozum negligentia fuerit re
lictū:illud sapientiozū iudicio cozri
gendū feliciter cōmitto. Malo eniz
a prudētiozibus:τ peritissimis viris
emēdari:q insipientiuz linguis:τ q
sola inuidia repugnāt mozderi. Sed
qs vir colēdissime adeo demens huic
opusculo nocere poterit:præsertiz cū
te talem virū:tantūq3 sui elegerim a
sertozē:q nō solum gēma militum:τ
oznamentū:sed etiā bonozū τ fortu
ne:τ nature τ anime es. Imitaris p
fecto(vt ceteros desinam)strenuissi
mū virū magnanimūqz marchionez
Johānem de luna genitozē tuū: quo
nostro in multis seculo animosioz ne
mo fuit: nemo robustioz: validioz
gloziosioz:ad quē tanq ad asylū om
nes frequenter cōcurrebāt. Quid de

a ij

III. Inicio del texto, h. a² (Foto: Zaragoza, Biblioteca Universitaria).

III. D. Sisó, *Grammaticale compendium*, Zaragoza, J. y P. Hurus, septiembre, 1490.

Folio (29.5 × 21.2 cm), 92 h. no numeradas, el recto de la primera, blanca. a-b⁸, c⁶, d⁸, e⁶, f⁸, g⁶, h⁸, i⁶, k⁸, l-m⁶, n⁸. Caracteres góticos.

Port.: blanca. aˡ vº: Grabado con escena de la gloria, y leyenda, en la parte superior: Initium sapīētie est timor domini./ *Abajo:* ℂ Veni sancte spiritus reple tuorum/ corda fidelium: τ tui amoris in eis/ ignem accende./ *a²:* Perutile danielis sisonis grāmaticale compendiu**3** / ad generosum Franciscū de luna dicatum incipit feliciter./ ⃞D⃞Aniel siso fra/gensis precla/rissimo Fran/cisco de luna:/ salutem pluri/mā dicit: Op/tauit sepenu=/mero... *a² vº:* saluere jube./ Proemium ex-hortatiuum/ ⃞Q⃞ Vos omnes... Amen. Uniuersū autē cōpen/diu**3** nouem breuissimis tractatibus/ conficitur./ ℂ Primus de modo quo in primis/ erudiendi sūt pueri./ ℂ Secundus de interrogationibus:/ quibus interrogādi sūt adolescētes./ ℂ Tercius de octo partiū ōronis cō/structiōe: τ p̄mo de casu cūquo v̇ba/ cōstruūtur. deide de figuris cōstructi/ onū τ de supplectionibus: vltimo de/ regimine./ ℂ Quartus de nominis declinatio=/ne ac genere: τ de verboℝ preteritis/ atq**3** su-pinis./ ℂ Quint⁹: de recto modo scribendi/ ℂ Sextus de sillabaℝ quātitate: pe/dibus: carminibus: accentu: τ de mo/do punctandi./ ℂ Septimus de vicijs τ figuris tam/dictionis q̄**3** locutionis./ ℂ Octauus de modo construendi./ ℂ Nonus: de perfecte elocutionis:/ ac eloquentie preceptis./ *a³:* Tractatus primus de mo=/do quo ī p̣mis erudiēdi sūt/ pueri/ Prima declinatio... *n⁷ vº:* ℂ Plures alias precep-tiones esse/ certum est... credo/ deitatis./ ℂ Danielis sisonis Fragēsis Mō=/tissoni gymnasij magistri maioris:/ perutile grāmatices compendiū: ad/ humanissimū virum Franciscum de/ luna delectum./ Anno christiane salutis. M.cccc./ xc. Tertio kl'as octobrias foeliciter/ expletum [sic?]./ ℂ Deo gratias./ *n⁸: blanca.*

EJEMPLAR:
Zaragoza, *Biblioteca Universitaria (I-67).*

BIBLIOGRAFÍA:
Haebler, 625. Vindel, IV, 40. García Craviotto, 5270.

III. Grabado, h. aˡ vº (Foto: Zaragoza, Biblioteca Universitaria).

IV. Portada (Foto: P. Alcántara).

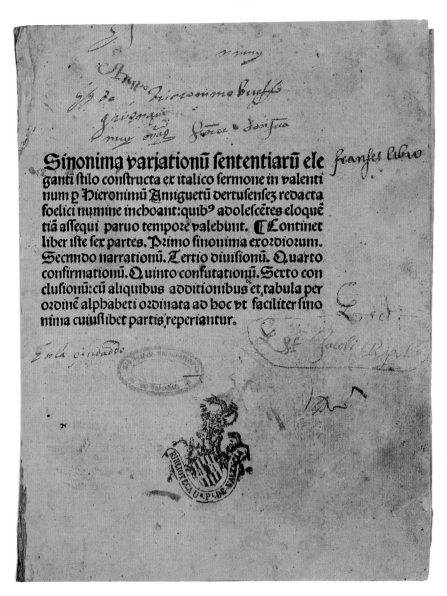

IV. S. Flisco/J. Amiguet, *Sinonima*, Valencia, C. Cofman, noviembre, 1502.

4° (18.2 x 13.5 cm), LXX h. numeradas + 10 h. de índice. a-g⁸, h⁶, i⁸, k⁶, l⁴. Caracteres góticos.

Port.: Sinonima variationū sententiarū ele/ganti stilo constructa ex italico sermone in valenti/num ꝑ Hieronimū Amigetū dertusense **3** redacta/ foelici numine inchoant: quib⁹ adolescētes eloquē/tiā assequi paruo tempore valebunt. ⸿ Continet/ liber iste sex partes. Pri-

mo sinonima exordiorum./ Secnndo *[sic]* narrationū. Tertio diuisio-
nū. Quarto/ confirmationū. Quinto confutationū. Sexto con/clusio-
nū: cū aliquibus additionibus et tabula per/ ordinē alphabeti ordinata
ad hoc vt faciliter sino/nima cuiuslibet partis reperiantur./ *a¹ v°:*
Epistola directiua./ ❡ Hieronimus Amiguet⁹ Dertusensis integerrīo/
hieronimo datio pontificij cesareiqᴛ₃ iuris doctori p̄stantissimo/ ac
gymnasi *[sic]* valentini rectori τ administratori. S.P. D. Solent/ pres-
tātissime... maiora efficiam. Vale./ ❡ Et cum primo... preparatur./
h. II (a²): ❡ Dicta conuenientia exordio./ ❡ Deu sia en n̄re adiuto-
ri, o deu nos ajut./ D̄ Eus nos adiuuet... *h. LXII (h⁶) v°:* quod sentio./
Finis./ *h. LXIII (t¹):* Hieronymus amiguetus Hieronymo daçio/ diuini
humaniqᴢ iuris moderatori eximio optimoqᴢ . S./ C̄ Vᴢ ad op-
tatū... hoc opus dicare. Iterū vale ex valētino stu=/dio decimoquarto
kalendas Decembrias./ Incipiam igitur a diuinis personis. τ primo/
ad Summū pontificem./ P̄ Ontificem maximū... *h. LXIX (t⁷) v°:* Et
ita in iunio... et dies. xxx./ *h. LXX (t⁸): Dos grabados con calendarios.*
Tabula p̄ ordinē alphabeti ordinata/ *l⁴:* tanta pressa. folio lxij/ ❡ Expliciūt sinonima Stephani Flisci oratoris/ clarissimi ex italico sermone in valentinū p̄ Hie/ronymū amiguetū redacta cū titulis vnicuiqᴢ or/dini p̄sonarum ascribendis, sup̄scriptionibus,/ salutationibus, exitibus in epistolis ponēdis τ/ kalendis, nonis τ idibus p̄ dictū hieronymū ad/ditis. Impressum in insigni ciuitate Valentie./ per
Cristofferū Koffman. Decimo quarto kalē/das Decembrias. Anni.
M.d.secundi./ *l⁴ v°: [en xilografía:]* Elegantie ad/ *[en tipografía:]*
epistolas cōponendas admodum vtiles in ma/terno et latino sermone
expliciunt: cum additionibus videlicᴢ / Titulis vnicuiqᴢ p̄sona-
rū ordini ascribendis: Sup̄scriptio=/nibus: Salutationibus: intergo aut
fronte epl'arum po=/nendis: Exitibus: quibus epistole claudi solēt:
Aperta=/qᴢ kalendarū declaratione cum exemplis suis. De=/mum
cū figuris ad inueniendū l̄ram dominicalē/ aureum numerum et bi-
sexti annum optimis.

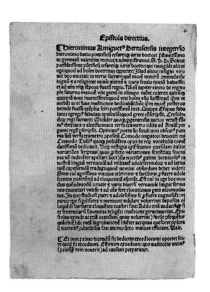

IV. Epístola al rector de la Universidad
de Valencia, h. a¹ v° (Foto: P. Alcántara).

EJEMPLARES:
Barcelona, BC. Madrid, B. Palacio (IX, 8260, con faltantes). Mahón, BP. Sevilla, B.
Colombina (con faltantes). **Valencia, *Biblioteca Universitaria (R-2/210:** falto de la
h. 70)**. Zaragoza, BU.

BIBLIOGRAFÍA:
Gallardo, 184. Ribelles, II, pág. 11. *Biblioteca Colombina...* I, págs. 94-95. Palau,
11292. Norton, 1156.

EDICIONES PRÍNCIPES

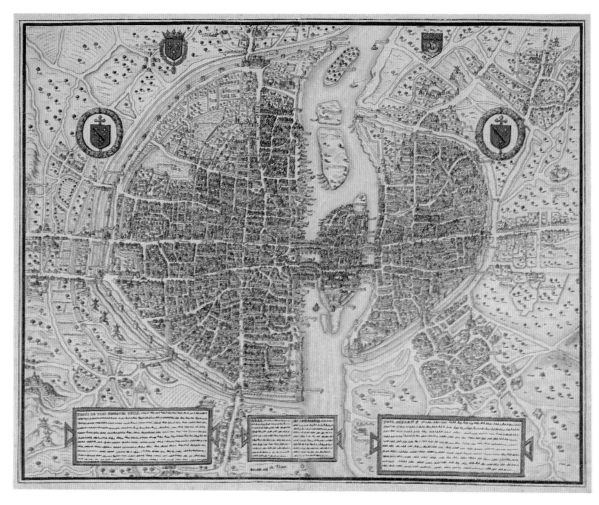

Plano llamado de la *Tapisserie,* siglo XVII. Esta acuarela da noticia del aspecto de la ciudad de París hacia 1540 (Foto: París, Bibliothèque Nationale, Estampes).

PARÍS, 1509-1514

ENCUENTRO CON LA IMPRENTA

1. Portada. La última página contiene el más antiguo escrito datado de Vives, una carta de 31 de marzo de 1514 (Foto: Madrid, Biblioteca Nacional).

1. (Pseudo-)Higinio, *Poeticon Astronomicon* [J. L. Vives, Carta a J. Fort, París, 31 de marzo de 1514], París, J. Lambert [T. Kees], <marzo 1514.>

4° (20 × 14.5 cm), 40 h. no numeradas. A-K⁴. Ilustraciones astrológicas.

Port.: Hyginii historiographi Verissimi simul/ et philosophi profundissimi. Aureum opus/ historias adamussim pertractans una cum/ multis astronomice rationis ambagibus. τ/ signis. poetarum locis prope infinitis. exa=/cte callendis. nō mediocriter cōducturis. in/ lucem editum habes candidissime lector. qd'/ pauxilla a te pecunia comparari poterit./ *Escudete de:* Jehan lambert/ Venundantur par/rhisiis in clauso bru/nello sub signo diui/ Claudii sedente./ *A¹ v°: escudete de H. Le Fèvre y viñeta/ A²:* ❧ Clarissimi viri Higinij Poeticon Astronomicon. Opus vtilissimū./ ❧ Liber primus. de mūdi & sphera ac vtriusq₃ ꝓtiū declaratione./ fœliciter incipit./ ❧ Proemiū. Higinius M. Fabio plurimā salutē./ [E] Tsi te... *K³ v°:* redit./ ❧ Iacobus Sentinus Ricinensis lectoribus felicitatem... *K⁴:* ❧ Ioannes Lodouicus Viues Valentinus. S.D./ Ioanni Forti viro philosopho τ contubernali./ [g] andauus ille... Hyginio dedas./ ❧ Vale Parrhisijs pridie Kal'. aprilis M.CCCCCXIIII/ *K⁴ v°: blanca.*

EJEMPLARES:
Albi, BM. Besançon, BM. Cambridge, Mass., Harvard UL. Düsseldorf, UB. Londres, BL (8610.c.55(2)). **Madrid, *Biblioteca Nacional (R. 23112 (4)).** Manchester, UL. Orléans, BM. Vaticano, BA. Williamstown, Mass., Chapin L.

BIBLIOGRAFÍA:
Bonilla [n° 87] conoció la epístola de Vives, pero introdujo una superlativa confusión en torno a la fecha de impresión, págs. 241, 704 y 790-791. Estelrich [n° 92], 90. *General Catalogue*, v. 26, col. 871. Palau, 371477. Moreau, II, 1639. IJsewijn, "Vives in 1512-1517". González, págs. 153-154 y 192. IJsewijn, *S.W.* [n° 104], 5, págs. 6-12.

2. Portada. La *Vita Ioannis Dullardi* aparece en el vuelto de la segunda hoja (Foto: Cambridge University Library).

2. J. Dullaert, *Librorum metheororum Aristotelis... Expositio* [J. L. Vives, *Vita Ioannis Dullardi*], París, T. Kees, G. de Gourmont, mayo, 1514.

Fol. (26 × 18 cm), 32 h. no numeradas. A-E⁶, F². Caracteres góticos, salvo carta de Vives y encabezados de las otras epístolas. Existen ejemplares que en la portada presentan diferencias tipográficas y el escudete de Oliver Senant.

Port.: Recuadro gótico con varios doctores, el de la parte superior en una cátedra, y la leyenda: Magistri Ioannis Dullaert./ [*Al centro*]: Habes humanissime lector li/brorum Metheororum Aristotelis facilem expositionē τ questio/nes su͟p eosdē magistri Johannis Dullaert de Gandauo: in q'bus/ diuerse Astrologie veritates ab omni erroris vicio immunes et/ philosophicis pariter τ medicis cōformes esse probantur./ *Escudete de Gilles de Gourmont*/ Venale habetur Parrhisijs in ędibus Egidij Gourmontij e regione collegij/ Cameraceñ. moram trahentis. Nouiter reuisa ōīa & impressioni tradita/ *A¹ vº:* Ioannes Dullaert Gandauus Colendissimo preceptori suo/ Iohanni Gemello sacratissime facultatis Theologice profes/sori meritissimo acutissimoq3 .S.D./ [C] Vm vltra... ac monumentum. Vale./ *A²:* Suo conciui Magistro Iohanni Dullaert Leuinus/ Austricus Gandauus. S.P.D./ [M] Agnifaciunt litterarum... *A² vº:* consequaris contende. Vale parisii decimo kalendas Ianuarias Anno virginei partus./ .M.CCCC.XI./ Vita Ioannis Dullardi per Ioannem Lodouicum Viuem Valentinum./ Io. Lodouicus Viues Francisco Christophoro valentino viro philisopho [*sic*]. S.D./ [I] Oannes Dullardus... fuerim scripsisse. Vale parrhisijs./ *A³:* Primi Meteororum/ [D] E primis... *F²:* satis sint./ Finis./ Liber lectorem alloquitur/ [*Dos dísticos*]/ Hic finem accipiunt questiones super primum meteo=/rorum Aristotelis a Ioanne Dullaert Gandauo edi=/te in collegio beluaco Impresse Ꝟo Parrhisi⁹ a Tho=/ma Kees vvesaliense calcographo expertissimo a re=/rione [*sic*] collegij Italici Anno domini. 1514. 30. Maij./ *F² vº: blanca.*

EJEMPLARES:
Cambridge, *UL; Cambridge, Emmanuel CL. Nápoles, BN (XXXI.3.25 (2)). Oxford, BL. París, B. Mazarine (3547, 5ª p). Sevilla, B. Colombina. Versalles, BM.

BIBLIOGRAFÍA:
Biographie Nationale de Belgique. IJsewijn, "Vives in 1514-1517"... Moreau, II, 821. J. Machiels, "Johannes Dullaert: Ghent, ca. 1480-Paris, 10 September 1513", en *Professor R. L. Plancke 70. Getuigenissen en Bijdragen,* compilado por R. de Clercq y H. van Daele, Gante, 1981, 69-96. González, págs. 148-153. IJsewijn, *S.W.* [nº 104], 5, págs. 10-15. Tournoy, 3.

IOANNIS LODOVICI VIVIS VALENTINI
OPVSCVLA DVO

Chrifti Iefu Liberatoris noftri Triumphus et Ma=
rię parentis eius ouatio in quibus Ouandi
et Triumphandi Romanũ ritũ ape
rit et Coronarũ fignifi
catiões exponit.

Iehan lambert

Venalia funt in ędibus Ioannis Lã
berti in claufo Brunello iuxta colle
gium Coquereti fub imagine bea
ti Claudij.

3. Portada (Foto: Cambridge University Library).

3. J. L. Vives, *Opuscula duo*, París, J. Lambert [T. Kees], junio, <1514>.

4° (19.5 x 13 cm), 16 h. no numeradas, la última, blanca. ABcd⁴. Fecha de impresión, a partir de las reimpresiones del *Triumphus,* ver nᵒˢ 4 y 8.

Port.: IOANNIS LODOVICI VIVIS VALENTINI/ OPVSCVLA DVO/ Christi Iesu Liberatoris nostri Triumphus et Ma=/riȩ parentis eius ouatio in quibus Ouandi/ et Triumphandi Romanū ritū ape/rit et Coronarū signifi/catiōes exponit./ *Escudete de Lambert, con monos al pie del árbol, como lo usaba Félix Baligaut, y al pie, en góti-co:* Iehan lambert. *Dos barras orladas verticales y una horizontal, abajo, encuadran el escudete y el resto del texto:/* Venalia sunt in ȩdibus Ioannis Lā/berti in clauso Brunello iuxta colle/gium Coquereti sub imagine bea/ti Claudij./ *A¹ vᵒ:* Ioannes Lodouicus Viues S.D. Bernardo Mensæ/ antisti Trinopolitano./ [S] Cio ego... *A²:* adsentator. Vale: ex/ Academia nostra Parrhisiensi./ Ioannis Salmonij Materni Carmen./ Heus qui ... viua plagæ/ *A² vᵒ:* Christi Iesu triūphus Ioānis Lodouici Viuis Valētini./ [F] Estus est... *B⁴ vᵒ:* demeritus reportauit./ Christi Iesu triumphi finis./ ❧ VIRGINIS DEI PARENTIS OVATIO./ [T] Vm Franciscus... *c³ rᵒ:* ȩternūq₃ sedebit./ IMAGO VIRGINEAE SEDIS./ *Espacio en blanco al pare-cer para un grabado que sólo se localiza en la reedición de Lyon, nᵒ 4./* *C³ vᵒ:* [h] Aec habui... *d¹:* exhibent legenda./ Oblatio operis Christo & Mariȩ/ *d¹ vᵒ:* [T] E igitur... adtrectemus Amē./ Marianæ Ouationis Finis./ Christi Clypei descriptio/ [C] Lauseram iam... *d³ vᵒ:* agunt sempiternum./ Pia Io. Lodouici Viuis opuscula Christi Iesu Triū/phus & Mariȩ dei ṗȩtis Ouatio cui Christi Clypei de/scriptio adiecta est finiuntur Parrhisijs impressa. Expē=/sis honesti Biblio-polȩ Ioannis Lamberti mēse Iunio./ *d⁴: blanca.*

EJEMPLARES:
Cambridge, *University Library (U*6.61). París, B. Mazarine (Inc. 755, 12ª p. Falto de la última hoja); París, BN (Rés. p. Z.206).

BIBLIOGRAFÍA:
Estelrich [nᵒ 92], 83. Adams, V.938. *Catalogue général,* Vives, 24. Moreau, II, 996. IJsewijn, "Vives in 1512-1517", págs. 86-88; "Zu einer kritischen Edition...". González, págs. 165-180 y 192-193. IJsewijn, *S.W.* [nᵒ 104] 5, págs. 16-125.

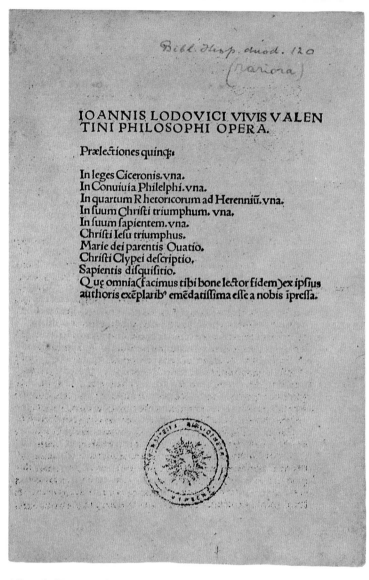

4. Portada (Foto: Utrecht, Bibliotheek der Rijksuniversiteit).

4. J. L. Vives, *Opera*, Lyon, G. Huyon, 19 de octubre, 1514.

8° (17.5 x 12 cm), 32 h. no numeradas; la última blanca. Grabado que representa la coronación de María en la h. C[7]. A-D[8].

Port.: IOANNIS LODOVICI VIVIS VALEN/TINI PHILOSO-PHI OPERA./ Prælectiones quinq**3** :/ In leges Ciceronis. vna./ In Conuiuia Philelphi. vna./ In quartum Rhetoricorum ad Herenniū.

vna./ In suum Christi triumphum. vna./ In suum sapientem. vna./ Christi Iesu triumphus./ Marie dei parentis Ouatio./ Christi Clypei descriptio./ Sapientis disquisitio./ Quę omnia (facimus tibi bone lector fidem) ex ipsius/ authoris exēplarib⁹ emēdatissima esse a nobis ī́pressa./ *1 vᵒ:* IOANNIS LODOVICI VIVIS IN SVVM/ SAPIENTEM PRAEFATIO./ [O] Mnes qui... obpetiero. vale./ *A²:* IOANNIS LODVICI [*sic*] VIVIS VALENTINI/ VIRI PHILOSOPHI IN LEGES CICERONIS/ PRAELECTIO./ [C] Redo ego... *A⁶:* (credite mihi) iuuabit./ EIVSDEM IOANNIS LODOVICI VIVIS VA=/ LENTINI PRAELECTIO IN CONVIVIA. F./ PHILELPHI./ [N] Escij nō... *A⁸:* dicat videamus./ EIVSDEM IOANNIS LODOVICI VIVIS VALEN/TINI IN QUARTVM RHETORICORVM AD HE/RENNIVM PRAELECTIO./ [B] Eluas quas... *B¹ vᵒ:* artem trademus./ IOANNIS LODOVICI VIVIS VALEN/TINI IN SVVM CHRISTI TRIVM/PHVM PRELECTIO QVE DICITVR/ VERITAS FVCATA./ [S] I quis... *B⁴ vᵒ:* perfectus cōsistit./ EIVSDEM IOANNIS LODOVICI VIVIS VALEN/TINI IN SVVM SAPIENTEM PRELECTIO/ QVAM PROEMIVM FORE OPVSCVLI IVBET./ [C] Vncti qui... *B⁵:* vel obpetiero./ *B⁵ vᵒ:* CHRISTI IESV LIBERATORIS NOSTRI/ TRIVMPHVS ET MARIAE PARENTIS/ EIVS OVATIO IN QVIBVS OVANDI/ ET TRIVMPHANDI ROMANVM RI=/TVM APERIT ET CORONARVM SI=/GNIFICATIONES EXPONIT./ IOANNES LODOVICVS VIVES. S.D. BERNAR/DO MENSAE ANTISTI TRINOPOLITANO./ [S] Cio ego... *B⁶:* adsentator. Vale: ex Academia nostra Parrhisiensi./ Ioannis Salmonij Materni Carmen./ Heus qui... viua plagæ./ *B⁶ vᵒ:* CHRISTI IESV TRIVMPHVS IOANNIS/ LODOVICI VIVIS VALENTINI./ [F] Estus &... *C⁴:* demeritus reportauit./ Christi Iesu triumphi finis./ *C⁴ vᵒ:* VIRGINIS DEI PARENTIS OVATIO./ [T] Vm Franciscus... *C⁶ vᵒ:* ęternumq**3** sedebit./ *C⁷: Grabado en madera con la coronación de la Virgen por la Trinidad/* [H] Aec habui... *D¹:* exhibent legenda./ Oblatio operis Christo & Marię./ [T] E igitur... *D¹ vᵒ:* attrectemus. Amen./ Marianæ Ouationis Finis./ CHRISTI CLYPEI DESCRIPTIO./ [C] Lauseram iam... *D³ vᵒ:* agunt sempiternum./ Ioannis Lodouici viuis Valentini viri philosophi vrba/nus pariter ac grauis dyalogus qui Sapiens inscribitur: in/ quo sapientē per omnes disciplinas disquirēs professoR̃/ earum mores notat: deniq**3** veram sapientiam breui ser=/mone depingit./ NICOLAVS BERALDVS. GASPAR LAX. VIVES./ [A] Vdiui sępius... *D⁷ vᵒ:* chari. Valete./ Registrum. ABCD. omnes sunt quaterni./ Expliciūt opera Ioānis Lodouici viuis Valentini philo=/sophi. Impressa in inclyta vrbe

Lugduneñ. opera & impē/sis Magistri Guilhelmi Huyon. Anno dñi M.cccccxiiij/ die vero. xix. mensis Octobris./ *D³: blanca.*

EJEMPLARES:
Munich, SB (destruido en la II Guerra). Sevilla, B. Colombina (Registrada su adquisición en el catálogo manuscrito de Fernando Colón. Desaparecido). **Utrecht, *Bibliotheek der Rijksuniversiteit (Rariora Bibl. Hisp. duod. 120).**

BIBLIOGRAFÍA:
F. Kayser, "Johannes Ludwig Vives (1492-1540)", en *Historisches Jahrbuch* (Munich), XV (1894), pág. 309. P. János (Ed), *Vives J. Lajos Válogatott neveléstudományi Müvei,* Tàrgul Săcuesc, 1935, pág. LXIV. González, págs. 166-169 y 193. Matheeussen, *S.W.* [n° 104] 1, pág. XII. Fantazzi, *S.W.* [n° 104] 1, pág. 62. IJsewijn, *S.W.* 5.

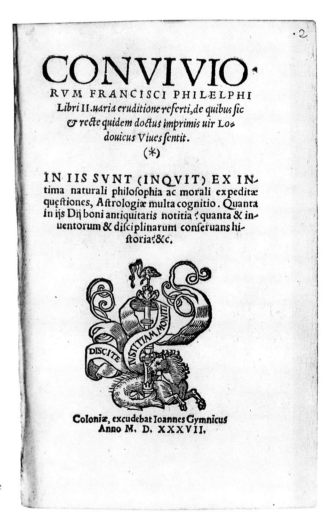

5. Portada (Foto: Bruselas, Bibliothèque Royale Albert 1er/ Koninklijke Bibliotheek Albert I).

5. F. Filelfo, *Convivia* [J. L. Vives, *Praelectio in Convivia*], Colonia, J. Gymnicus, 1537.

8° (15 × 9.5 cm), 16 h. no numeradas + 182 págs. numeradas. + 1 h. blanca. a-b, A-L⁸, M⁴.

Port.: CONVIVIO ◄/RVM FRANCISCI PHILELPHI/ Libri II. uaria eruditione referti, de quibus sic/ & recte quidem doctus imprimis uir Lo=/douicus Viues sentit./ (*)/ IN IIS SVNT (INQVIT) EX IN-/ tima naturali philosophia ac morali expeditae/ quæstiones, Astrologiæ multa cognitio. Quanta/ in ijs Dij boni antiquitatis notitia? quanta & in-/uentorum & disciplinarum conseruans hi-/storia? &c./ *Escudete con leyenda:* Discite Iustitiam Moniti/ Coloniæ, excudebat Ioannes Gymnicus/ Anno M.D.XXXVII./ *a¹ vº: blanca/ a²:* ⁊ NI-COLAVS BERAL>/DVS ORNATISSIMO VIRO LV=/douico Deberquino S./ ⸢P⸣HILELPHI Conui-/uia... *a² vº:* nos facito. Vale, Luteciæ No/nis Martijs./ (+) *a³:* ⁊ EPISTOLA LEO– ⁊ /NARDI IVSTINIANI AD/ Franciscum Philelphum./ ⸢M⸣ISISTI nuper... *a³ vº:* colit, ama. Ex Vene/tijs quinto Kalend./ Ianuarij. M./ CCCC.xliij./ ∴/ *a⁴:* ⁊ EORVM QUAE ⁊ /IN HIS CONVIVIIS CON-/tinentur copiosissimus/ Index./ A/Abaris philosophus... *b⁵:* Zoroastri scripta/ FINIS./ *b⁵ vº:* ⁊ IOANNIS LODO= ⁊ /VICI VIVIS VALENTINI PRAE=/lectio in Conuiuia Francisci/ Philelphi./ ∴ / ⸢N⸣ESCII... *b⁸:* Haec habui quæ de con/uiuijs nostris dicerem, nunc/ quid Philosophus dicat/ uideamus./ (+)/ *b⁸ vº:* ALE-XANDRI AB ALEXANDRO/ iurisconsulti variarúmq; rerum doctissimi de/ F. Philelpho censura atq; iudicium./ ⸢F⸣Ranciscus Philelphus... rimabatur &c./ (*)/ *pág. 1 (A¹):* ⁊ FRANCISCI PHI– ⁊ /LELPHI AD THOMAM THE-/baldum Mediolanensem Conuiuium/ primum.... *pág. 71 (E⁴):* maturarunt./ FINIS./ ⁊ FRANCIS-CI PHI=/LELPHI AD THOMAM THE-/baldum Mediolanensem, conui-/uium secundum.... *pág. 182 (M³ vº):* discessum est./ (+)/ FINIS./ *M⁴: blanca.*

EJEMPLARES:
Bruselas, *Bibliothèque Royale Albert 1ᵉʳ/Koninklijke Bibliotheek Albert I (VH 3250A2 LP). Londres, BL (720.b.16). París, BN (Z.38882 (1)). París, B. Mazarine (22191, 1 p.).

BIBLIOGRAFÍA:
Bonilla [n° 87], pág. 793. Estelrich [n° 92], 121. *General Catalogue,* v. 26, col. 871. *Catalogue Général,* Vives, 53. González, págs. 166-172 y 195. IJsewijn, *S.W.* [n° 105], 5, págs. 138-159.

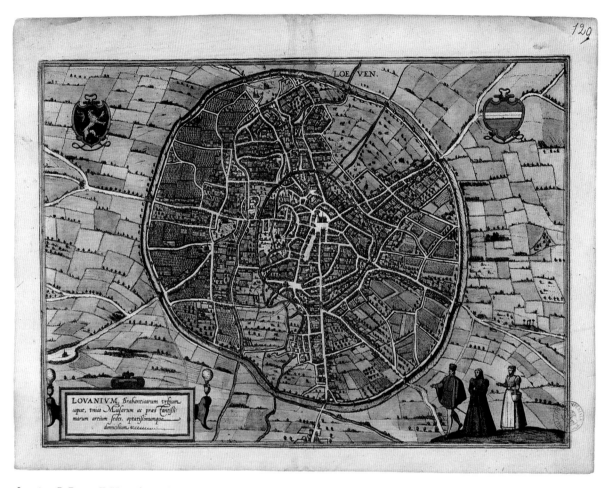

Lovaina, G. Braun; F. Hogenberg, *Civitates Orbis Terrarum* (Foto: París, Bibliothèque Nationale, Cartes et Plans).

LOVAINA, ca. 1515-1523

EL ORADOR Y EL FILÓLOGO

6. Portada de los versos proverbiales de Virgilio por A. Barlandus. En la h. g² r°-v°, se lee una carta de Vives a dicho profesor, amigo suyo. Es el más temprano testimonio de su estancia en Lovaina, pero su datación resulta harto problemática (Foto: Gante, Rijksuniversiteit Centrale Bibliotheek).

6. A. Barlandus, *Versuum ex... Vergilio..., Collectanea* [con epístola *Ioan. Ludovicus Vives Hadriano Barlando*]*,* París, Lovaina, G. de Gourmont, ¿1515?

4° (20 x 14 cm), 30 h. no numeradas, a-f⁴, g⁶, la última con el escudete del impresor en el verso. En algunas portadas, la línea 5 dice: *Eiusdem de laudib⁹ amoenissimi Louanij Ode hexa;* y la antepenúltima: *Prostant in ædibns Horresti Bibliopolæ Egidij Gormonrij.*

Port.: Hadriani Barlandi/ Versuum ex Poetarum principe Vergilio pro=/uerbialium Collectanea: Rursus ab eo=/dem recognita atq**3** aucta./ ☾ Eiusdē de laudibus amœnissimi Louanii Ode, hexa/ metro heroico iābicoq**3** dimetro alternās. Cui adiectus/ est Prologus in Plauti Aululariā, ab eodem factus./ ☾ MARTINI Dorpij Epigramma Iambicum trimetrum./ Emptor loquitur: respondet libellus./ Heus tu libelle... *siguen catorce líneas/* ☾ IOANNIS Munterij Distichon./ Profer io exultans studiosa zelanda iuuentus:/ Barlandus Musas rettulit in patriam./ ☾ Prostant in ædibus Horresti Bibliopolæ Egidij Gormontij/ e regione gymnasij Cameracensis. &/ ☾ Louanii apud ædem Diui Petri in ædibus eiusdem./ *b¹:* ☾ Eruditissimo Grammatico Ioauni [*sic*] Despauterio/ Niniuite Hadrianus Barlandus. S.P.D./ E Mi superiore anno... non placebunt. Vale Louanij./ *a²:* ☾ Barlandi collectanea Sententiarum prouer/bialium ex Bucolico Vergilii./ Deus nobis hæc ocia fecit:/ Q Voniā mortales... *d¹:* ab omnibus debeat./ ☾ Finiunt Prouerbia Versuum ex Poetarum/ principe Vergilio collectanea ab Ha=/driano Barlando recognita/ Et aucta∴/ *d¹ v°:* ☾ CLARISSIMO HEROI GEORGIO HALOINO:/ Domus ac ditionis Haloine apud Flādros lōge principis/ Hadrianus Barlandus Salutem. D./ C Vm superiore anno... non rem expendas:/ Louanii ∴ / *d²:* ☾ BARLANDI COLLECTANEA PRO=/uerbialium sententiarū ex libris Georgicorum/ Et Aeneidos Vergilii./ Multum ille & terris iactatus: & alto./ C Vm significabimus... *g⁴ v°:* Iuuentutem peruenerit./ ☾ Insignium Sententiarum Vergilii/ ab Hadriano Barlando/ Collectaneum./ ☾ FINIS./ *g⁵:* ☾ IOAN. LVDOVICVS/ Viues Hadriano Barlan=/do Suo .S./ N ARRAVIT MIHI IACOBVS/ Potterius... *g⁵ v°:* iudico meritos./ Vale Louanii./ *g⁶: blanca/ g⁶ v°: Escudete de Gilles de Gourmont.*

6. Escudete de Gilles de Gourmont (Foto: Gante, Rijksuniversiteit Centrale Bibliotheek).

EJEMPLARES:
Gante, *Rijksuniversiteit Centrale Bibliotheek (B.L.5105). Heidelberg, UB (sin la última hoja). París, B. Mazarine (dos ejemplares: Inc. 1399, 4ª p.; y Rés. 10560, 5ª p., falta la última h.).

BIBLIOGRAFÍA:
Daxhelet, págs. 39-46 y 248-250. N.K. 2359. *Bibliotheca Belgica,* B.252. Moreau, II, 1016. IJsewijn, "Vives in 1512-1517". Machiels, B. 110. González, pág. 196.

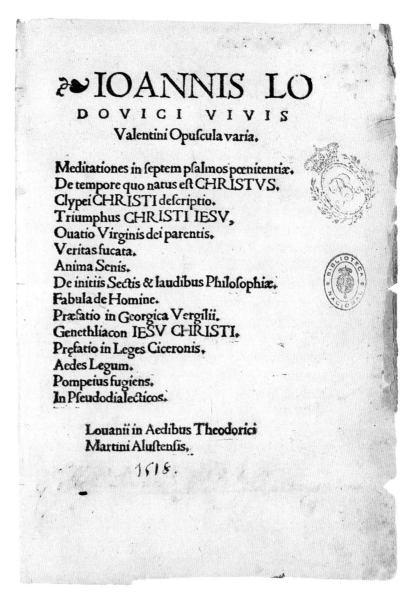

IOANNIS LO
DOVICI VIVIS
Valentini Opuscula varia.

Meditationes in septem psalmos pœnitentiæ.
De tempore quo natus est CHRISTVS.
Clypei CHRISTI descriptio.
Triumphus CHRISTI IESV.
Ouatio Virginis dei parentis.
Veritas fucata.
Anima Senis.
De initiis Sectis & laudibus Philosophiæ.
Fabula de Homine.
Præfatio in Georgica Vergilii.
Genethliacon IESV CHRISTI.
Præfatio in Leges Ciceronis.
Aedes Legum.
Pompeius fugiens.
In Pseudodialecticos.

Louanii in Aedibus Theodorici
Martini Alustensis.

1518.

7. Portada (Foto: Madrid, Biblioteca Nacional).

7. J. L. Vives, *Opuscula varia*, Lovaina, T. Martens, [1519].

4° (19.6 x 14 cm), 144 h. no numeradas, la última con el escudete de Martens en el verso. a-z, A-N⁴. Datación según Matheeussen, "The Date..." y la epístola a Craneveld, ver n° 53.

Port.: ☙ IOANNIS LO/DOVICI VIVIS/ Valentini Opuscula varia./ Meditationes in septem psalmos pœnitentiæ./ De tempore quo natus est CHRISTVS./ Clypei CHRISTI descriptio./ Triumphus CHRISTI IESV,/ Ouatio Virginis dei parentis./ Veritas fucata./ Anima Senis./ De initiis Sectis & laudibus Philosophiæ./ Fabula de Homine./ Præfatio in Georgica Vergilii./ Genethliacon IESV CHRISTI./ Prefatio in Leges Ciceronis./ Aedes Legum./ Pompeius fugiens./ In Pseudodialecticos./ Louanii in Aedibus Theodorici/ Martini Alustensis./ *a¹ v°: blanca/ a²:* ☙ GVLIELMVS/ CROIVS CARDINA-LIS IOAN/ni Lodouico Viui Suo. S.D./ ⌈L⌉ Egi tuam... *a² v°:* esse duco./ Vale. Louanii./ *a³:* ☙ IOANNES LO/DOVICVS VIVES/ Gulielmo Croio designato Archiepiscopo Tole/tano, & nostræ religionis Senatori/ S.D./ ⌈I⌉Ncredibile accepi... *a⁴ v°:* tuarum. Vale Louanii/ M.D.XVIII./ **/ ♣ / ☙ / *b¹:* IOANNIS LODO/VICI VIVIS ME/ditatio prima in primum psalmum pœnitantiæ,/ domine ne in furore tuo, &c/ ⌈P⌉Aucos... *b¹ v°:* immortalem./ Meditationis quartæ, in quartum pœnitentiæ/ psalmum, finis./ IOANNIS LODO/uici Viuis meditationis quintæ in psalmū/ pœnitentiæ quintum. Domine ex/audi oratiōe meā./ Præfatio ad Gulielmum Croium Cardinalem/ Episcopum Cameracensem./ ⌈C⌉Ameraci cū essem... *b²:* bona fide soluam/ *b² v°:* MEDITATIO/ ⌈F⌉Acturo... *m³ v°:* potes fiemus, Amen./ Meditationis in septimum & vltimum pœniten/tiæ psalmum finis./ *m⁴:* LODOVICVS VI/ues Seraphino Centelli Comiti Oliuæ viro cla-/riss. S,P.D./ ⌈M⌉Itto ad te... ditissi-mum. Vale Louanii Mense Decembri M.D.XVIII/ *m⁴ v°:* IOANNIS LODO/uici Viuis Valentini de tempote *[sic]* quo/ natus est Christus./ ⌈S⌉Anctū sanctorū... *o²:* nō valēt. De T.pe quo natus Christus, Finis./ *o² v°:* ☙ LODOVICI VI/uis Clypei Christi descrip-tio ad eundem Comi/tem Oliuæ/ ⌈D⌉Ecet eum,... *p¹ v°:* ag-gre=/ditur./ */ De/scriptionis/ Clypei Iesu Christi/ liberatoris nos-tri, Finis/ *p²:* IOANNES LO/douicus Viues S.D. amplissimo patri Ber-/nardo Mensæ antisti Helnensi/ ⌈N⌉Oui ego... *p² v°:* puto. Vale Parrhisiis Mēse Aprili. AN. D.M.XIIII. *[sic]* Ioannis Salmonii Materni carmen/ ⌈H⌉Eus qui... *[siguen seis dísticos]...* plagæ,/ IOAN-NIS LODO/uici Viuis Christi Iesu Triumphus./ ⌈F⌉Estus est... *q⁴ v°:*

dicentur./ CHRISTI IESV TRIVMPHI/ FINIS/ *r¹:* ❧ IOANNIS LO/douici Viuis Virginis dei parentis Ouatio/ ⟦T⟧Vm Franciscus... *s¹:* consumptū ē./ Virginis deiparæ ouationis finis./ *s¹ v°:* ❧ LODO-VICVS/ Viues venerando admodum patri Ioanni Curuimo/sano abbati Sancti Iacobi apud Leodios. S D./ ⟦E⟧Xigit haud... dona. Vale Louanii Calen. Aprilis/ M.D.XIX./ *s²:* IOANNIS LODO/VICI VIVIS/ VALENTINI/ in suum Christi trium/phum Prælectio/ quæ dicitur Veritas fucata/ ⟦S⟧I quis... *t¹:* perfectus./ Veritatis fucatæ, quæ est prælectio in Christi/ Triumphum finis/ *t¹ v°:* ❧ IO LODO-VICI/ VIVIS VALEN/tini ad Catonē maiorē Ciceronis præ/lectio, quæ dicit̃ anima senis, ad/ eundē abbatē S. Iacobi./ ⟦A⟧Nteq̄ Ciceronis... *u² v°:* solutus sum. Animæ senis finis./ ❧ IOANNES LO/douicus Viues Salu. D. Hermanno Comiti No/uæ aquilæ, viro clarissimo,/ ⟦C⟧Redo... Læliū. Vale Louani, An. M.D.XVIII./ *u³:* ❧ IO LODOVICI/ VIVIS VALENTINI/ De Initiis, Sectis, & Laudibus philosophiæ./ ⟦I⟧Nter oēs... *z¹ v°:* anteponendus./ De Philosophiæ initiis, sectis &/ laudibus FINIS/ **/ ❧ / ❧ IOANNES LO/DOVICVS/ Viues S.D. Antonio Bergensi iu/ueni nobilissimo/ ⟦S⟧I vacat... *z²:* nō/ fore. Vale, & me vt/ amare cœpisti, perge. Louanii/ AN. M.D.XVIII./ *z² v°:* ❧ IO ◂ LODOVICI/ Viuis Valentini Fabula/ de homine/ ⟦L⟧Ibet mihi... *A¹:* epuli læti-/tia./ Fabulæ de homine finis/ *A¹ v°:* IOAN. LODOVICI VIVIS/ in Gerorgica [*sic*] P. V. Maronis p̃fatio ad/ eūdē Antoniū Bergensem/ ⟦N⟧Olo præfari... *B³:* optima est./ Prælectionis in Georgica Vergilii/ Finis./ ❧ / *B³ v°:* ❧ IOANNES LO/douicus Viues Ioanni Briardo Attensi Theo-/logo Louaniē Cancellarii Vicario S.D./ ⟦V⟧Etus cōsuetudo... cēseas./ Vale./ *B⁴:* IOAN. LODOVICI VIVIS./ Valentini γενεθλιακόν Iesu Christi./ ⟦Q⟧Vum... *D³ v°:* Viuere secum./ τον γενεθλιακόν/ IESV CHRISTI assertoris/ generis humani Finis./ *D⁴:* ❧ ◂ LODOVICVS/ Viues Martino Pontio Iuriscosulto [*sic*] fiscalium/ causarum patrono S.D./ ⟦P⟧Onti iuris... q̄ Iuris. Vale Louanii mense/ Aprili M.D./.XIX./ *D⁴ v°:* ❧ IOANNIS LO/DOVI-CI VIVIS/ Valentini in leges Ciceronis præ/fatio./ ⟦C⟧Redo ego... *F³:* dabit./ Præfationis in leges Ciceronis/ Finis/ ❧ IOANNIS LO/douici Viuis Valentini Aedes legum ad eundem/ Martinum Pontium iuris consultum./ ⟦Q⟧Vũ in humanā... *G⁴:* intret./ Aedis Legum Finis/ *G⁴ v°:* ❧ ◂ LODOVICVS/ Viues S.D. Carolo Carendoleto Potelis domino/ viro nobilissimo & prudentissimo/ ⟦Q⟧Verelam Gnei... illā, Vale Louanii Mense Aprili. M.D.XIX./ *H¹:* ❧ IOANNIS LO/DOVI-CI VIVIS VALEN/tini Pompeius fugiens/ ⟦O⟧Summe... *I³ v°:* vixi/ Querelæ Pompei fugientis Finis./ *I⁴:* ❧ IOANNES LO/douicus

Viues Ioanni Forti suo S.D./ ⸢Q⸥ Vum existimarem... *N³:* saluta. Vale/
mi suauissime Fortis Louanii idib⁹ Februariis M.D.XIX./ AD-
VERSVS PSEV/DO DIALECTI/COS FINIS/ *N³ v°:* Errata, q̄ in
sensu ōronis lectorē remorari possent./ b.iii.p.i... non offendant./ *N⁴:*
blanca/ N⁴ v°: Escudete de Martens.

EJEMPLARES:
Bergues, BM (Clasificación en proceso). Bruselas, BR/KB (2 ejemplares: A.1981; y
V.B.7363 B2 LP). Cambridge, UL. Londres, BL (697, f.24(1)). **Madrid, *Biblioteca
Nacional (R/ 20400).** Nueva York, PL (sin la última hoja). Oxford, BL.

BIBLIOGRAFÍA:
Bonilla [nº 87], pág. 751. N.K. 2172. *General Catalogue*, vol. 26, col. 871. Adams,
V.937. Palau, 371460. NUC, NV. 0205982. *Catálogo colectivo*, 1, 371. IJsewijn, "Zu
einer kritischen Edition". Matheeussen, Fantazzi y George, *S.W.* [nº 104] 1. IJsewijn,
S.W. 5.

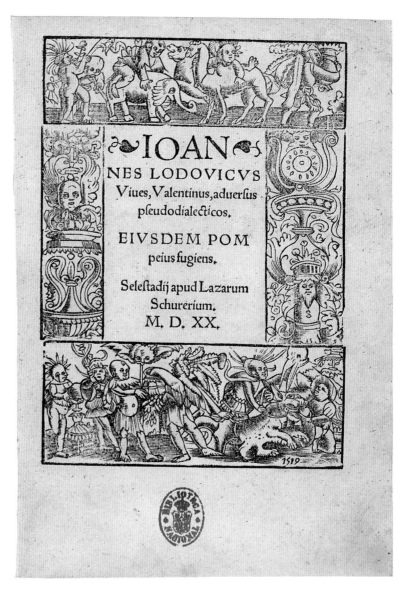

8. Portada (Foto: Madrid, Biblioteca Nacional).

8. J. L. Vives, *Adversus Pseudodialecticos / Pompeius fugiens,* Sélestat, L. Schürer, junio, 1520.

4° (21 × 14.6 cm), 40 h. no numeradas, A-I⁴, la última con el escudete del impresor.

Port. en recuadro ornado, fechado 1519: ❧ IOAN ❦ /NES LODO-VICVS/ Viues, Valentinus, aduersus/ pseudodialecticos./ EIVSDEM POM/peius fugiens./ Selestadij apud Lazarum/ Schurerium./ M.D.XX./ *A¹ v°: blanca./ A²:* ❧ IOANNES LO ❦ /DOVICVS VIVES IOANNI/ forti suo S.D./ ⸢Q⸣ Vum existimarem... *F³ v°:* me saluta./ Vale mi suauissime Fortis Louanij Idibus Februa=/rijs. M.D.XIX./ ADVERSVS PSEVDO/dialecticos Finis./ *F⁴:* ❧ LODO-VICVS ❦ / VIVES S.D. CAROLO CAREN/doleto Potelis Domino uiro nobilissi=/mo & prudentissimo./ ⸢Q⸣ Verelam Gnei... *F⁴ v°:* al-teram illam. Vale, / Louanij Mense Aprili. / M.D.XIX./ *G¹:* ❧ IO-ANNIS LO ❦ /DOVICI VIVIS VALENTI/ni Pompeius fugiens./ ⸢O⸣ Summe... *I³ v°:* mori q̄3 uixi./ QVERELÆ POMPEI/ fugientis Finis./ SELESTADII IN ÆDIBVS/ Lazari Schurerij. Mense Iunio./ M.D.XX./ *I⁴: Escudete de Schürer/ I⁴ v°: blanca.*

EJEMPLARES:
Londres, BL (528.L.20). **Madrid, *Biblioteca Nacional (R/26123).** Munich, BSB. París, B. Arsenal, 4.°-H. 1223 (2); París, B. Mazarine (tres ejemplares completos: A.10832(1); 14115, 2ª p.; 14225, 7ª p.). Sevilla, B. Colombina. Washington, Folger Shakespeare L.

BIBLIOGRAFÍA:
Bonilla [n° 87], pág. 750. Estelrich, 158. *General Catalogue*, v. 26, col. 871. Palau, 371482. NUC, NV. 0205754. Guerlac, p. 4 y 212, nota cap. V, 7. Fantazzi [n° 101]. IJsewijn, "Zu einer kritischen Edition...", págs. 24 y 31 n. González, pág. 199.

9. Portada (Foto: York, York Minster Library).

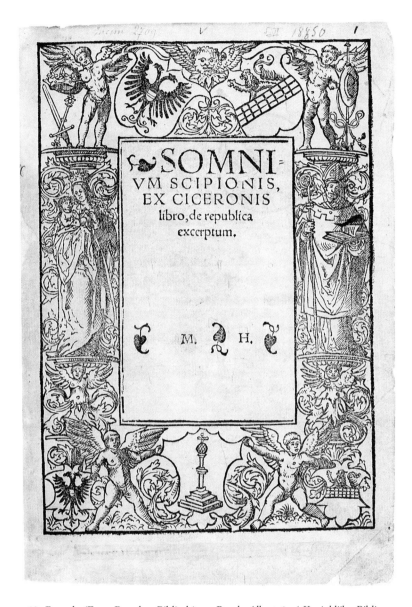

10. Portada (Foto: Bruselas, Bibliothèque Royale Albert 1er/ Koninklijke Bibliotheek Albert I).

9. M. T. Cicerón, *Somnium Scipionis* [J. L. Vives, *Argumentum Somnii Scipionis*], Lovaina, T. Martens, 1520.

4° (20 x 14 cm), 8 h. no numeradas, AB⁴.

Port. en recuadro: ❧ SOMNI/VM SCIPIONIS, EX/ Ciceronis libro, de repu-/blica excerptum/ *A¹ v°: blanca/ A²:* ❧ ARGVMEN=/TVM SOMNII SCIPIONIS CICE=/roniani, per Ioannem Lodouicum/ Viuem. ∴ / ⸬Q⸬ Vanquam Cicero... *A² v°:* vitiis absti=/neant. ∵ / *A³:* ❧ SOMNIVM/ SCIPIONIS, EX CICERONIS/ libro, de republica excerptum./ ⸬C⸬ Vm in Aphricam... *B⁴:* ego som=/no solutus sum./ FINIS/ LOVANII APVD THEODORICVM/ Martinum Alustensem, Anno. M.D./.XX./ *B⁴ v°: Escudete de Martens.*

EJEMPLARES:
York, *York Minster Library (XII.0.20(2))

BIBLIOGRAFÍA:
N.K. 2669. González, pág. 197. George [nᵘ 103], págs. xxvii, lxiii y 228-231.

---

10. M. T. Cicerón, *Somnium Scipionis* [J. L. Vives, *Argumentum Somnii Scipionis*], Amberes, M. Hillen, [1520].

4° (19.5 x 13.5 cm), 8 h., la última blanca. AB⁴.

Port. en recuadro orlado: ❧ SOMNI=/VM SCIPIONIS,/ EX CICE-RONIS/ libro, de republica/ excerptum./ ❦ M. ❧ H. ❦ / *A¹ v°: blanca/ A²:* ❧ ARGVMEN=/TVM SOMNII SCIPIONIS CICE=/ RONIANI, PER IOANNEM/ LODOVICVM VIVEM./ ⸬Q⸬ Van-quam Cicero... *A² v°:* aut/ a vitijs absti=/neant./ *A³:* ❧ SOMNIVM/ SCIPIONIS, EX CICERONIS/ libro, de republica excerptum./ ⸬C⸬ Vm in Aphricā... *B³ v°:* solutus/ sum./ FINIS./ ☞ Antuerpiæ apud Michaelem Hilleniū./ *B⁴: blanca.*

EJEMPLARES:
Bruselas, *Bibliothèque Royale Albert 1ᵉʳ / Koninklijke Bibliotheek Albert I (II 18850A LP).

BIBLIOGRAFÍA:
N.K. 575. González, pág. 197. George [n° 103], págs. xxxvii, lxiii y 228-231.

11. J. L. Vives, *Somnium et Vigilia*, Amberes, I. Theobaldus, <1520>.

4° (20.3 x 14 cm), 40 h. no numeradas. Signatura irregular, existente en todos los ejemplares consultados: [A], Aij, Ci, Cij, Ciij, Ciii, Di, Cij, Diii, Ciiii, D-I⁴, Ki, Kij, Kiij, [K⁴], Kiij, [K⁶]. La fecha se establece a partir de la epístola dedicatoria de Vives: Aij v° y por la carta a Craneveld, ver n.° 53.

Port. en recuadro ornado: IOANNIS LODOVICI VIVI [*sic*]/ VA-LENTINI SOMNIVMS [*sic*]/ ET VIGILIA./ ∴ / Et alia Nonnulla quæ proxima/ pagella indicabit./ Antuerpiæ per Me Ioannem/ Theobaldum Gorneensem/ Cū Gratia & Priuilegio Regio./ *[h. 1 v°]:* Epistola. I. Lodouici Viuis ad Reuerendissimum. D. Leodien/sem Episcopum/ Eiusdem. L. Viuis Somnium, quæ est præfatio ad Somnium/ Scipionis./ Eiusdem argumentum in Somnium Scipionis./ Somniū Scipionis ex libro sexto de Republica Ciceronis ex=/cerptum./ Viuis præfatio in suam Vigiliam./ Eiusdem Vigilia quæ est enar-ratio Somnij Scipionis./ *[h. 2] A.ij.:* IOANNES LODOVICVS VIVES RE=/uerendissimo. D. Erardo a Marca Epis=/copo Leodiensi, & Archiepiscopo/ Valentino designato. S.D./ V̄ Tris prius... *A. ij. v°:* imitetur. Vale Louanij Quinto Calēdas Apri/leis. M.D.XX ∴,/ *[h. 3] C.i.:* ❦ Ioan. Lodouici viuis Valentini Somniū, Quæ/ est præfatio ad Somnium Scipionis/ Ciceroniani./ H̄ Es-terna... *[h. 9] D.iii. v°:* ita disseruit./ ❦ Oratio Ciceronis ad Lachesin./ Ī N omni... *[h. 10] C.iiii.:* excitabat./ Sermo Catonis Censorii ad Senatum./ S̄ I quattuor... *[h. 13] D.iij.:* breuiter accipe:/ ❦ Argumentum Somnij Scipionis Ciceroniani,/ Ē Tsi professus... *[h. 13] D.iij. v°:* deter=/reantur ∴,/ *[h. 14]:* SOMNIVM SCIPIONIS, EX/ CICERONIS LIBRO/ de repub. sexto excerptum/ C̄ Vm in Aphricā... *[h. 16] E.ij. v°:* solat⁹ [*sic*] sum / FINIS/ *[h. 17] E.iij.:* IOAN. LODOVICI VIVIS VALENTINI/ IN VIGILIAM SVAM IN SOM/nium Sciqionis [*sic*] Præfatio ∴./ N̄ On dubito... *[h. 19] F.i. v°:* oratio=/nem habuit./ IOAN. LODOVICI VIVIS IN/ Somnium Scipionis ex sexto de Repub./ Ciceronis Vigilia/ L̄ Vcio... *[h. 40]:* solut⁹ sum./ Ioannis Lodouici Viuis Enarrationis Sō=/nij Scipionis Ciceroniani quę Vi=/gilia dicitur FINIS/ Antuerpiæ in ædibus Ioannis Theobaldi excusum/ sub intersignio Viridis Viri ∴./ *[h. 40 v°]: Escudete.*

EJEMPLARES:
Brujas, SB (7/174). Londres BL (11312.n.3). **Valencia, *Biblioteca Universitaria (Z-14/195-5).**

BIBLIOGRAFÍA:
Bonilla [n° 87], pág. 751. N.K. 4065. *General Catalogue,* v. 26, col. 875. Palau, 371485. González, págs. 197-198. George [n° 103], págs. xxxvii y lxii-lxiii.

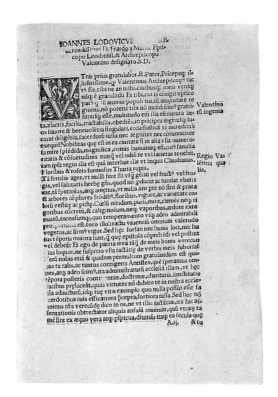

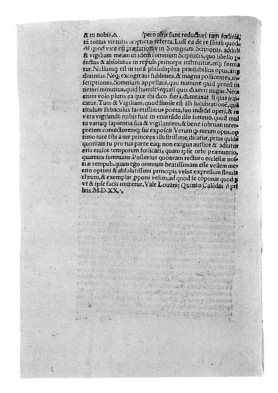

11. Primera edición de la citada carta de Vives a E. de la Marck, recién creado arzobispo de Valencia, en loor de la ciudad y sus gentes. h. A² r° y v° (Foto: P. Alcántara).

12. J. L. Vives, *Somnium et Vigilia in somnium Scipionis,* Basilea, I. Froben, marzo, 1521.

4° (20 x 16 cm), 78 h. numeradas de 1 a 154 + 1 h. con el escudete del impresor al verso. a-r⁴, s⁶, t⁴.

En recuadro renacentista: ✿ ◄ IOAN/NIS LODOVICI VI-/uis Valentini Somnium./ Quæ est præfatio ad Som-/nium Scipionis Ciceronis./ Eiusdem Vigilia./ Quæ est enarratio Somnij/ Scipionis Ciceronis./ Et alia nonnulla quæ proxi-/ma pagella indicabit./ IN INCLYTA/ BASILEA./ *a¹ vᵒ:* Epistola... *[se sigue el índice del volumen] pág. 3 (a²): viñeta/* IOANNES LODOVICVS VIVES RE/ uerendissimo D. Erardo à Marca episcopo/ Leodiensi, & Archiepiscopo Valen-/tino designato S.D./ [V] TRIS prius... *pág. 5 (a³):* imitetur. Vale Louanij Quinto Calendas Aprileis./ M.D.XX./ *pág. 6 (a³ vᵒ): viñeta/* IOANNIS LODO/VICI VIVIS VALENTINI SOMNIVM/ quæ est præfatio ad Somnium Sci-/pionis Ciceroniani./ [H] ESTERNA nocte... *pág. 36 (e² vᵒ):* fecit/ *pág. 37 (e³): Viñeta/* ORATIO CICERO-NIS AD LACHESIN./ [I] N omni... *pág. 41 (f¹):* ex-/citabat./ *Viñeta/* SERMO CATONIS CENSORII AD SENATVM,/ [S] I quatuor... *pág. 50 (g¹ vᵒ):* accipe./ *pág. 51 (g²):* ARGVMENTVM SOMNII SCI/PIO-NIS CICERONIANI./ [E] Tsi... *pág. 53 (g³):* deterreantur./ *Viñeta/* SOMNIVM SCIPIONIS, EX CICERONIS/ libro de Repub. sexto excerptum./ [C] VM in Aphricā... *pág. 63 (h⁴):* solutus sum./ FINIS./ *pág. 64 (h⁴ vᵒ): Viñeta/* IOANNIS LODO/VICI VIVIS VALENTINI IN VIGILIAM/ suam in Somnium Scipionis, præfatio./ [N] On dubi-to... *pág. 73 (k¹):* orationem/ habuit./ *Viñeta/* IOANNIS LODO/VICI VIVIS IN SOMNIVM SCIPIONIS, EX/ sexto de Repub. Ciceronis, Vigilia./ [L] Vcio... *pág. 154 (t³ vᵒ):* solutus/ sum./ Ioannis Lodouici Viuis Enarrationis So-/mnij Scipionis Ciceroniani,/ quæ Vigilia dicitur/ FINIS./ BASILEAE EX AEDIBVS IOANNIS/ FROBENII MENSE MARTIO/ ANNO M.D.XXI./ *t⁴: blanca/ t⁴ vᵒ: Escudete.*

EJEMPLARES:
Barcelona, *Biblioteca de Catalunya (13.II.2). Cambridge, UL; Cambridge, Fitzwilliam Museum. Cambridge, Mass., Harvard UL. Florencia, BN (15.6.324 (3)). Londres, BL. Lovaina, KU. Madrid, BN (R/ 9659); Madrid, FF y L (2 ejemplares: 13914; y 11390). New Haven, Conn., Yale U. París, B. Arsenal (tres ejemplares: 4° Sc A. 100, falto de última h.; Sc A. 101; Sc A. 102). Perugia, BA. Valencia, BU (Z4/98, ej. con pérdidas de texto) Vaticano, BA. Venecia, BM. Washington, Folger Shakespeare L; Washington, LC.

BIBLIOGRAFÍA:
Bonilla [nº 87], pág. 751. Mateu [nº 91], 1. Estelrich [nº 92], 92. *General Catalogue,* v. 26, col. 879. Adams, V. 980. Palau, 371484. NUC, NV. 0206005. *Catálogo colectivo,* 1, 377. González, pág. 198. George [nº 103], págs. xxxvii y lxiv-lxvi.

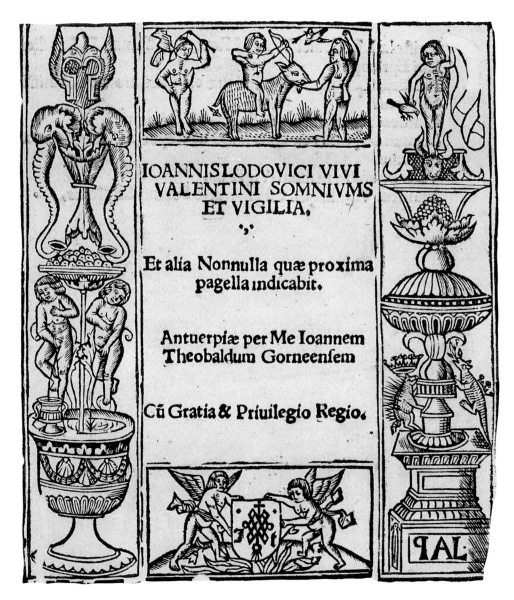

11. Portada. Concluido el curso sobre el *Somnium,* Vives lo editó en Amberes. La impresión fue tan torpe, que irritó grandemente al autor (Foto: P. Alcántara).

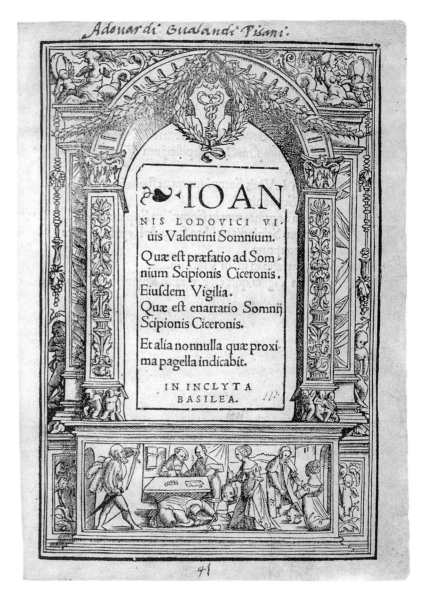

12. Portada (Foto: Barcelona, Biblioteca de Catalunya).

13. Portada (Foto: París, Bibliothèque Nationale).

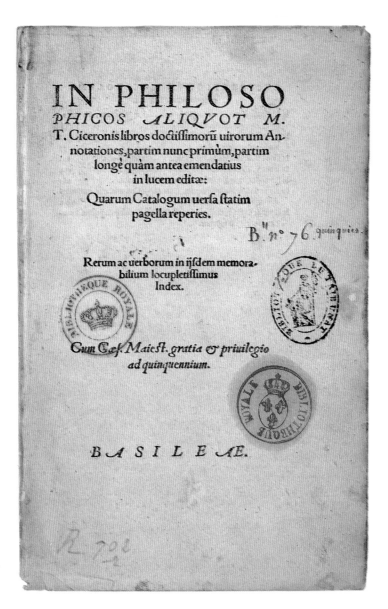

13. *In philosophicos aliquot M.T. Ciceronis libros doctissimorum virorum annotationes...* [J. L. Vives, *In somnium Scipionis Enarratio, siue vigilia*], Basilea, I. Oporinus, marzo, 1544.

4° (21.4 × 14 cm), 4 h. + 317 + 1 págs. numeradas + 3 h. α , A-Z, Aa-SS⁴.

Port.: IN PHILOSO/PHICOS ALIQVOT M./ T. Ciceronis libros doctissimorū uirorum An-/notationes, partim nunc primùm, partim/

longè quàm antea emendatius/ in lucem editæ:/ Quarum Catalogum uersa statim/ pagella reperies./ Rerum ac uerborum in ijsdem memora-/bilium locupletissimus/ Index./ Cum Cæs. Maiest. gratia & priuilegio/ ad quinquennium./ BASILEAE./ α 1 vº: LVCVBRATIONVM HOC VOLVMI-/ne commentarum [sic] Elenchus./ In Academicas quæstiones, quæ Luculli titulum præserunt, M. Anto-/nij Palmyræni Scholion. Pag 1/ In Somniū Scipionis, Lod. Viuis Valentini Enarratio, siue Vigilia, postre/mo ab autore recognita. 33/ In libros V. de Finibus, Io. Petri Oliuarij Valentini Scholia. 102/ In libros V. Tusculanarum quæstionum, Iani Pagnini Scholia. 114/ In Paradoxa, Francisci Syluij Ambiani commentarius. 160/ In libros III. de Natura deorum, Petri Marsi Commentaria, innumeris quibus scatebant mendis repurgata. 194/ In libros de Officijs, Amicitia, Senectute, Xysti Betuleij Augustani Anno-/tationes seorsim reperies./ α 2: ORNATISSIMO VIRTVTIBVS AC/ literis uiro, D. Petro Obernburger, amico suo in primis co-/lendo, Ioannes Oporinus S.D./ α 4: Basileæ, Idib./ Martijs. 1544./ α 4 vº: blanca/ pág. 1 (A¹): IN M. TVLLII CICERO/NIS ACADEMICAS QVAESTIONES,/ quæ Luculli titulum præserunt,/ M. ANTONII PALMYRAENI/ Scholion... pág. 32 (D⁴ vº): in medio./ FINIS./ pág. 33 (E¹): IOANNIS LODOVICI/ VIVIS SOMNIVM, QVAE EST/ Præfatio ad Somnium Scipionis/ Ciceroniani,/ AD R.P. DOMINVM ERARDVM/ Cardinalem & Archiepiscopum/ Valentinum./ ⊞ESTERNA nocte... pág. 54 (G³ vº): breuiter accipe./ ARGVMENTVM SOMNII SCIPIO-/onis [sic] Ciceroniani. ⸢E⸣TSI professus sum... pág. 55 (G⁴): pœna deterreantur./ IOAN. LODOVICI VIVIS IN VIGILI-/am, quæ est Enarratio Somnij Scipionis,/ Præfatio./ ⊡IBROS de optima... pág. 58 (H¹ vº): huiusmodi orationem habuit./ IOANNIS LODOVICI VIVIS IN SO-/mnium Scipionis, ex sexto de Republica/ Ciceronis, Vigilia./ ⊡VCIO Licinio Lucullo... pág. 102 (N³ vº): somno solutus sum./ IOANNIS LODOVICI VIVIS ENAR/rationis somnij Scipionis Ciceroniani, quæ Vigilia/ dicitur. Finis./ Scripta Louanij, 1519. Recognita Bredæ, 1539./ PETRVS IOANNES OLIVARIVS/ Valentinus insigni probitate ac eruditione/ uiro, Gualtero Bochlero Anglo,/ S.P.D./ ⊡VVM præteritis... pág. 317 (SS¹): sequitur./ COMMENT. PETRI MARSI IN LIB. III./ de Natura deorum Finis./ SS¹ vº: INDEX ▸ ... SS⁴: FINIS./ BASILEAE, PER/ Iohannem Oporinum, Anno Salutis/ M.D.XLIIII. Men-/se Martio./ SS⁴ vº: blanca.

13. *Explicit* de la versión definitiva del *Somnium* de Vives, pág. 102 (Foto: París, Bibliothèque Nationale).

EJEMPLARES:
Detroit, PL. Florencia, B. Marucelliana (6.B.VI.109). Madrid, BN. **París, *Bibliothèque Nationale (R.1750; Rés. R.1312).** Perugia, BA (IL. 42). Roma, BN (2 ejemplares: 1.9.0.10; y 14.36.M.18).

BIBLIOGRAFÍA:
Estelrich [nº 92], 93. George [nº 103], págs. lxv-lxvii.

14. Portada. Vives fue calurosamente elogiado por Erasmo en una epístola *(h. A¹ vº, A²)* que, tras la inclusión de éste en el *Index*, aparece censurada en numerosos ejemplares (Foto: Castellón, Arxiu Municipal).

14. J. L. Vives, *Declamationes Sullanae quinque*, Amberes, M. Hillen, abril, 1520.

4° (20 x 14 cm), 70 h. no numeradas. [A]-Q⁴, R⁶, la última blanca.

En recuadro: ❧ IOAN/NIS LODOVICI VIVIS/ Valentini declamationes/ Syllanæ quinq;/ Prima ad L. Corneliū Syllam ne/ deponat dictaturam./ Secunda ad eundē vt deponat./ Tertia verbis ipsius Syllæ depo=/nentis dictaturam pro/ Concione./ Quarta cōtra Syllā iam priuatū./ Quinta contra acta Syllæ iam/ mortui./ D. Erasmi Roterodami epl'a ad D./ Hermānum Comitē nouę aquilę./ *A¹ vᵒ:* ERASMVS ROTERODAMVS CLARISSIMO D./ Hermāno Comiti a noua aꝗla Canonico Coloniensi. S.D./ Ⓜ Irū, ni superiōes... *A²:* audit quotidie. Antuerpię. Anno. M.D.XX./ IOANNES LODOVICVS VIVES PRINCIPI/ illustrissimo Fernādo Archiduci Austrię Caroli Augusti fratri. S.P./ Ⓝ On erat cōsiliū... *A² vᵒ:* equabis. Vale Louanij./ *A³:* IOAN. LODOVICI VIVIS VALEN=/tini Pręfatio in declamationes suas/ Syllanas./ Ⓐ Nteꝗ de... *A⁴ vᵒ:* inferri videbantur./ *B¹:* ❧ ▸ IOANNIS ◂ ✸ / LODOVICI VIVIS VALENTINI/ ad L. Cornelium Syllam, ne deponat dictaturā,/ Declamatio, verbis Q. Fundani./ Ⓔ St quidem... *C⁴:* fortunare velim./ FINIS/ *C⁴vᵒ:* ❧ ▸ IOANNIS ◂ ✸ / LODOVICI VIVIS VALENTINI/ ad L. Cor. Syllam, vt deponat dictaturam, decla-/ matio, verbis M. Fonteij./ Ⓒ VM esset... *E⁴ vᵒ:* velim approbare./ FINIS./ *F¹:* ❧ ▸ IOANNIS ◂ ✸ / LODOVICI VIVIS/ Verbis Syllæ deponentis dictaturam, pro con-/cione Quiritium, Declamatio./ Ⓠ Vam bene... *K¹:* priuatus/ sum./ FINIS/ *K¹ vᵒ:* ❧ ▸ IOANNIS ▸ ✸ / LODOVICI VIVIS/ Declamatio, verbis M. Aemilij Lepidi consulis/ in Syllam iam priuatum./ Ⓓ Ii deæq3 ... *O² vᵒ:* libertatem asseretis./ *O³:* ❧ ▸ IOANNIS ◂ ✸ / LODOVICI VIVIS AD-/uersus acta Syllæ iam mortui declamatio. Verbis. M. Aemylij Lepidi consulis./ Ⓗ Esterno die... *R⁵ vᵒ:* potestate sint po. Ro./ Quiritium./ Ioannis Ludouici Viuis Valentini Syllanaꝶ declamationum finis./ Apud inclytam Brabantiæ Antuerpiam, in ædibus/ Michaelis Hillenij, An. ab homine redempto/ M.D.XX. Mense Aprili./ *R⁶: blanca.*

EJEMPLARES:
Amberes, SB (C-994, 2ª p). Cambridge, UL (falta h. R6). Cambridge, Mass., Harvard U, Houghton L. **Castellón de la Plana**, ***Archivo Municipal, 2558** (con epístola de Erasmo censurada) Gante, UB (2 ejemplares; visto: Acc. 11074). Londres, BL (721.f.2). Lovaina, KU. Madrid, BN (R/ 2688 con epístola de Erasmo censurada). París, B. Mazarine (A.10832, 3ª p.). Sevilla, B. Colombina (6.3.39).

BIBLIOGRAFÍA:
Bonilla [nᵒ 87], pág. 749. N.K. 4062. Estelrich [nᵒ 92], 94. *General Catalogue*, v. 26, col. 877. Adams, V.961. Machiels, V. 343. NUC, NV. 0205842. *Catálogo Colectivo*, 1352. González, págs. 198-199. George, *S.W.* [nᵒ 105], 2.

IOANNIS

LODOVICI VIVIS VALEN-
TINI DECLAMATIONES SEX.

SYLLANAE QVINQVE.

SEXTA, qua respondet Parieti
palmato Quintiliani.

EIVSDEM IOAN. LODO. VIVIS DE
præsenti statu Europæ, & bello Turcico diuersa opuscula.

ITEM.
ISOCRATIS ORATIONES DVAE,
Areopagitica & Nicocles, eodem IOAN.
LODO. VIVE INTERPRETE.

*Omnia per ipsum autorem nunc demum
& aucta, & recognita.*

*Adiecto etiam rerum & uerborum
Indice diligentißimo.*

BASILEAE.

15. Portada (Foto: Madrid, Biblioteca Nacional).

15. J. L. Vives, *Declamationes sex*, y diversos opúsculos, Basilea, R. Winter, marzo, 1538.

4° (20.5 x 13.5 cm), 8 h. no numeradas + 315+1 págs. numeradas + 18 h. no numeradas, la última, con el escudete en el verso. a-b, A-Z, Aa-Xx⁴. Reedición, revisada por el autor, de tres grupos diversos de opúsculos: a) Los editados previamente en Amberes, 1520 (n° 14), como *Declamationes Sullanæ quinque;* b) Las *Declamationes duæ,* Lovaina, 1524 (n° 20); y c) Los intitulados *De Europæ dissidiis et republica,* Brujas, 1526 (n° 29). Cada grupo ha sido sugerido en la presente descripción con un aparte.

Port.: ❧ IOANNIS/ LODOVICI VIVIS VALEN-/TINI DECLA-MATIONES SEX./ SYLLANAE QVINQVE./ SEXTA, qua respon-det Parieti/ palmato Quintiliani./ EIVSDEM IOAN. LODO. VIVIS DE/ præsenti statu Europæ, & bello Tur-/cico diuersa opuscula./ ITEM./ ISOCRATIS ORATIONES DVAE,/ Areopagitica & Nicocles, eodem IOAN./ LODO. VIVE INTERPRETE./ Omnia per ipsum autorem nunc demum./ & aucta, & recognita./ Adiecto etiam rerum & uerborum/ Indice diligentissimo./ BASILEAE./ *a¹ v°:* *blanca/ a²:* ❧ ERASMVS ROTERO-/DAMVS CLARISSIMO D. HER-/manno Comiti à Noua aquila, Ca-/nonico Coloniensi, S.D./ Ⓜ︎IRVM, ni superi... *a³:* quotidie./ VALE./ Antuerpiæ. Anno M.D.XX./ *a³ v°: blanca/ a⁴:* ❧ IOANNES LODOVI-/CVS VIVES PRINCIPI IL-/lustrissimo Fernando, Ar-/chiduci Austriæ./ Ⓓ︎ECLAMANDI exercitationem... *b¹ v°:* instructum./ VALE./ Louanij, 1520./ *b²:* TYPOGRAPHVS AD LECTOREM *[sigue una aclaración del editor, en ocho líneas. A continuación, misma pág.:]* ❧ ORATIO LEPIDI CONS./ AD POPV. RO. EX LIBRIS HIS-/toria-rum C. Crispi Sallustij./ Ⓒ︎LEMENTIA... *b³:* liberalitatem./ *b³ v°:* *blanca/ b⁴:* ❧ DECLAMATIONVM/ IOAN. LODO. VIVIS PRI-/marum duarum Ar-/gumentum./ Ⓛ︎VCIVS... *b⁴ v°:* ut deponat./ *pág. 1 (A): Viñeta rectangular/* ❦ IOANNIS/ LODOVICI VIVIS VA-/LENTINI AD L. CORNELIVM/ Syllam, ne deponat dictatu-ram,/ Declamatio, uerbis Q./ Fundani./ Ⓔ︎ST QVIDEM... *pág. 19 (C²):* for-/tunare uelim./ DECLAMATIONIS PRIMAE/ FINIS./ *pág. 20 (C² v°):* ❦ IOANNIS LODOVICI/ VIVIS AD L. COR. SYLLAM,/ ut deponat dictaturam, Declamatio,/ uerbis M. Fontei./ Ⓒ︎VM ESSET... *pág. 41 (F¹):* approbare./ DECLAMATIONIS/ SECVNDAE/ FINIS./ *pág. 42 (F¹ v°):* ❦ IOANNIS LODOVICI/ VIVIS, VERBIS SYLLAE DEPO-/nentis dictaturam, pro concione

Quiri-/tium Declamatio./ ARGVMENTVM ⸢P⸣Ersuasus L. Sylla *[siguen ocho líneas...]* ⸤Q⸥VAM bene... *pág. 85 (L³):* priua-/tus sum./ DECLAMATIONIS TER-/TIAE FINIS./ *pág. 86 (L³ vº):* ☙ IOAN-NIS LODOVICI/ VIVIS, DECLAMATIO, VER/bis M. Aemilij Lepidi con-/sulis, in Syllam iam/ priuatum./ ARGVMENTVM./ ⸢P⸣Aucis diebus... de-/disset./ *pág. 87 (L⁴):* DECLAMATIO QVAR-TA./ ⸤D⸥II deæq3 ... *pág. 131 (R²):* lucem asseretis./ ☙ IOANNIS LODOVICI/ VIVIS, ADVERSVS ACTA/ Syllæ iam mortui, Decla-matio, uerbis/ M. Aemilij Lepidi Consulis./ ARGVMENTVM./ ⸢S⸣Ylla consumptus... *pág. 132 (R² vº):* tantum nominatur./ *pág. 133 (R³):* DECLAMATIO QVINTA./ ⸤H⸥ESTERNO... *pág. 169 (Y¹):* Ro. Quiritium./ IOANNIS LODOVICI VIVIS VALEN-/tini Syllanarum Declamationum finis./ LOVANII./ 1520/ *pág. 170 (Y¹ vº): blanca.*

Pág. 171 (Y²): ☙ M ▸ FABII QVINTI-/LIANI DECLAMATIO,/ Paries Palmatus inscripta./ ARGVMENTVM./ QVIDAM, cui... & Nouerca./ PRO CAECO CONTRA NOVERCAM./ ⸤S⸥I IVVE-NIS... *pág. 185 (Aa¹):* contingat occidere./ DECLAMATIONIS FA-BIANAE/ FINIS./ *pág. 186 (Aa¹ vº):* IOANNES LODOVICI/ VIVIS IN DECLAMATIONEM,/ qua Quintiliano respondet, Præfatio./ ⸤N⸥VLLA vel prior... *pág. 188 (Aa² vº):* me cœgit./ *pág. 189 (Aa³):* ☙ IOANNIS LODOVICI/ VIVIS VALENTINI DE-CLAMA-/TIO, QVA QVINTILIANO RESPON-/det pro nouerca contra Cæcum./ ⸤S⸥ENTIT, Iudices... *pág. 205 (Cc³):* asperiorem morte./ DECLAMATIONIS IOAN. LODO-/uici Viuis, pro nouer-ca contra Cæcum./ FINIS./ Brugis, Ann. 1521./ *Cc³ vº: blanca.*

Pág. 207 (Cc⁴): ☙ DE EVROPAE STATV/ AC TVMVLTIBVS IOAN. LO-/douici Viuis diuersa opuscula./ IOAN. LODOVICVS VIVES/ Adriano VI. Pontifici Maximo S./ ⸤B⸥EATISSIME Papa... *pág. 220 (Ee² vº):* uerè sancte. Loua-/nij. XII. Octobris. 1522./ *pág. 221 (Ee³):* ☙ IOANNES LODOVI-/CVS VIVES HENRICO VIII./ Regi Angliæ inclyto S./ DE FRANCISCO GALLIAE/ Rege à Cæsare capto./ ⸤I⸥NCREDIBILES animi... *pág. 224 (Ee⁴ vº):* esse ar-bitreris. Oxonię tuæ, XII die Martij. 1525./ *pág. 225 (Ff¹):* ☙ IOAN-NES LODOVI-/CVS VIVES HENRICO VIII./ Regi Angliæ incly-to, S./ DE PACE INTER CAES. ET FRAN-/ciscū Gall. regem: deq3 optimo regni statu./ ⸢Q⸣VANTVM & maiestatem.... *pág. 239 (Gg⁸):* cessura sint. Brugis. VIII./ Octobris. 1525./ *pág. 240 (Gg⁸ vº):* ☙ IO-ANNIS LODOVICI/ VIVIS DE EVROPAE DISSI-/dijs & bello Turcico,/ DIALOGVS./ MINOS. TIRESIAS. BASILIVS/ COLAX. POLYPRAGMON. SCIPIO. VMBRAE./ MINOS./ ⸤P⸥Osses'ne...

pág. 272 (Ll⁴ vᵒ): non sero./ Dialogi, de Bello Turcico, FINIS./ Brugis. 1526. Mense Octobri./ *pág. 273 (Mm¹):* ☙ IOANNES LO-DOVICVS/ VIVES THOMAE CARDINALI,/ & Legato Angliæ illustri, S./ [V] Etus quæstio... *pág. 276 (Mm² vᵒ):* salutares sint. Oxoniæ, XV. Decembris. 1523./ *pág. 277 (Mm³):* ISOCRATIS AREO-PAGI=/TICA ORATIO, SIVE DE VE-/tere Atheniensium republi-ca. Ioan./ Lodouico Viue interprete./ [P] LEROSQVE uestrûm... *pág. 295 (Oo⁴):* fore existimetis./ ISOCRATIS AREOPAGITICAE ORA-/tionis. Ioan. Lodo. Viue interprete, FINIS./ *pág. 296 (Oo⁴ vᵒ):* ☙ ISOCRATIS NICO-/CLES, SIVE DE AVXILIARIS. IOAN-/ne Lodouico Viue interprete./ REX NICOCLES LOQVITVR./ [D] ICENDI artem... *pág. 311 (Qq⁴):* plenissimè præstare./ ISOCRA-TES NICOCLIS IOAN./ Lodouico Viue interprete,/ FINIS./ *pág. 312 (Qq⁴ vᵒ):* ☙ IOANNES LODO-/VICVS VIVES D. IOANNI EPI-/scopo Lincolniensi, a confessionibus/ inclyti Britanniæ Regis. S./ [A] VDIO pacificatorias... *pág. 315 (Rr²):* gratissimum esse./ VALE MI PATER./ Octauo die Iulij. 1524. Brugis./ *Rr² vᵒ:* LO-CORVM ALIQVOT INTER IMPRIMEN-/dum, ut fit, et caueri prorsus non potest, ab operis de-/prauatorum, emmendatior lectio./ *Rr³:* RERVM AC VERBORVM/ TOTO HOC OPERE MEMO-/ra-bilium diligentissimus/ INDEX./ *hasta Xx³:* FINIS./ *Xx³ vᵒ:* BA-SILEAE/ IN OFFICINA ROBERTI/ WINTER, ANNO/ M.D.XXXVIII./ Mense Martio./ *Xx⁴: blanca/ Xx⁴ vᵒ: Escudete.*

EJEMPLARES:
Berkeley, U. of California, Main L. Bruselas, BR/KB (VB.7363.B.1.LP). Cambridge, UL. Córdoba, BP. Filadelfia, U. of Pennsylvania. Florencia, BN (5.E.6.89). Gante, UB (Her. 2484. Falta la h. a2-a3: la epístola de Erasmo al C. de Neuenahr). Londres, BL. Lovaina, KU. **Madrid, *Biblioteca Nacional** (2 ejemplares: **R/ 35607;** y R/ 20992, falto de las últimas hojas). Madrid, FF y L. (15,877). Nueva York, PL. París, B. Arsenal. Perugia, B. Augusta. Roma, BN (2 ejemplares: 6.7.D.37 (1); y 36.12.10.4). Valencia, BM (R-60150). Vaticano, BA. Venecia, BM. Zaragoza, BU.

BIBLIOGRAFÍA:
Bonilla [nº 87], págs. 749-750. Estelrich [nº 92], 95. *General Catalogue,* v. 26, col. 872. Adams, V.962. Palau, 371463. NUC, NV. 0205840. Machiels, V. 344. *Catálogo colectivo,* 1353. Iglesias-Flores, 2269. George, *S.W.* [nº 104], 2.

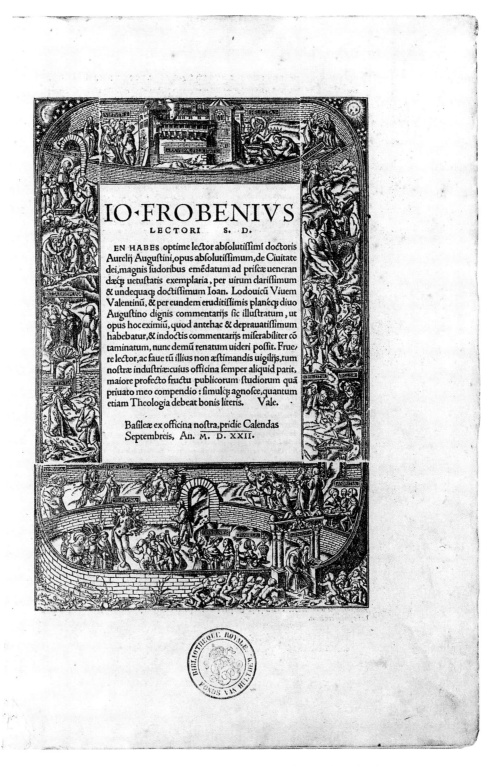

16. Portada (Foto: Bruselas, Bibliothèque Royale Albert 1er/ Koninklijke Bibliotheek Albert I).

16. Agustín de Hipona, *De civitate dei.*/ J. L. Vives, *Commentarii in XXII libros de civitate dei*, Basilea, I. Froben, septiembre, 1522.

Folio (36 x 25 cm), 11 (¿había una 12ª, blanca?) h. no numeradas + 787+1 págs. numeradas. aa¹¹, a-z, A-Z, Aa-Rr⁶, Ss-Tt⁸. En ocasiones, está coleccionado como tomo V de la edición, también por Froben, de los *Opera* de Agustín, en 10 vols., 1529. Pero esa tirada tuvo su propio vol. V, con la *Civitas Dei,* pero sin los *Commentaria* de Vives.

En recuadro renacentista: IO ◄ FROBENIVS/ LECTORI S.D./ EN HABES optime lector absolutissimi doctoris/ Aurelij Augustini, opus absolutissimum, de Ciuitate/ dei, magnis sudoribus emēdatum ad priscæ ueneran/dæq͂**3** uetustatis exemplaria, per uirum clarissimum/ & undequaq**3** doctissimum Ioan. Lodouicū Viuem/ Valentinū, & per eundem eruditissimis planéq**3** diuo/ Augustino dignis commentarijs sic illustratum, ut/ opus hoc eximiū, quod antehac & deprauatissimum/ habebatur, & indoctis commentarijs miserabiliter cō/taminatum, nunc demū renatum uideri possit. Frue-/re lector, ac faue tū illius non æstimandis uigilijs, tum/ nostræ industriæ: cuius officina semper aliquid parit,/ maiore profecto fructu publicorum studiorum quā/ priuato meo compendio: simulq͂**3** agnosce, quantum/ etiam Theologia debeat bonis literis. Vale./ Basileæ ex officina nostra, pridie Calendas/ Septembreis, An. M.D.XXII./ *aa¹ v°:* D. ERASMVS ROTERODAMVS LECTORI S.D./ Improbis eruditorū... bonis studijs conducat./ *aa², en recuadro:* ❧ SERENISSIMO HEN/RICO, HVIVS NOMINIS OCTAVO,/ Angliæ, Franciæq**3** regi, & Hiberniæ domino &c. Ioannes Lodo-/uicus Viues, S./ ⏉ TA COMPARATVM est... *aa³:* inter tuos. Louanij. Nonis Iulijs. 1522./ IOANNIS LODOVICI VIVIS VALENTINI IN SVOS COMMEN-TARIOS/ ad libros de ciuitate Dei D. Aurelij Augustini præfatio./ ⏉ IBET hic mihi... *aa⁶:* ecclesiæ approbentur./ *aa⁶ v°:* ❧ DE VETERIBVS/ INTERPRETIBVS HVIVS/ OPERIS./ ⏉ ARRAVIT hodie mihi... *aa⁸ v°:* actum egisse./ QVINAM hominum fuerint Gothi, & quomodo Romam ceperint./ ⏉ Vum Augustinus ex Romana captiuitate... *aa¹⁰ v°:* querelas defendens./ *aa¹¹: viñeta/* ❧ D ► AVRELII AVGVSTI=/NI IN LIBROS DE CIVITATE DEI, EX IPSIVS AV-/toris retractationum lib. ij. argumentum./ ⏉ NTEREA cum Roma... filij Israel./ ARGVMENTI FINIS./ *aa¹¹ v°:* ❧ ELENCHVS CAPITVM/ PRIMI LIB. DE CIVITATE DEI, AD MARCELLINVM... *pág. 1 (a¹), recuadro:* ❧ D ► AVRELII AVGV/STINI

HIPPONENSIS EPISCOPI, AD MARCEL-/LINVM DE CIVITA-TE DEI, CONTRA PA/GANOS, LIBER PRIMVS./ De aduersarijs nominis Christi, quibus in uastatione ur-/bis propter Christum barbari pepercerunt, uictis. Cap. I./ $\boxed{G}$ LORIOSISSIMAM CIVITA-TEM DEI... *pág. 2 (a¹ vº):* luce fruerentur./ IOANNIS LODOVICI VIVIS VALENTINI, IN PRIMVM/ librum de ciuitate dei D. Aurelij Augustini commentaria. Cap. I./ $\boxed{E}$ X FIDE VIVENS. Habacuc secūdo:... *[Los comentarios de Vives aparecen con una tipografía algo más pequeña y apretada, a continuación de cada apartado agustiniano. Los comentarios a este capítulo van hasta la pág. 3 donde empieza el capítulo 2 y de este modo se alternan por el resto de la obra] pág. 787 (Tt⁸):* congratulantes agant./ *Termina el texto de Agustín; sigue el comentario final de Vives, que concluye:* forsitan mihi fallerentur./ D. AVRELII AVGVSTINI HIPPONENSIIS EPISCOPI, LIBRI/ de ciuitate dei, ad Marcellinum xxij. & ultimi finis./ REGESTVM aabcdefghiklmnopqrstuxyz ABCDEFGH/ IKLMNOPQRSTVXYZ AaBbCcDdEeFfGg/ HhIiKkLlMmNnOo PpQqRrSsTt. Omnes sunt ternio-/nes, præter a quinternionem, & Ss Tt qui sunt quaterniones./ BASILEAE APVD IO. FROBENIVM, MENSE SEPTEMBRI, ANNO M.D.*[X]*XII./ *Tt⁸ vº: recuadro y escudete de Froben al centro.*

EJEMPLARES:
Amsterdam, UB. **Bruselas, *Bibliothèque Royale Albert 1ᵉʳ/Koninklijke Bibliotheek Albert I (VH 944 C LP).** Cambridge, Pembroke CL. Londres, BL (474.h.11). Madrid (B. Noviciado; según Bonilla, ejemplar censurado). Munich, SB (2 ejemplares). Oxford, BL. París, BN (2 ejemplares: C.508; y Rés. C.509); París, B. Ste. Geneviève (Un ejemplar completo, con viñetas iluminadas, y otro –CC4.41 inv. 400– que contiene la portada de 1522 sobre un texto, sin portada, de 1529). París, B. Sorbonne (R.XVI, 35, Gd. fol.). Toledo, BP. Toulouse, BM. Würzburg, UB.

BIBLIOGRAFÍA:
Bonilla [nº 87], pág. 752. Allen [nº 70], 1309 y 2157. Estelrich [nº 92], 100. *General Catalogue,* v. 26, col. 870. Adams, A.2194. *Catalogue Général,* Vives, 125. NUC, NA. 0499271. Coppens, 1.

Her. 3617

QVINTVS TOMVS

OPERVM DIVI AVRELII AVGVSTI·
NI HIPPONENSIS EPISCOPI,
continens. XXII. Libros de
Ciuitate Dei.

CVI ACCESSERVNT COMMEN·
tarij Io. Lodo. Viuis ab authore
recogniti.

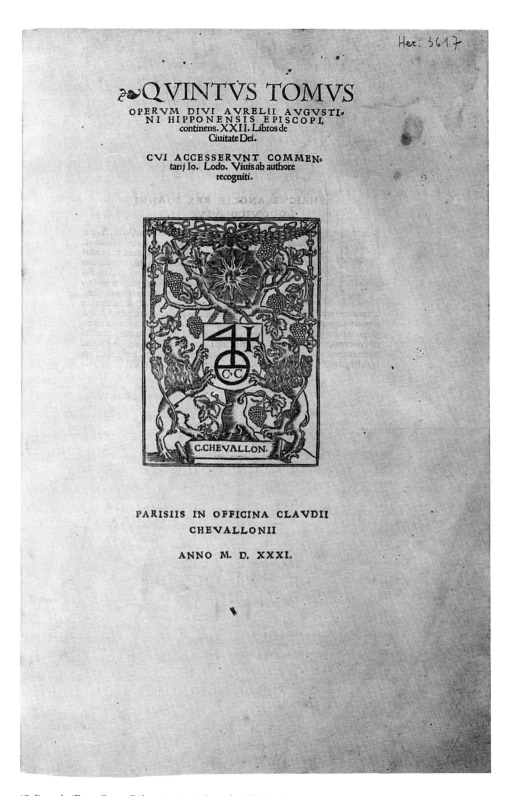

C. CHEVALLON.

PARISIIS IN OFFICINA CLAVDII
CHEVALLONII

ANNO M. D. XXXI.

17. Portada (Foto: Gante, Rijksuniversiteit Centrale Bibliotheek).

17. Agustín de Hipona, *Operum,* vol. V, *De civitate dei./ Commentarii I. L. Vivis ab authore recogniti,* París, C. Chevallon, 1531.

Folio (36.5 x 24.5 cm), 8 h. no numeradas + 312 h. numeradas, impresas a doble columna. +⁸, a-z, A-Q⁸.

Port.: ❧ QVINTVS TOMVS/ OPERVM DIVI AVRELII AVGVS-TI=/NI HIPPONENSIS EPISCOPI,/ continens. XXII. Libros de/ Ciuitate Dei./ CVI ACCESSERVNT COMMEN=/tarij Io. Lodo. Viuis ab authore/ recogniti./ *Escudete de C. Chevallon/* PARISIIS IN OFFICINA CLAVDII/ CHEVALLONII/ ANNO M.D.XXXI./ +¹ *vº:* HENRICVS ANGLIĘ REX IOANNI/ LODOVICO VIVI S./ P Ræstantissime vir... de futurum. Et fœliciter va=/le, ex Regia nostra Grenuici, Die. XXIIII. Ianuarij. M.D.XXIII./ +²: IO. LO. VI. IN COMMENT. SVOS PREFATIO./ *1ª columna:* ❧ IOANNES/ LODOVICVS VIVES IN=/clyto principi Henrico VIII. An=/gliæ regi, Hiberniæ domi=/no &c. S.D./ I TA comparatum est... +² *vº, 2ª col.:* tuos. Louanij, Nonis Iulijs. 1522./ IOANNIS LODOVICI VI=/uis Valentini in suos cōmentarios/ ad libros de ciuitate dei D. Au=/relij Augustini Præfatio./ Q VANDO de Augusti=/no... +⁴ *vº, 2ª col.:* Ecclesiæ approbentur./ ❧ DE VETERI=/BVS INTERPRE-TIBVS/ HVIVS OPERIS./ N ARRAVIT hodie mi=/hi... +⁶ *vº, 2ª col.:* actum egisse./ Quinam hominum fuerint Gothi, &/ quomodo Romam ceperint./ Q VONIAM Augustinus ex Ro=/mana... +⁸ *vº, 2ª col.:* querelas defendens./ Subiecimus hic menda post excusum & recognitum opus animaduersa, quæ/ ordine suo cuiq**3** facile erit emendare: sunt enim ferè maior pars leuiuscula./ F Olio 3... *[siguen 41 líneas]* anno triumviratus./ *h. 1 (a¹):* ❧ DIVI AVRELII AVGVS-TI=/NI IN LIBROS DE CIVITATE DEI, EX IPSIVS/ AVTHORIS RETRACTATIONVM LIBRO/ SECVNDO ARGVMENTVM./ I NTEREA... &c./ ARGVMENTI FINIS./ *h. 1 (a¹) vº:* ❧ ELENCHVS CAPITVM/ PRIMI LIB. DE CIVITATE DEI, AD MARCELLINVM./ *h. 2 (a²), 1ª col.:* ❧ DIVI AVRE=/LII AVGVS-TINI HIPPO=/NENSIS EPISCOPI, AD/ MARCELLINVM DE/ CIVITATE DEI, CON=/TRA PAGANOS,/ LIBER PRIMVS./ De aduersarijs... Caput. I./ G LORIOSISSIMAM... *2ª col:* fruerentur./ IOANNIS LODOVICI VI=/uis Valentini, in primum librum de Ciui=/tate dei D. Aurelij Augustini/ commentaria. Cap. I./ E X FIDE... *h. 312 (Q⁸), 2ª col.:* fallerentur./ D. AVRELII AVGVSTINI HIPPO=/nensis Episcopi, Libri de Ciuitate dei, ad Marcelli=/num.

xxij. & vltimi finis./ PARISIIS IN OFFICINA CLAVDII/ CHEVAL-
LONII./ ANNO/ M.D.XXXI./ *Q⁸ vᵒ: blanca.*

EJEMPLARES:
Salvo excepción, los conservados en España e Italia, o procedentes de antiguas bibliotecas de esos países, están mutilados por la censura. Cambridge, Caius CL.
Gante, *Rijksuniversiteit Centrale Bibliotheek (Her. 3617 (vol. 5)). Madrid, BN
(según Bonilla). Palma de Mallorca, BP. París, BN (C.827 (5)). Roma, BN
(37.11.F.2). Santiago de Compostela, BU. Valencia, BP Franciscana. Zamora, BP.

BIBLIOGRAFÍA:
Bonilla [nᵒ 87], pág. 753. Allen [nᵒ 70], 1309. Estelrich [nᵒ 92], 100. *Catalogue
Général,* Vives, 127. Palau, 371489. Machiels, A. 1027. Coppens, 3.

144

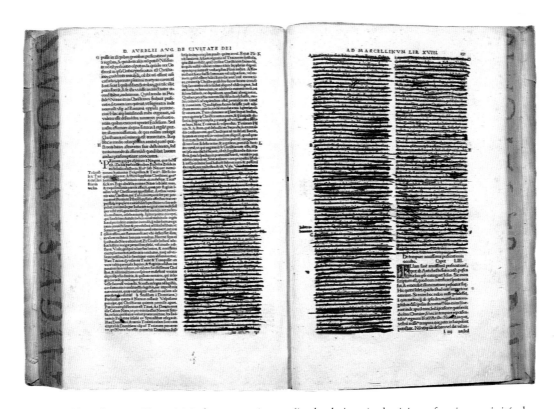

17 bis. La libertad con que Vives criticó a los comentaristas medievales de Agustín, dominicos y franciscanos, irritó a los poderosos regulares. Además, las opiniones erasmianas vertidas por el autor, y el hecho de que Erasmo fuese el editor de la totalidad de los *Opera,* motivaron la censura inquisitorial. Un ejemplo en h. 251 vº-252 (Foto: P. Alcántara).

17 bis.   Agustín de Hipona, *Operum,* vol. V, *De civitate dei. Commentarii J. L. Vivis ab authore recogniti,* París, C. Chevallon, 1531.

Ejemplar mutilado y expurgado por la censura. Carece de portada, de las ocho hojas preliminares y de las primeras doce foliadas.

En la h. 13 (b⁵) está la noticia del último de sus expurgadores: Hęc noviter expurgata sunt juxta Indicem S. Inquisitionis recens editum anno 1747=/ Matriti die 4. Novembris anno 1747=/ Dʳ Josephus Joachimus Lorga/ Generalis Librorum Recognitor *[Rúbrica]. Además, los censores señalaron numerosos lugares mediante asteriscos y suprimieron otros con tachaduras, particularmente en las h. 32 vº, 69 vº, 73, 89, 92 vº, 107 vº, 114 vº, 138 vº, 148, 158 vº, 180, 188 vº, 204 vº, 206 vº, 211, 233 vº, 236, 242, 251 vº–252, 258, 263, 279 vº, 286 vº.*

EJEMPLAR:
Valencia, *Biblioteca Provincial Franciscana (41–i–12).

BIBLIOGRAFÍA:
Zuska, 121.

TOMVS V. OPERVM
D. AVRELII
AVGVSTINI
HIPPONENSIS EPISCOPI,
DE CIVITATE DEI,
LIBROS XXII. CONTINENS:

Ex vetuſtiſſimis MS. exemplaribus per THEOLOGOS
LOVANIENSES ab innumeris mendis repurgatus.

*Quorum diligentiam atteſtatur ſub finem Tomi, caſtigationum ratio,
& lectionum varietas, maiori ex parte annotata.*

ANTVERPIAE,
Ex officina Chriſtophori Plantini,
Architypographi Regii.
M. D. LXXVI.

18. Portada. Para no privar a los medios católicos de los utilísimos comentarios de Vives, los teólogos lovanienses prepararon una edición censurada y omitieron su nombre en la portada, remitiéndolo a un *Appendix* (págs. 325 y ss.) (Foto: P. Alcántara).

18. Agustín de Hipona, *Tomus V Operum [Appendix... Complectens I. L. Vivis Commentarios... nonnullis tamen omissis ex censura facultatis theologicæ Lovaniensis.]*, Amberes, C. Plantin, 1576.

Folio (38.5 x 25 cm), 432 págs. numeradas, a dos columnas + 12 h. no numeradas, la última blanca. A-Z, a-d⁸; ∗, ∗∗⁶. La última, blanca. La portada del tomo I tiene la fecha 1577.

Port.: TOMVS V. OPERVM/ D. AVRELII/ AVGVSTINI/ HIPPO-NENSIS EPISCOPI,/ DE CIVITATE DEI,/ LIBROS XXII. CON-TINENS:/ Ex vetustissimis MS. exemplaribus per THEOLOGOS/ LOVANIENSES ab innumeris mendis repurgatus./ Quorum diligentiam attestatur sub finem Tomi, castigationum ratio,/ & lectionum varietas, maiori ex parte annotata./ *[escudete de Plantin]* ANT-VERPIAE,/ Ex officina Christophori Plantini,/ Architypographi Regii./ M.D.LXXVI./ *A¹ v°:* SVMMA PRIVILEGII.../ Bruxellæ, V. Octob. M.D.LXXV... *pág. 3 (A²):* DIVI AVRELII AVGVSTINI/ IN LIBROS DE CIVITATE DEI,/ EX IPSIVS AVCTORIS RETRAC-TATIO-/NVM LIBRO SECVNDO, ARGVMENTVM./ I̅NTE-REA Roma... *pág. 4 (A² v°):* ELENCHVS CAPITVM/ IN DIVI AV-RELII AVGVSTINI/ DE CIVITATE DEI LIBRVM I./ *pág. 5 (A³):* DIVI AVRELII/ AVGVSTINI HIPPONENSIS/ EPISCOPI, AD MARCELLINVM/ DE CIVITATE DEI,/ CONTRA PAGANOS,/ LIBER PRIMVS./ De aduersariis... CAP. I./ G̅LORIOSISSIMAM... *pág. 312 (V⁴ v°):* Amen./ DIVI AVRELII AVGVSTINI/ HIPPO-NENSIS EPISCOPI,/ Libri De ciuitate Dei, ad Marcellinum, vi-/ge-simisecundi & vltimi finis./ *pág. 313 (V⁵):* CASTIGATIONES/ PLERÆQVE TOMI QVINTI/ OPERVM S. AVGVSTINI./ Libros 22. de Ciuitate Dei, ad octo exemplaria con-/tulimus & castigaui-mus, quæ sunt... *hasta pág. 323 (X²). (X² v°), blanca/ pág. 325 (X³):* APPENDIX/ TOMI QVINTI/ Operum B. Augustini,/ Complectens Ioannis Lodouici Viuis Commentarios in libros DE CI-/ VITATE DEI, nonnullis tamen omissis ex Censura facultatis/ Theologicæ Louaniensis./ HENRICVS ANGLIÆ REX, IOANNI/ LODOVICO VIVI S./ P̈ Ræstantissime Vir... vale: ex regia nostra/ Grenuici. Die XXIIII. Ianuarij. M.D.XXIII./ IOANNES LODO-VICVS VIVES/ INCLYTO PRINCIPI HENRICO VIII. AN-GLIÆ/ regi, Hiberniæ domino, &c. S.D./ I̅TA... *pág. 326 (X³ v°):* tuos. Louanij,/ Nonis Iuliis, M.D.XXII./ *pág. 327 (X⁴), 1ª col:* PRÆ-MONITIO/ IOANNIS LODOVICI/ VIVIS VALENTINI./

Quínam hominum fuerint Gothi, &/ quomodo Romam ceperint./ $\boxed{C}$ VM Augustinus... *pág. 328 (X⁴ vº): defendens./ pág. 329 (X⁵):* IO-ANNIS LODOVICI VIVIS/ VALENTINI, IN PRIMVM LIBRVM/ DE CIVITATE DEI D. AVRELII/ AVGVSTINI COMMENTA-RIA./ CAPVT PRIMVM./ $\boxed{E}$ X fide... *pág. 432 (d⁸ vº):* fallerentur./ FINIS./ *₊¹:* INDEX IN D. AVGVSTINI/ DE CIVITATE DEI LI-BROS, ET/ LODOVICI VIVIS COMMENTARIOS; IN/ QVO PRIOR NVMERVS PAGINAM,/ Posterior columnam demonstrat./ $\boxed{A}$ Aron... *hasta ₊₊⁵:* Zoroastres... FINIS./ *₊₊⁵ vº:* EXCVDEBAT ANTVERPIÆ CHRISTOPHORVS/ PLANTINVS, ARCHITYPO-GRAPHVS REGIVS,/ VIII. ID. IVNII, ANNO M.D.LXXVI./ *₊₊⁶: blanca.*

EJEMPLARES:
Cambridge, UL. Leiden, UB. Londres, BL. Madrid, BN. París, BN (C.829 (5)). **Valencia, *Biblioteca Universitaria (Z-5/7).**

BIBLIOGRAFÍA:
Bonilla [nº 87], pág. 755. Estelrich [nº 92], 111. *Belgica Typographica,* 185. Adams, A. 2157. *Plantin Press,* 604. Coppens, 28.

---

19. J. L. Vives, *Veritas Fucata,* Lovaina, T. Martens, enero, 1523.

4º (18.3 x 13.2 cm), 12 h. no numeradas. A-C⁴.

Port.: ❧ IOANNIS/ LODOVICI VIVIS VA=/LENTINI VERITAS FV=/CATA SIVE DE LICEN/TIA POETICA, QVAN/TVM POE-TIS LICE/AT A VERITA=/TE ABSCE/DERE./ Louanii apud Theodoricum Mar/tinum Alostensem Anno. M.D./XXIII. Mense Ianuario./ *A¹ vº, blanca./ A²:* ❧ IOANNIS LO/DOVICI VIVIS VE-RITAS/ FVCATA SIVE DE LI=/CENTIA POE=/TICA./ Personæ Lodo. Viues. Ioānes Vergara./ Lo. Viues./ $\boxed{A}$ In tu tanta... *C⁴ vº:* sto-machum vacui esuriamus./ VERITATIS FVCATAE FINIS./ qui li-bellus ante hac non fuit æditus.

EJEMPLARES:
Bruselas, *Bibliothèque Royale Albert 1ᵉʳ/Koninklijke Bibliotheek Albert I (A.1979). Madrid, B. Palacio (VIII-60-2º. Con autógrafo de I. Fevyn). Oxford, BL (4º K33 Th BS). París, BN (Rés. R.1111). Sevilla, B. Colombina.

BIBLIOGRAFÍA:
Bonilla [nº 87], pág. 757. N.K. 2175. Estelrich, 120. *Catalogue Général,* Vives, 120. Palau, 371510.

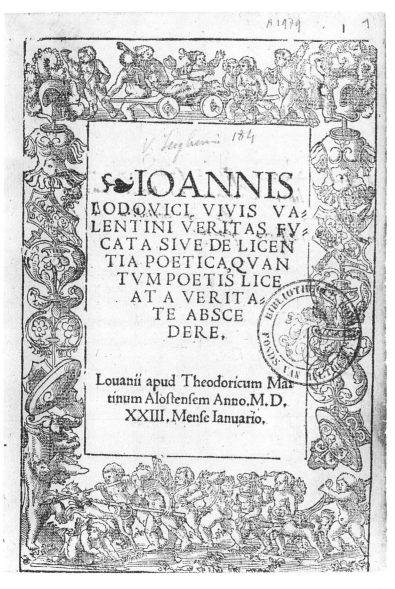

19. Portada (Foto: Bruselas, Bibliothèque Royale Albert 1er/ Koninklijke
Bibliotheek Albert I).

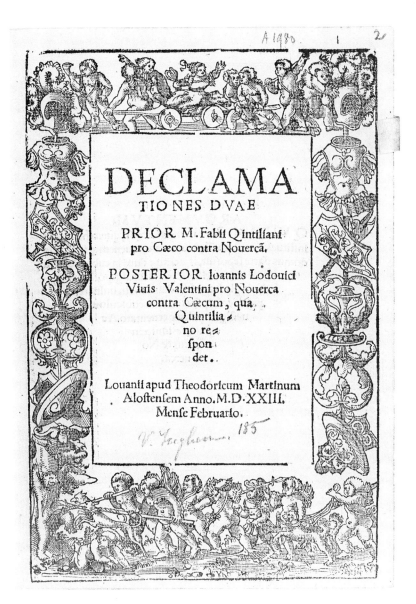

20. Portada (Foto: Bruselas, Bibliothèque Royale Albert 1er/ Koninklijke Bibliotheek Albert I).

20. (Pseudo-Quintiliano), *Declamationes duae*, Lovaina, T. Martens, febrero, 1523.

4° (18.3 x 13.2 cm), 18 h. no numeradas. a-c⁴, d⁶:

Port. orlada: DECLAMA/TIONES DVAE/ PRIOR M. Fabii Qintiliani *[sic]*/ pro Cæco contra Nouercā./ POSTERIOR Ioannis Lodouici/ Viuis Valentini pro Nouerca/ contra Cæcum, qua/ Quintilia=/no re=/spon/det./ Louanii apud Theodoricum Martinum/ Alostensem Anno. M.D.XXIII./ Mense Februario./ *a¹ v°:* ARGV-MENTVM./ QVIDAM cui... & No/uerca./ *a²:* ❧ M ▸ FABII QVIN/TILIANI DECLAMATIO./ PARIES PALMATVS/ IN-SCRIPTA./ ❡ Pro Cæco contra Nouercam./ ⬚S⬚ I iuuenis... *b⁴ v°:* con/tingat occidere./ *c¹:* ❧ IOANNIS LO=/DOVICI VIVIS IN DECLA/mationem, qua Quintiliano re/spondet. Præfatio./ ⬚N⬚ Vlla uel prior... *c² v°:* qui me coe/git./ *c³:* IOANNIS LODOVICI VI-/VIS VALENTINI DECLAMA/tio qua Quintiliano respondet. Pro/ Nouerca contra Cæcum./ ⬚S̄⬚ Entit Iudices... *d⁶ v°:* morte aspe/riorē./ ❡ FINIS.

EJEMPLARES:
Bruselas, *Bibliothèque Royale Albert 1ᵉʳ/Koninklijke Bibliotheek Albert I (A.1980). Madrid, B. Palacio (VIII-60, 3°). Sevilla, B. Colombina.

BIBLIOGRAFÍA:
Bonilla [n° 87], pág. 757. N.K. 1775. Palau, 371510.

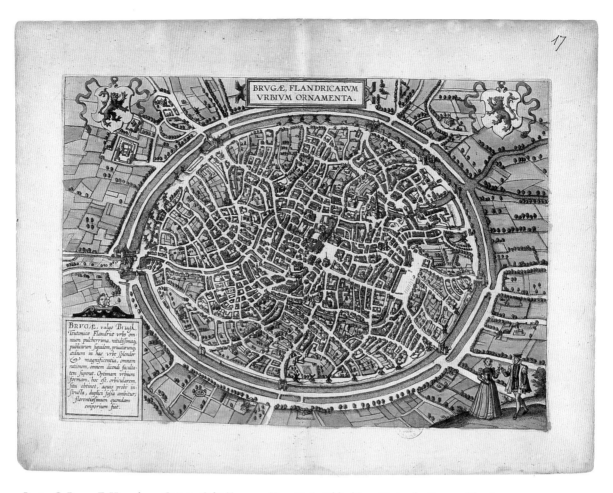

Brujas, G. Braun; F. Hogenberg, *Civitates Orbis Terrarum* (Foto: París, Bibliothèque Nationale, Cartes et Plans).

BRUJAS E INGLATERRA, 1523-1528

SOCIEDAD Y POLÍTICA

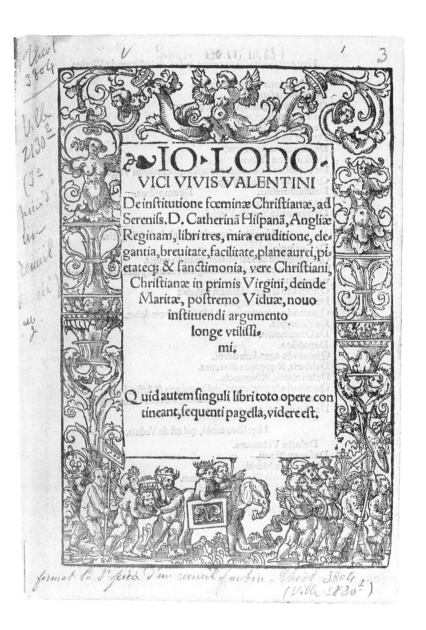

21. J. L. Vives, *De institutione fœminæ christianæ*, Amberes, M. Hillen, 1524.

4° (19.5 x 13.5 cm), 96 h. no numeradas. A-Z, &⁴. El colofón de algunos ejemplares no menciona la participación del librero F. Byrckman.

Port. con recuadro: ❧ IO ▸ LODO-/VICI VIVIS VALENTINI/ De institutione fœminæ Christianæ, ad/ Sereniss. D. Catherinā Hispanā,

Angliæ/ Reginam, libri tres, mira eruditione, ele=/gantia, breuitate, facilitate, plane aurei, pi=/etateq**3** & sanctimonia, vere Christiani,/ Christianæ in primis Virgini, deinde/ Maritæ, postremo Viduæ, nouo/ instituendi argumento/ longe vtilissi=/mi./ Quid autem singu-li libri toto opere con/tineant, sequenti pagella, videre est./ *A¹ v°:* Hæc continentur libro primo, qui est de instituenda Virgine. *[13 lí-neas]* Hæc libro secundo, qui est de Coniugatis. *[16 líneas]* Hæc libro tertio, qui est de Viduis./ *[7 líneas] A²:* IOANNIS LODO/ VICI VIVIS VALENTINI, IN LIBROS/ de institutione fœminæ Christianæ ad Se=/reniss. Dñam Catherinam Hispa=/nam, Angliæ Reginam &c̄./ Præfatio/ ⟦M⟧ Ouit me... *A⁴ v°:* scriben=/dum addu-xit./ Vale/ Brugis/ Nonis Aprilis/ MD.XXIII./ ⚘/ *B¹:* IOANNIS LV=/DOVICI VIVIS VALENTINI DE/ INSTITVTIONE CHRIS-TIA-/NAE FOEMINAE LIBER/ PRIMVS QVI EST DE/ VIRGI-NIBVS,/ CAPITVLVM PRIMVM DE EDVCATIO=/NE VIR-GINIS INFANTIS./ ⟦F⟧ ABIVS QVINTILI=/anus... *M¹ v°:* malo con/queran/tur/ :?: / LIBRI PRIMI/ F/INI/S/ SEQVITVR LIBER/ SE/ CVN/DVS/ *M²:* ⚘ IOANNIS LO=/DOVICI VIVIS VALENTI-NI/ DE INSTITVTIONE FOE=/MINAE CHRISTIANAE/ LIBER SECVNDVS, QVI/ EST DE NVPTIS./ DE CONIVGIO./ ⟦N⟧ ON est hic... *Y² v°:* sane parua./ "/,,,,/ LIBRI SECVNDI/ F/INI/S/ SE-QVITVR LIBER/ TERTIVS/ *Y³:* IOANNIS LODO/ VICI VIVIS VALENTINI, DE IN/stitutione fœminæ Christianæ Liber. III./ Qui est de Viduis./ DE LVCTV VIDVARVM./ ⟦S⟧ Ancta mulier... *&⁴:* toti ciuitati./ IOANNIS LODOVICI VIVIS/ Valentini librorum de insti-tutione/ fœminæ Christianæ,/ F/INI/S/ Antuerpiæ apud Michaelem Hillenium Hooch=/stratanum. In intersignio Rapi excusum./ Im-pensis vero honesti viri Francisci/ Byrckman, Ciuis Coloniensis./ Anno M.D.XXIIII. / *&⁴ v°: blanca.*

EJEMPLARES:
Amberes, SB (D.144686). **Bruselas, *Bibliothèque Royale Albert 1ᵉʳ/Koninklijke Bibliotheek Albert I** (2 ejemplares: V.2130-2 A 3LP; y A.244.5 (4)). Cambridge, UL. Cambridge, Emmanuel CL (impreso en pergamino). Cambridge, Mass, Harvard UL. Londres, BL (2 ejemplares: 845.i.32; y G.11883 (1)). Maastricht, SB. Madrid, B. Palacio (VIII-60-1, con notas manuscritas de I. Fevyn y, quizás, de Vives). New Haven, Conn, Yale U. París, BN (D.11434). París. B. Mazarine. (35985). Roma, BN. Venecia, BM.

BIBLIOGRAFÍA:
Bonilla [n° 87], pág. 758. N.K. 2167. Estelrich, 136. *General Catalogue,* v. 26, col. 874. Adams, V.951. *Catalogue Général,* Vives, 61. Palau, 371577. NUC, NV. 0205810.

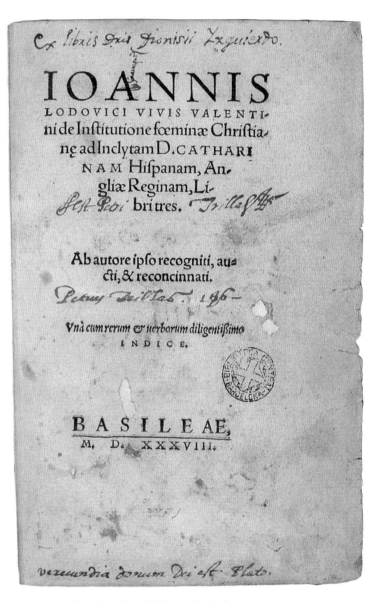

22. Portada (Foto: Barcelona, Biblioteca de Catalunya).

22. J. L. Vives, *De institutione foeminae christianae,* Basilea, R. Winter, agosto, 1538.

8° (17.5 x 12 cm), de 28 h. no numeradas + 318 págs. + 1 h. α - γ⁸, δ⁴, a-u⁸. Reedición, revisada por el autor, del n° 21.

Port.: IOANNIS/ LODOVICI VIVIS VALENTI=/ni de Institutione fœminæ Christia-/nę ad Inclytam D. CATHARI/NAM Hispanam, An-/gliæ Reginam, Li-/bri tres./ Ab auctore ipso recogniti, au=/cti, & reconcinnati./ Vnà cum rerum & uerborum diligentissimo/ INDI-CE./ BASILEAE,/ M.D.XXXVIII./ α¹ v°: *blanca*/ α²: IOANNIS LODO/VICI VIVIS VALENTINI/ in libros de Institutione fœminæ Christianæ ad Sereniss. D. CATHARINAM Hi/spanā, Angliæ Reginam, etc./ PRAEFATIO./ Ⓜ OVIT me... α⁶ v°: impul/sus sum. Vale, Bru/gis, Nonis/ Aprilis./ M.D.XXIII./ α⁷: IN LIBROS IOAN/NIS LOD. VIVIS DE/ Christiana fœmina/ INDEX/ A/ Ⓐ bacuch Danieli... δ³ v°: Zenobia Palmyrænorū regi/næ castitas. 210.28/ FINIS./ ERRATORVM IN HOC OPERE QV Æ/ inter impri-mendum accide-/runt, emmendatio./ Pagina. 3... δ⁴: *blanca*/ pág. 1 (a¹): IOANNIS LO/DOVICI VIVIS VALEN-/tini De Institutione Chris-tianæ Fœmi-/næ Liber Primus, qui est de/ Virginibus./ DE EDVCA-TIONE VIRGI-/NIS INFANTIS./ Ⓕ ABIVS Quintilianus... *pág. 143* (i⁸): ma/trimonij condimen-/tum./ IOANNIS LODOVICI VIVIS DE/ institutione Christianæ fœminæ libri primi/ FINIS./ *pág. 146 (sic, por 144: i⁸ v°):* IOANNIS LODO/VICI VIVIS DE IN-/stitutione fœ-minæ Christianæ, Liber Secundus./ Quid cogitare debeat, quæ nubit./ Ⓕ OEMINAE, quum nubit... *pág. 289 (t¹):* sane exigua./ *pág. 290 (t¹ v°):* IOANNIS LODO/VICI VIVIS VALEN-/tini de Institutione fœ-minæ Christianæ liber/ Tertius, qui est de uiduis./ DE LVCTV VI-DVARVM./ Ⓢ ANCTA mulier mor-/tuo... *pág. 318 (u⁷ v°):* uitu/perabi-tur./ LIBRI DE FOEMINA CHRISTIA-/NA TERTII FINIS./ Brugis. 1523./ u⁸: BASILEAE, PER RO/BERTVM VVINTER, MENSE/ AVGVSTO, ANNO/ M.D.XXXVIII./ u⁸ v°: *escudo del impresor.*

EJEMPLARES:
Barcelona, *Biblioteca de Catalunya (13-II-19).* Barcelona, BU. Bloomington, Indiana U. Bruselas, BR/KB (VH. 176 ARP). Cambridge, UL (Pet. F. 5.23) Gainsville, U. of Florida. Madrid, FFyL (incompleto). Urbana, U. of Illinois. Wash-ington, Folger Shakespeare L. Zaragoza, BU.

BIBLIOGRAFÍA:
Bonilla [n° 87], pág. 759. Mateu [n.° 91], 5, 6. Palau, 371579. *Catálogo colectivo,* 1342. NUC, NV. 0205811, NV. 0205817.

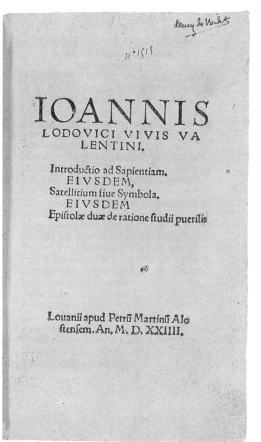

23. Portada (Foto: Lovaina, Katholieke Universiteit).

24. Portada (Foto: Gante, Rijksuniversiteit Centrale Bibliotheek).

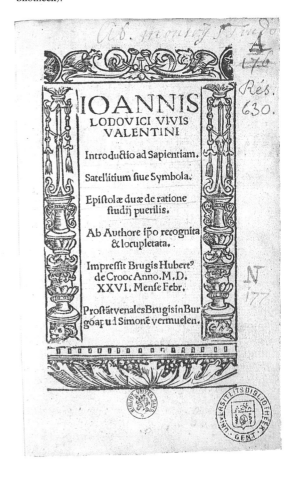

Esta obra reúne dos cartas para la educación de los niños y las niñas, respectivamente. Además, dos obritas que, a través de máximas, aspiraban a formar a los jóvenes en los ideales de la *pietas erudita*, tan caros al humanismo nórdico. Más allá de su finalidad escolar, la *Introductio* fue leída como un manual de moral laica, en especial en los medios protestantes.

159

26. Portada (Foto: Gante, Rijksuniversiteit Centrale Bibliotheek).

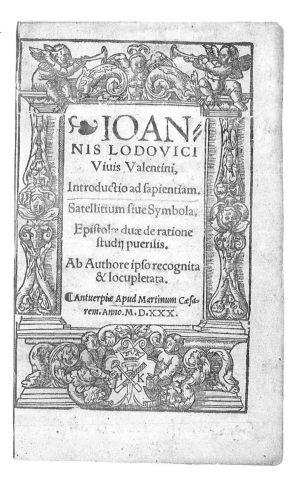

25. Portada (Foto: Gante, Rijksuniversiteit Centrale Bibliotheek).

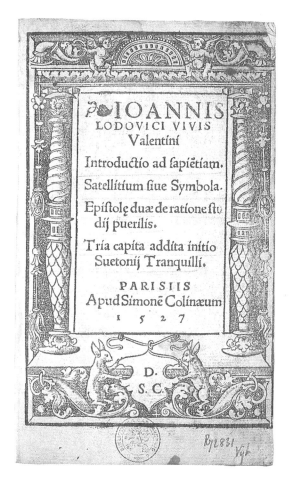

El éxito de esta obra fue instantáneo y superó las cien ediciones a lo largo del siglo XVI. Vives revisó y amplió las primeras, por lo menos hasta 1530. El cotejo de los textos permite suponer una segunda edición en 1525, desconocida en nuestros días. No obstante, la impresión parisiense de 1527 (nº 25) daría razón de su contenido. Esta última, por su gran difusión, se convirtió en el *textus receptus*, y así pasó a las recopilaciones de Basilea (nº 47) y Valencia (nº 48).

23. J. L. Vives, *Introductio ad sapientiam, Satellitium siue Symbola, Epistolae duae, de ratione studii puerilis,* Lovaina, P. Martens, 1524.

8° (14.9 x 9 cm), 72 h. no numeradas. a-s⁴.

Port.: IOANNIS/ LODOVICI VIVIS VA/LENTINI./ Introductio ad Sapientiam./ EIVSDEM,/ Satellitium siue Symbola./ EIVSDEM/ Epistolæ duæ de ratione studii puerilis/ Louanii apud Petrū Martinū Alo/stensem. An. M.D.XXIIII./ *a¹ v°: blanca/ a²:* IOANNIS LODO-VICI/ Viuis Valentini ad Sapienti/am Introductio./ 1. $\boxed{V}$ERA sapiētia... *i⁴:* 602 Hic ē cursus... nosse deum./ Regi sæculorū immortali & inuisibili, so/li deo honor & gloria./ *i⁴ v°:* IOANNES LODO-VICVS VI/ues D. Mariæ Cambriæ Principi Henrici/ Octaui Angliæ Regis filiæ S./ $\boxed{S}$OLITVM est... *k¹ v°:* an/teponas. Brugis ad Calendas Quintiles. M.D./ XXIIII./ *k²:* 1. $\boxed{S}$COPVS uitæ... *o⁴ v°:* 203. Mente deo... excogitari./ Satellitii siue Symbolorum finis./ XX/ X/ XX/ *p¹:* IO. LODO. VIVES SERENIS/simæ Dñæ Catherinæ Reginæ Angliȩ pa/tronæ vnicæ. S./ $\boxed{I}$Vssisti, ut...scito./ Oxoniæ Non. octob. M.D.XXIII./ $\boxed{L}$Iterarū formulas... *r¹:* prudētia tua inueniet./ Finis./ IO. LODO. VIVES CAROLO/ Montioyo Gulielmi filio S.D./ Quū patri... *r¹ v°:* Vale, & exemplū qd' domi habes sapiē/tissimi patris imitare. Londini M.D.XXIII./ RELIGIO./ Quū sapientia... *s³ v°:* qui omnia norunt./ *s⁴:* Errata. C.i. facie... inciderint./ XX/X/XX/ *s⁴ v°: blanca.*

EJEMPLARES:
Bruselas, BR/KB (III. 43334) falto de los cuadernillos p-s). Edimburgo, NL (Alex. I.7.33, completo, con p-s encuadernados en desorden). **Lovaina, *Katholieke Universiteit Centrale Bibliotheek (Rés. Vives CA.A 22.** Ex libris H. de Vocht**).**

BIBLIOGRAFÍA:
Bonilla [n° 87], pág. 767. N.K. 2168. Palau, 371511.

24. J. L. Vives, *Introductio ad sapientiam, Satellitium, Epistolae duae de ratione studii puerilis, Addita Suetonio,* Brujas, H. de Croock, 1526.

8° (15 x 9.5 cm), 80 h. no numeradas, la última con el escudete del impresor al v°. A-V⁴.

Port. en recuadro: IOANNIS/ LODOVICI VIVIS/ VALENTINI/ Introductio ad Sapientiam./ Satellitium siue Symbola./ Epistolæ duæ de ratione/ studij puerilis./ Ab Authore ip̄o recognita/ & locupletata./ Impressit Brugis Hubert⁹/ de Crooc Anno. M.D./ XXVI. Mense Febr./ Prostāt venales Brugis in Bur/go apud Simonē vermuelen./ *A¹ v°: blanca / A²:* ⁊ IOANNIS ꝛ / LODOVICI VIVIS VALENTI/NI Ad Sapientiam iutroductio *[sic]./* 1 V̄ERA SAPIENTIA... *K¹:* 595 Hic est cursus... nosse deum. Regi seculorum immortali & inuisibili/ soli sapienti deo honor & gloria in/ secula seculorum Amen./ Brugis 1.5.2.4/ *K¹ v°:* ꝝ IOANNES/ LODOVICVS VIVES D. MA=/riæ Principi Cambriæ Henrici/ Octaui Anglię Regis filię S./ S̄OLI-TVM est... *O⁴ v°:* 239 ❦ Mente deo defixus./ Hoc symbolum... *Q¹:* Possunt alia... excogitari./ Satellitij, siue Symbolorum finis./ *Q¹ v°:* IOANNES LO/DOVICVS VIVES DOMINAE/ Caterinæ Reginæ Anglię patro=/tronæ *[sic]* vnicæ S./ Ī Vssisti... .M.D.XXXIII./ LECTIO... *S²:* Finis./ *S² v°:* IOANNES LO/DOVI-CUS VIVES CAROLO/ Montioio Gulielmi filio S.D.... Londini. M.D.XXIII./ RELIGIO... *V¹ v°:* VIVES RVFFALDO SVO S̄ Ve-toniū esse... Louanij, 1521./ *V²:* ADDITA SVEꝛ/TONIO IN VITA C. IVLII CAE=/SARIS PER VIVEM./ De gente Iulia... *V² v°:* Cæsarum familia./ *V³:* Ortus Cæsaris & educatio... extite=/runt./ Louanij 1521./ *V³ v° y V⁴: blancas. V⁴ v°: escudete de Croock.*

EJEMPLARES:
Cambridge, UL. **Gante, *Rijksuniversiteit Centrale Bibliotheek (Rés. 630).**

BIBLIOGRAFÍA:
N.K. 2169. Adams, V.974. Machiels, V. 348.

25. J. L. Vives, *Introductio ad sapientiam, Satellitium, Epistolae duae de ratione studii puerilis, Addita Suetonio*, París, S. de Colines, 1527.

8° (15.5 x 9.5 cm), 64 h. numeradas. a-h⁸.

Port. orlada renacentista con las iniciales del impresor: ❧ IOANNIS/ LODOVICI VIVIS/ Valentini/ Introductio ad sapiētiam./ Satellitium siue Symbola./ Epistolę duæ de ratione stu/dij puerilis./ Tria capita addita initio/ Suetonij Tranquilli./ PARISIIS/ Apud Simonē Colinæum/ 1527/ *a¹ v°: blanca./ h. 2 (a²):* IOANNIS LODOVICI VIVIS VALEN/TINI, AD SAPIENTIAM/ INTRODVCTIO./ 1. [V]ERA sapientia... *h. 29 (d⁵) v°:* 602 Hic est cursus... nosse deum./ Regi seculorum immortali & inuisibili, so=/li deo honor & gloria./ Brugis 1524./ *h. 30 (d⁶):* IOANNES LODOVICVS VIVES D. MA=/riæ Cambriæ Principi, Henrici Octaui Angliæ/ Regis filiæ S./ [S]Olitum... *h. 31 (d⁷):* Brugis, ad Calendas Quintiles./ M.D.XXIIII./ *h. 31 (d⁷) v°:* 1 [S]Copus vitæ... *h. 47 (f⁷) v°:* 213: Mente deo defixus./ Hoc symbolum... Possunt alia... *h. 48 (f⁸):* excogitari./ SATELLITII SIVE SYMBOLORVM:/ FINIS./ *h. 48 (f⁸) v°:* IOAN. LODO. VIVES DOMINAE CA=/therinæ Reginæ Angliæ, patronæ vnicæ, S./ [I]Vssisti... Oxo=/niæ Non. Octob. M.D.XXIII./ LECTIO... *h. 56 (g⁸):* inueniet./ FINIS./ *h. 56 (g⁸) v°:* IOAN. LODOVI. VIVES CAROLO/ Montioio Gulielmi filio S.D./ [Q]Vum patri... Londini. M.D.XXIII./ *h. 62 (h⁶):* omnia norunt./ *h. 62 (h⁶) v°:* VIVES RVFFALDO SVO S./ [S]Vetonium esse... Vale, Louanij 1521/ *h. 63 (h⁷):* ADDITA SVETONIO IN VITA/ C. Iulij Cæsaris, per Viuem./ DE GENTE IVLIA... CAESARVM FAMI-LIA... *h. 63 (h⁷) v°:* ORTVS CAESARIS ET EDVCATIO... *h. 64 (h⁸):* extiterunt./ FINIS./ *h. 64 (h⁸) v°: blanca.*

EJEMPLARES:
Aberdeen, UL. Boulogne-sur-Mer, BM. Cambridge, Magdalen CL. **Gante, *Rijksuniversiteit Centrale Bibliotheek, (Acc. 39684).** La Rochelle, BM. Madrid, B. Noviciado (según Bonilla). Manchester, J. Rylands L. New Haven, Yale U, Divinity School. Oxford, BL. París, BN (Rés. Z.2509). París, Musée Pédagogique. Troyes, BM. Varsovia, NB.

BIBLIOGRAFÍA:
Bonilla [n° 87], pág. 767. Estelrich [n° 92], 140. Adams, V.975. *Catalogue Général*, Vives, 74. Palau, 371512. NUC, NV. 0205919. Machiels, V, 349.

26. J. L. Vives, *Introductio ad sapientiam, Satellitium, Epistolae duae de ratione studii puerilis, Addita Suetonio,* Amberes, M. de Keysere, 1530.

8° (15 x 9.5 cm), 96 h. no numeradas. A-M⁸.

Port.: ❧ IOAN=/NIS LODOVICI/ Viuis Valentini,/ Introductio ad sapientiam./ Satellitium siue Symbola./ Epistolæ duæ de ratione/ studij puerilis./ Ab Authore ipso recognita/ & locupletata./ ❦ Antuerpiæ Apud Martinum Cæsa=/rem. Anno. M.D.XXX./ *A¹ vᵒ: blanca./ A²:* ❧ IOANNIS/ LODOVICI VIVIS VA-/lentini Ad Sapientiam in-/troductio./ 1 $\boxed{V}$ ERA...: *E⁴ vᵒ:* 604 Hic est cursus... nosse Deum Regi seculoℝ ̄ımortali & inuisibili/ soli sapiēti Deo honor & gl'ia/ in secula seculorū. Amen./ Brugis 1524./ *E⁵:* ❧ IOANNES/ LODOVICVS VIVES D./ MARIAE PRINCIPI CAM-BRIAE/ Henrici Octaui Angliæ Regis/ filiæ. S./ $\boxed{S}$ Olitum... *E⁶ vᵒ:* Brugis ad Cal. Quintiles. M.D.xxiiij./ *E⁷:* 1 $\vdots\overline{S}\vdots$ COPVS... *K¹:* 239 ¶ Scopus... *K¹ vᵒ:* $\vdots\overline{P}\vdots$ Ossint... finis/ *K²:* ❧ IOANNES/ LODOVICVS VIVES DO-/minæ... Oxoniæ Non. Octob. M.D.XXIII./ *L⁵:* Finis./ *L⁵ vᵒ:* ❧ IOANNES/ LODOVICVS VIVES CA-/rolo Montioio Gulielmi filio/ S.D.... Londini M.D.XXIII./ *M⁶ vᵒ:* VIVES RVFFAL-DO SVO. S.... Louanij. 1521./ *M⁷:* ADDITA SVETONIO IN/ vita C. Iulij Cæsaris per viuem./ *M⁸:* Louanij. 1521./ *M⁸ vᵒ: blanca.*

EJEMPLARES:
Chicago, Newberry L. **Gante, *Rijksuniversiteit Centrale Bibliotheek (Acc. 4432).** Londres, BL (falto de portada). París, BN (Z. 17732).

BIBLIOGRAFÍA:
Panzer, IX.349.139 b. N.K. 4064. Estelrich [nᵒ 92], 141. *Catalogue Général,* Vives, 75. NUC, NV. 0205920. Machiels, V. 350.

164

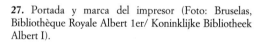

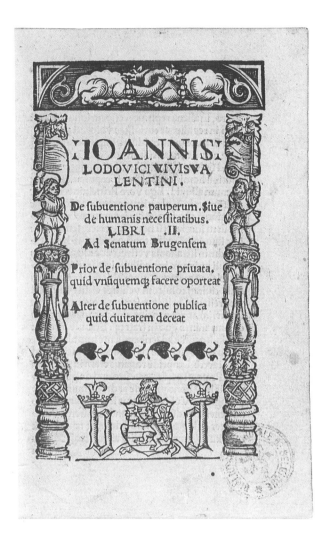

27. Portada y marca del impresor (Foto: Bruselas, Bibliothèque Royale Albert 1er/ Koninklijke Bibliotheek Albert I).

Dedicada a los magistrados de Brujas, propone medidas para resolver los problemas sociales creados por el éxodo a la ciudad de multitudes afectadas por la guerra y el hambre, y forzadas a la mendicidad. Es una temprana reflexión y defensa del papel asistencial de los poderes públicos. La primera edición salió en marzo de 1526, antes de la fiesta de resurrección. Como la ciudad de Brujas observaba el calendario pascual y no el astronómico, el colofón señala aún el año de 1525.

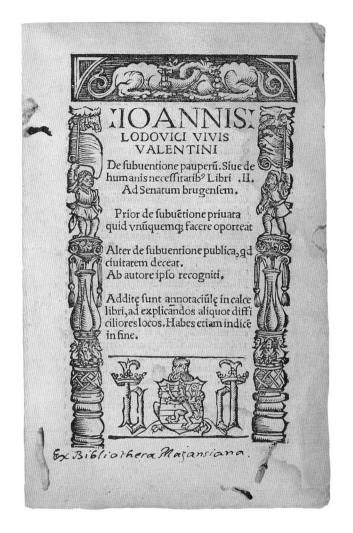

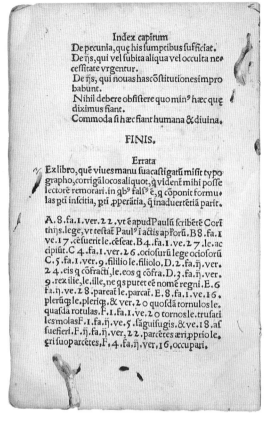

28. Portada y fe de erratas (Foto: P. Alcántara).

A unos meses de aparecida la primera edición, cuajada de defectos tipográficos, Vives mismo envió un ejemplar corregido al impresor para que realizara la segunda. Éste se excusó, sin embargo, por haber hecho caso parcial de ellas. El editor crítico de este tratado tendrá, pues, que discernir las erratas no revisadas por aquél.

27. J. L. Vives, *De subventione pauperum*, Brujas, H. de Croock, marzo, 1525 (=1526).

8° (15 x 10 cm), 48 h. no numeradas. A-F[8]. La datación del colofón corresponde al año pascual y equivale a marzo de 1526, como lo demuestra la epístola dedicatoria de Vives de 6 de enero de 1526.

Port.: ⧗ IOANNIS ⧗ / LODOVICI VIVIS VA/LENTINI/ De subuentione pauperum. Siue/ de humanis necessitatibus./ LIBRI. II./ Ad Senatum Brugensem/ Prior de subuentione priuata./ quid vnūquemqꝫ facere oporteat/ Alter de subuentione publica/ quid ciuitatem deceat/ ❧ ❧ ❧ ❧ / *escudo de Brujas y recuadro*/ *A*[1] *v°:* IOANNES. LODOVICVS. VIVES./ Consulibus & Senatui Brugensi Salutem./ [P] Eregrini &... *A*[2]*:* oīa & felicia Brugis. vi. Ianu=/arij. M.CCCCC.XXVI./ *A*[2] *v°:* IOANNIS. LODOVICI. VIVIS De/ Subuentione pauperum siue de humanis ne=/cessitatibus Liber Primus/ Origo humanæ necessitatis ac miseriæ./ [P] Arens ille rerum... *D*[6]*:* FINIS PRIMI/ LIBRI/ ❧ ❧ ❧ ❧ ❧ /*D*[6] *v°:* IOANNIS LO/DOVICI VIVIS DE SVB/uentione pauperū Liber II./ QVANTOPERE... [H] Acten⁹... *F*[7] *v°:* proficiscuntur Ioannis Lodouici Vivis De subentione *[sic]*/ pauperum, seu de humanis/ necessitatibus/ FINIS./ *F*[8]*: blanca*/ *F*[8] *v°: el escudete y entre florones:* Brugis. xvi. Calendas Aprileis,/ typis Huberti de Croock/ Anno. M.D.XXV.

EJEMPLARES:
Amberes, M. Plantin. **Bruselas, *Bibliothèque Royale Albert 1er/Koninklijke Bibliotheek Albert I (II. 28508 A LP).** París, B. Mazarine (53.806).

BIBLIOGRAFÍA:
N.K. 4066. *Bibliotheca Belgica,* V. 26. IJsewijn, "Zu einer kritischen Edition...". Matheeussen, "Quelques remarques...".

28. J. L. Vives, *De subventione pauperum*, Brujas, H. de Croock, septiembre, 1526.

8º (16.1 x 10 cm), 68 h. no numeradas. A-G^{8}, H^{12}; blancas H^{1} y H^{12}, que sólo tiene en el vº escudete y colofón.

Port. en recuadro renacentista: ⁑ IOANNIS ⁑ / LODOVICI VIVIS/ VALENTINI/ De subuentione pauperū. Siue de/ humanis necessitatib⁹ Libri. II./ Ad Senatum brugensem./ Prior de subuētione priuata/ quid vnūquemqȝ facere oporteat/ Alter de subuentione publica, ꝗd/ ciuitatem deceat./ Ab autore ipso recogniti./ Additę sunt annotaciūlę *[sic]* in calce/ libri, ad explicandos aliquot diffi/ciliores locos. Habes etiam indicē/ in fine./ *Emblema de la ciudad/ A^{1} vº:* [I]OANNES LODOVICVS/ VIVES Consulibus & Senatui/ Brugensi SALVTEM./ [P]Eregrini & aduenæ... *A^{2}:* oīa/ & felicia. Brugis. vi. Ianuarij/ .M.D.XXVI./ *A^{2} vº:* [I]OANNIS LODOVICI VIVIs / De subuētione pauperū, Siue de huma=/nis necessitatibus Liber Primus./ ORIGO HVMANAE NECESSI=/TATIS AC MISERIAE./ [P]Arens ille... *E^{2} vº:* reddet tibi./ FINIS PRIMI/ LIBRI./ *E^{3}:* ⁑IOANNIS⁑ / LODOVICI VIVIS DE/ subuentione pauperum/ LIBER SECVNDVS./ QVANTOPERE CONVE=/ NIAT RECTORI CI=/VITATIS CVRARE/ PAVPERES./ [H]Actenus quid... *G^{8} vº:* ex Charitate ꝓficiscunt./ De subuētione pauperum, seu de huma/nis necessitatibus FINIS./ IOSEPHO BANSTIO. III./ IOANNE TEMISCIO. IIII./ COSS./ *H^{1}: blanca./ H^{2}:* Epistola ad lectorem./ FRATER IOANNES MOYAR=/DVS CARTVSIVS LECTO/RI SALVTEM./ [E]Ruditis scio... explicuit./ Vale./ *H^{2} vº:* ANNOTATI⁑/VNCVLAE EIVSDEM MOYAR/di in libellū de Subuētione pauperū/ IOANNIS LODOVICI VIVIS./ .1. [C]Ontra arcem... *H^{10} vº:* rem citare./ ANNOTATIONVM/ FINIS/ *H^{11}:* INDEX CAPITVM LIBRI/ PRIMI... INDEX CAPITVM LIBRI/ SECVNDI... *H^{11} vº:* & diuina./ FINIS./ Errata/ Ex libro... *[17 líneas]* 16. occupari./ *H^{12}: blanca./ H^{12} vº: Armas de la ciudad y, entre florones:* Brugis, typis Huberti de Croock./ Anno. M.D.XXVI./ Mense Septemb.

EJEMPLARES:
Bruselas, BR/KB (VH. 1777.2). Cambridge, Mass, Harvard UL. Gante, UB (Rés. 726). Londres, BL. Lovaina, KU (un ejemplar, perdido en el fuego de 1914, y Vives CAA.26). París, B. Mazarine (53806). **Valencia, *Biblioteca Provincial Franciscana (43-c-8,** con ex libris de Mayans).

BIBLIOGRAFÍA:
Bonilla [nº 87], pág. 778. N.K. 2174. Estelrich [nº 92], 202. *General Catalogue*, v. 26, col. 876. *Bibliotheca Belgica*, V.27. Saitta [nº 99]. NUC, NV. 0205831. Machiels, V. 339. Zuska, 98. IJsewijn, "Zu einer kritischen Edition...". Matheeussen, "Quelques remarques...".

29. Portada (Foto: Lovaina, Katholieke Universiteit).

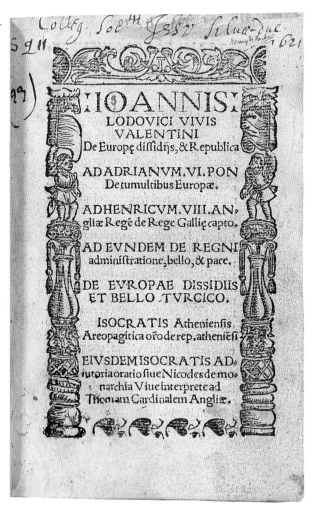

29. J. L. Vives, *De Europae dissidiis et republica*, Brujas, H. de Croock, diciembre, 1526.

8° (14.5 x 9.5 cm), lxxij h. foliadas. A-I⁸.

Port. con orla: ✗ IOANNIS ✗ / LODOVICI VIVIS/ VALENTINI/ De Europę dissidijs, & Republica/ AD ADRIANVM. VI. PON/ De tumultibus Europæ./ AD HENRICVM. VIII. AN=/gliæ Regē de Rege Gallię capto./ AD EVNDEM DE REGNI/ administratione, bello, & pace./ DE EVROPAE DISSIDIIS/ ET BELLO TVRCI-

CO./ ISOCRATIS Atheniensis/ Areopagitica orõ de rep. atheniẽsi/ EIVSDEM ISOCRATIS AD=/iutoria oratio siue Nicocles de mo=/narchia Viue interprete ad/ Thomam Cardinalem Angliæ./ ⧗ ❧ ❧ ❧ ❧ / *A*[1] *v°:* [I]OANNES LODOVICVS VI=/VES ADRIANO SEXTO/ PONTIFICI MAXI. S./ [B]EATISSIME Papa... *h. x (B*[2]*):* Vale beatissime Papa, & vere sancte./ Louanij. Xij: Octobris. 1522./ *h. x (B*[2]*) v°:* [I]OANNES LODOVICVS VI/VES HENRICO. VIII. REGI/ ANGLIAE INCLYTO S./ [I]Ncredibiles animi... *h. xij (B*[4]*) v°:* esse arbitreris./ Oxoniæ tuæ, xij. die Martij. 1525./ *h. xiij (B*[5]*):* ▲ IOANNES ▲ / LODOVICVS VIVES HEN=/RICO. VIII. REGI ANGLIAE/ INCLYTO S./ [Q]uantũ &... *h. xxij (C*[6]*) v°:* regno tuo/ cessura sint Bru/gis, viij./ Octobris. 1525./ *h. xxiij (C*[7]*):* ⧗ ▲ IOANNIS ▲ ⧗ / LODOVICI VIVIS DE EVRO=/PAE DISSIDIIS ET BELLO/ TVRCICO DIALOGVS./ Minos. Tiresias. Basilius Colax./ Polypragmon. Scipio./ Minos/ [P]Ossesne nobis Tiresia... *h. xliiij (F*[4]*):* non sero./ Brugis. 1526. Mense Octobris:/ *h. xliiij (F*[4]*) v°:* ⧗ IOANNES ⧗ / LODOVICVS VIVES THO=/MAE CARDINALI, ET LE/GATO ANGLIAE ILLVS=/TRI S./ [V]Etus quæstio est... *h. xlvij (F*[7]*):* sint. Oxoniæ. XV. Decembris. 1523./ *h. xlvij (F*[7]*) v°:* ▲ ISOCRATIS/ AREOPAGITICA ORATIO./ SIVE DE VETERE ATHENI=/ENSIVM REPVBLICA. VIVE/ INTERPRETE./ [P]Lerosqʒ vestrũ... *h. lix (H*[3]*) v°:* fore existimetis./ *h. lx (H*[4]*):* ▲ ISOCRATIS/ NICOCLES SIVE AVXILIA=/RIS. IOANNE LODOVICO/ VIVE INTERPRETE./ Rex Nicocles loquitur/ [D]Icendi... *h. lxix (I*[5]*) v°:* plenissime præstare./ *h. lxx (I*[6]*):* ⧗ IOANNES ⧗ / LODOVICVS VIVES D. IOAN=/NI EPISCOPO LINCOLNIEN/SI, a cõfessionib⁹ inclyti Britãnię regis./ [A]udio pacificatorias... *h. lxxij (I*[8]*) v°:* gratissimum esse. Vale mi pater./ Octauo die Iulij. 1524. Brugis./ ❧ BRVGIS. typis Huber= ❧ /ti de Croock./ ❧ Anno. M.D.XXVI. ❧ / Mense Decemb. *[6 florones más].*

EJEMPLARES:
Bornem, Abad. Cisterc. Bruselas, BR/KB (2 ejemplares: VH.1777.3 y VH.17232). Cambridge, UL. Cambridge, Mass, Harvard UL. Gante, UB (Rés. 629). Ithaca, Cornell U. La Haya, KB. Londres, BL (2 ejemplares: 1090.c.1 y G.14955). **Lovaina, *Katholieke Universiteit Centrale Bibliotheek (Rés. Vives CA.A 27.** Ex libris H. de Vocht**).** Salamanca, BU.

BIBLIOGRAFÍA:
Bonilla [n° 87], pág. 781. N.K. 2164. *General Catalogue,* v. 26, col. 871. Adams V.950. Palau, 371642. NUC, NV. 02005808. Machiels, V. 334.

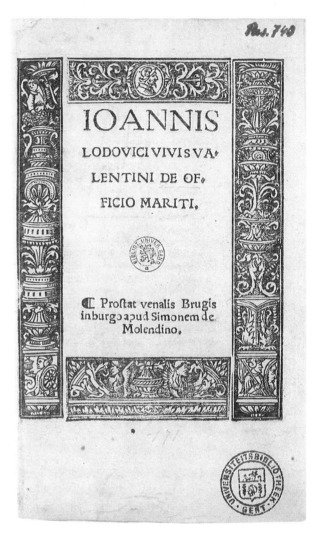

30. Portada (Foto: Gante, Rijksuniversiteit Centrale Bibliotheek).

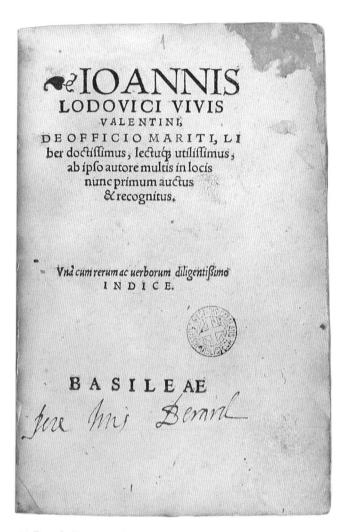

31. Portada (Foto: Barcelona, Biblioteca de Catalunya).

30. J. L. Vives, *De officio mariti*, Brujas, H. de Croock, S. Vermuelen, enero, 1529.

8° (15.5 x 9.5 cm), 104 h. no numeradas. A-N⁸.

Port. en recuadro con orlas: IOANNIS/ LODOVICI VIVIS VA=/LENTINI DE OF=/FICIO MARITI./ ❡ Prostat venalis Brugis/ in burgo apud Simonem de/ Molendino./ *A¹ vᵒ: blanca/ A²:* IOANNIS LO=/DOVICI VIVIS IN LIBRVM/ suum de officio mariti ad Il'l'. D. Ioannē/ Borgīā Gandię ducē Pręfatio./ ⸢Q⸣ Vum olim... *A⁴ vᵒ:* place=/re./ *A⁵:* IOANNIS LO=/DOVICI VIVIS DE OFFI=/CIO MARITI./ ⸢I⸣ Ta visum est... *N⁸:* a diuitijs./ DE OFFI-CIO MARITI/ FINIS./ Brugis. 23. Augusti. 1528./ CHRISTO IESV/ GRATIA./ ❡ Hubertus Crocus imprimebat expen/sis Simonis de Molendino Brugis .30./ Ianuarij. 1529. Romana cōputatione./ *N⁸ vᵒ: escudete de Croock.*

EJEMPLARES:
Berlin, SBPK. Brujas, SB (B.310). Bruselas, BR/KB (VH.1777.1). Cambridge, UL. **Gante, *Rijksuniversiteit Centrale Bibliotheek (Rés. 740).** Grenoble, BM. La Haya, KB. Londres, BL. París, B. Mazarine (55.327,2ᵉ p). Sevilla, B. Colombina (12.3.31).

BIBLIOGRAFÍA:
Bonilla [nᵒ 87], pág. 783. N.K. 2171. Estelrich [nᵒ 92], 192. *General Catalogue,* v. 26, col. 876. Adams, V.953. *Bibliotheca Belgica,* V.10. Palau, 371578. Machiels, V. 335.

31. J. L. Vives, *De officio mariti*, Basilea, R. Winter, marzo, 1538.

8° (16.5 × 11.5 cm), 20 h. + 155 numeradas + 5 págs. a-b⁸, c⁴, A-K⁸.

Port.: ❧ IOANNIS/ LODOVICI VIVIS/ VALENTINI,/ DE OFFI-CIO MARITI, LI/ber doctissimus, lectuǫ**3** utilissimus,/ ab ipso au-tore multis in locis/ nunc primum auctus/ & recognitus./ Vnà cum rerum ac uerborum diligentissimo/ INDICE./ BASILEAE/ *a¹ vº:* *blanca/ a²:* ❧ IOANNIS LODO-/VICI VIVIS IN LIBRVM SVVM DE/ Officio mariti, ad Illustriss. D. Ioan-/nem Borgiam, Candiæ du-/cem, Præfatio./ ⸤Q⸥VVM olim... *a⁴:* clariss./ placere./ *a⁴ vº:* RERVM AC VERBO/RVM TOTO HOC OPERE/ memorabilium diligen-tiss./ INDEX./ A/ ⸤A⸥Brahæ... *d³ [sic, por c³] vº:* Zelotypiæ nullus usus./ 130.16/ FINIS./ Pag. 150...præteream./ *d⁴: blanca/ pág. [1] (A¹): viñeta:* ❧ IOANNIS LVDOVI/CI VIVIS DE OFFICIO/ Mariti, Liber./ ⸤I⸥TA uisum... *pág. 155 (K⁶):* maxime conducet./ IOAN. LODOVICI VIVIS DE/ OFFICIO MARITI/ FINIS./ *K⁶ vº:* AVTORVM, QVORVM HOC IN/ Libro testimonia citantur,/ Catalogus./ *El catálogo va de Aratus a Xystus, en tres columnas/ K⁷:* LOCORVM ALIQVOT, QVAE/ inter imprimendum deprauata sunt,/ emendatior lectio./ Pag. 2. uers. 7... *[siguen 22 líneas]/ K⁷ vº:* BASILEAE IN OFFICINA ROBERTI/ VVINTER, ANNO DOMI-NI/ M.D.XXXVIII./ MENSE MARTIO./ *K⁸: blanca./ K⁸ vº: escudete de Minerva.*

EJEMPLARES:
Barcelona, *Biblioteca de Catalunya (13-I-18). Barcelona, BU. Bloomington, Indiana U. Bruselas, BR/KB (LP485A, falto de c4 y K8). Gainsville, U. of Florida. Gray, BM. Londres, BL. Lovaina, KU. París, B. Mazarine (28.023, 1 p). Washington, Folger Shakespeare L. Zaragoza, BU.

BIBLIOGRAFÍA:
Bonilla [nº 87], pág. 784. Mateu [n° 91], 2 y 3. Estelrich [nº 92], 153. *General Catalogue*, v. 26, col. 876. Palau, 371580. NUC, NV. 0205817. *Catálogo colectivo*, 1343-1344.

174

32. Portada. Vives propone una visión general de la sociedad centrada en el concepto de concordia, que vertebra a la humanidad en lo público y lo privado. Todos deben, por tanto, procurarla. Si la amenaza del turco se cierne sobre Europa, es por tantas discordias entre los cristianos. Consta de tres partes, con portada y paginación propias, lo que a veces lleva a creer que se trata de ediciones aisladas (Foto: Madrid, Biblioteca Nacional).

32. J. L. Vives, *De concordia et discordia, De pacificatione, De conditione vitae christianorum sub Turca,* Amberes, M. Hillen, 1529.

8° (16 × 9.5 cm), tres partes con portada y signatura propias, pero la primera anuncia todas. 1ª Parte, 210 h. no numeradas. A-Z, Aa-Dd⁸. 2ª Parte, 44 h. no numeradas, A-E⁸, F⁴. 3ª Parte, 16 h. no numeradas. A-B⁸. Algunas bibliotecas poseen sólo una o dos de las partes, y suelen presentarlas como si se tratara de ediciones autónomas. En otras, como en París, B. del Arsenal, se altera el orden de las partes, lo que también genera confusión en los catálogos.

1ª Parte, portada, orla renacentista con Mars y Caritas sosteniéndose en las columnas: ❧ IOAN ▲/NIS LODOVICI VI=/VIS VALEN-TINI, DE CON=/cordia & discordia in huma=/no genere ad Carolum/ V. Cæsarem, Libri/ Quattuor./ De Pacificatione, Lib. vnus./ Q ·,· misera esset vita Christiano=/rum sub Turca. Lib. vnus./ Michael Hillenius excudebat, cum/ Priuilegio Cæsareo./ *A¹ vº: blan-ca./ A²:* IOANNES/ LODOVICVS VIVES/ CAROLO. V. CAESA-RI AV/gusto Regi Hispaniarum/ S.D./ [Q]Vum in tā=/ta... *A⁸:* pro-futura. Brugis tuis Calend. Iulij./ 1529./ *A⁸ vº: blanca./ B¹:* ❧ IOAN▸ / LODO. VIVIS DE/ Concordia liber primus qui/ est de originibus concor=/diæ & discordiæ./ [M]VLTAE... *E⁵ [sic, por F⁵]:* quo crescat./ LIBRI PRIMI FINIS./ *E⁵ vº:* IOANNIS LODOVICI VIVIS/ LIBER SECVNDVS/ q̃ inhumaniter homines ex-/ercent dis-cordias./ [D]Iscordias... *I¹:* auertat./ LIBRI SECVNDI FINIS./ *I¹ vº:* IOANNIS/ LODOVICI VIVIS DE CON=/cordia liber Tertius, qui est de bonis/ concordiæ, & malis discordiæ/ [V]ITA hæc nostra... *T¹ vº:* ruēti. ☞ Finis libri. III./ *T²:* IOANNIS/ LODO. VIVIS DE CONCOR./ liber quartus, Quæ sit ad veram/ concordiam via./ [S]Vperioribus libris... *Dd⁸:* amoris./ De concordia & discordia in humano/ genere Finis. Brugis. 1529./ *Dd⁸ vº: blanca.*
2ª Parte: A¹: IOANNIS/ LODOVICI VIVIS DE/ PACIFICATIO-NE LIBER/ Vnus./ Antuerpiæ in Rapo excudebat/ Michæl Hillenius. Anno/ M.D.XXIX./ *A¹ vº:* IOANNES/ LODOVICVS VIVES/ DOMINO ALFONSO MAV=/rico *[sic]* Archiepiscopo Hispa=/lensi. S.D./ [Q]VVM libros... *A³ vº:* vsurpare./ Vale./ *A⁴:* IOANNIS/ LODOVICI VIVIS DE PACI=/ficatione liber vnus./ [S]Atis arbitror... *F⁴:* contendere./ De Pacificatione Finis./ Brugis. 1529./ *F⁴ vº: blanca.*

3ª Parte: A¹: IOANNIS/ LODOVICI VIVIS/ DE CONDITIONE VI=/tæ Christianorum sub/ Turca./ Antuerpiæ in Rapo excudebat/ Michael Hillenius. Anno/ M.D.XXIX./ *A¹ vᵒ:* IOANNIS/ LODO-VICI VIVIS/ DE CONDITIONE VI=/tæ Christianorum sub/ Turca./ ⟨E⟩St inter... *B⁷ vᵒ:* contingat./ De vita sub Turca finis/ Antuerpiæ./ 1529./ *B⁸: blanca.*

EJEMPLARES:
Bruselas, BR/KB (VI.26.611.A). Cambridge, Queen C. Cambridge, Mass, Harvard UL. Córdoba, BP. Chicago, Newberry L. Gante, UB (Rés. 1213). Huesca, BP. Londres, BL (8408.e.28); Londres, Lambeth Palace L. (G.4647.G6). Lovaina, KU (CAA.26). **Madrid, *Biblioteca Nacional (u/ 7801).** New Haven, Yale U. París, B. Arsenal (8° S 3214). Perugia, BA. Roma, BN. Toledo, BP. Washington, Folger Shakespeare L.

BIBLIOGRAFÍA:
Bonilla [n° 87], pág. 782. N.K. 2163. Estelrich [n° 92], 134. *General Catalogue,* v. 26, col. 871. Adams, V.945. Palau, 371643. NUC, NV. 0205784-786. Machiels, V 330. *Catálogo Colectivo,* 1333. Iglesias-Flores, 2.270.

---

33. J. L. Vives, *De communione rerum ad Germanos inferiores,* Amberes, M. de Keysere, 1535.

4° (19.7 x 13 cm), 18 h. no numeradas. A-C⁴, D².

Port.: ❧ I.L. VIVIS DE/ communione rerum/ AD GERMANOS IN-/FERIORES/ ∴ / *[escudete]* Martinus Cæsar Antuer=/PIAE EXCVDEBAT./ M.D.XXXV./ *A¹ vᵒ: blanca/ A²:* ❧ I.L. VIVIS DE/ communione rerum/ AD GERMANOS IN-/FERIORES./ ⟨S⟩A-pientes quidam/ è gentilitate animaduersis... *D² vᵒ:* sempi/ternam, cui condi-/ti sumus./ Brugis. M.D.XXXV.

EJEMPLARES:
Londres, *Lambeth Palace Library (D30T/2). Mérida, Venezuela, B. T. Febres Cordero, U. de los Andes.

BIBLIOGRAFÍA:
Panzer, VI. 24214. N.K. 4061. A. Millares Carlo, *Libros del siglo XVI,* Mérida (Vene-zuela), 1978.

33. Portada. Se ha discutido si, ante el terror que produjo a Vives la rebelión anabaptista de 1535, que instauró en Münster la comunidad de bienes, éste dio marcha atrás en muchas de sus generosas ideas sobre la sociedad. Con este sombrío llamado al orden, concluyen sus escritos de carácter social. El texto fue usado en tiempos de la guerra civil española para hacer de Vives un escritor anticomunista y precursor de la Falange (Foto: Londres, Lambeth Library).

ENTRE BRUJAS Y BREDA, 1529-1540

LA MADUREZ INTELECTUAL

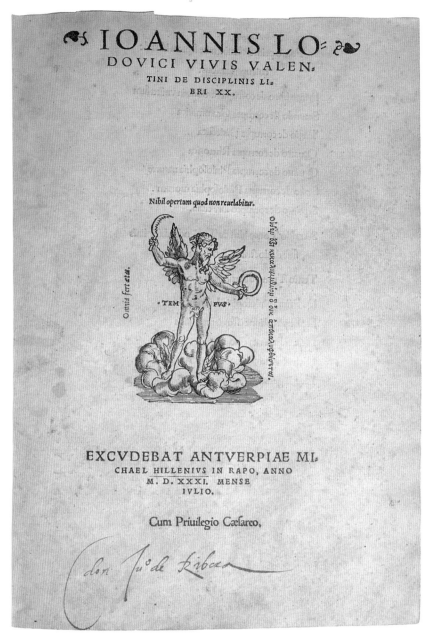

34. Portada. El ejemplar expuesto tiene una falta deliberada en la parte superior, que no afecta al texto, y que parece obedecer al deseo del último propietario, de suprimir el nombre del anterior (Foto: P. Alcántara).

34. J. L. Vives, *De Disciplinis*, Amberes, M. Hillen, julio, 1531.

Folio (29.3 x 18 cm), en tres partes: 1ª Parte: 4 h. no numeradas + 77 h. numeradas defectuosamente + 1 h. blanca. A-T⁴, V⁶. 2ª Parte: 62 h. foliadas de 79 a 160 (*sic,* por 140). a-o⁴, p⁶. 3ª Parte: 78 h. numeradas + 2 h. blancas. AA-VV⁴. Frecuentes errores de foliación.

1ª parte: Port.: ❧ IOANNIS LO= ☙ /DOVICI VIVIS VA-LEN=/TINI DE DISCIPLINIS LI=/BRI XX./ *escudete con emblema de Tempus/* EXCVDEBAT ANTVERPIAE MI=/CHAEL HILLENIVS IN RAPO, ANNO/ M.D.XXXI. MENSE/ IVLIO./ Cum Priuilegio Cæsareo./ *A¹ vº:* Tomo primo continentur septem libri de/ corruptis artibus./ *En 15 líneas se describe el contenido/ A²:* ❧ IOANNES LODO = ☙ /VICVS VIVES IOANNI TERTIO LV=/SITANIAE ET ALGARBIORVM REGI/ inclyto Domino Guineæ &c./ S.D./ M̄AIORVM PRAECLARA... *A² vº:* saltem/ placeat. Vale, Brugis mense Iulio 1531./ *A³:* ❧ IOANNIS LO= ☙ /DOVICI VIVIS VALENTINI/ IN LIBROS DE DISCIPLI=/NIS PRAE-FATIO./ 🖋 / C̄OGITANTI MIHI... *A³ vº:* iuuet cognosci./ ∴ / *A⁴; blanca/ h. 1 (B¹):* ☙ IOANNIS LVDOVI=/CI VIVIS DE CAVSIS CORRVPTARVM AR/tium Liber Primus. qui est de artibus in vniuersum./ Ā NIMANTES OMNES... *h. 22 (G²) vº:* impetu currente./ LIBRI PRIMI FINIS:/ *h. 23 (G³):* ☙ IOANNIS LVDOVI=/CI VIVIS DE CAVSIS CORRVPTARVM AR=/tium Liber Secundus qui est de Grammatica:/ Q̄ VAE PROXIMO... *h. 33 (K¹):* soli=/dum respu=/entes./ ∴ / LIBRI SECVNDI FINIS./ *h. 33 (K¹) vº:* ☙ IOANNIS LODOVI>/CI VIVIS DE CAVSSIS *[sic]* COR-RVPTARVM AR/tium Liber Tertius qui est de Dialectica corrupta./ N̄ VNC DE DIALECTICA... *h. 43 [sic, por 47] (N³):* artis hu=/ius./ De corrupta Dialectica/ FINIS./ 🖋 / *h. 47 (N³) vº:* ☙ IOANNIS LODOVI>/CI VIVIS DE CAVSSIS *[sic]* CORRVPTARVM AR/tium Liber Quartus qui est de corrupta Rhetorica./ H̄ VMA-NAE OMNES... *h. 56 (O⁴) vº:* at=/que ornatissi=/mum./ 🖋 / DE CORRVPTA RHETORICA/ FINIS/ ∴ / *h. 57 (Q¹):* DE PHILO-SOPHIA NA/TVRAE, MEDICINA, ET ARTIBVS MA=/thematicis corruptis Liber Quintus./ M̄ VNDI AVTHOR... *h. 65 (S¹) vº:* nom̄ia/ vsurpent./ 🖋 / ❡ De Philosophia naturæ, Medicina, & artibus mathematicis corruptis,/ FINIS./ *h. 66 (S²):* ☙ IOANNIS LO-DOVI>/CI VIVIS DE CAVSSIS *[sic]* CORRVPTARVM AR/tium Liber Sextus qui est de Philosophia/ morali corrupta:/ S̄ ENTEN-

TIA ILLA... *h. 70 (T²) v°:* per lusum assue=/uimus:/ De morali philosophia corrupta/ FINIS/ *h. 71 (T³):* ❧ IOANNIS LODOVI>/CI VIVIS DE CAVSSIS *[sic]* CORRVPTARVM AR/tium Liber Septimus qui est de Iure Ciuili corrupto./ H̄OMINEM RES... *h. 77 (V³) v°:* calliditas/ insinuet./ ∴ / LIBRORVM DE CORRVPTIS ARTIBVS/ FINIS./ *h. 78 (V⁶): blanca.*

2ª parte: h. 79 (a¹): ❧ IOANNIS LODOVI>/CI VIVIS VALENTINI DE TRADENDIS/ DISCIPLINIS SEV DE INSTI/TVTIONE CHRISTIANA/ LIBER PRIMVS./ Q̄ VVM INGENTI... *h. 124 (m²) v°:* habēt pro/ incerta: /*/ *h. 125:* DE TRADENDIS DIS=/CIPLINIS SIVE DE DOCTRINA/ CHRISTIANA LIBER/ QVINTVS./ C̄ONFECTA EST... *h. 134 (o⁴):* homines opinantur./ De vita & moribus eruditi./ C̄Onfecto curriculo... *h. 160 [sic, por 140] (p⁶):* pręcipuos ac spectatos./ LIBRORVM DE TRADENDIS DISCI/ PLINIS SIVE DE DOCTRI/NA CHRISTIANA/ FINIS/ *p⁶ v°: blanca.*

3ª parte: h. 1 (AA¹): ❧ IOANNIS LODOVI>/CI VIVIS DE PRIMA PHILOSOPHIA/ siue de intimo naturæ opificio Liber primus./ D̄E INTIMO... *h. 30 (HH²) v°:* laborem non/ sentit./ ∴ / LIBRI SECVNDI FINIS./ *31 (HH³):* ❧ DE PRIMA PHILO>/SOPHIA, SEV DE INTIMO/ naturæ opificio Liber Tertius./ V̄BI PERVENTVM... *h. 39 (KK³):* boni per=/uenire./ */ BRVGIS AN. M.D.XXXI:/ *h. 39 (KK³) v°:* IOANNIS LODOVICI/ VIVIS DE EXPLANATIONE CV/IVSQVE ESSENTIAE./ Ē X HAC MATERIE... *h. 46 (MM²):* multo facillima./ */ ❡ De Explanatione cuiusq̄3 essentiæ/ FINIS/ *h. 46 (MM²) v°:* IOANNIS LODOVICI/ VIVIS DE CENSVRA VERI/ LIBER PRIOR./ ĪNSTRVMENTVM EXAMI=/nandæ... *h. 54 (OO¹) v°:* nec nus=/quā./ */ *h. 55 (OO²):* ❧ DE ARGVMENTATI/ONE LIBER POSTERIOR./ ĀRGVMENTATIO EST... *h. 60 (PP⁴) v°:* quæstionibus Ciceronis./ */ DE CENSVRA VERI/ FINIS./ *h. 61 (QQ¹):* IOANNIS LODOVICI/ VIVIS DE INSTRVMENTO/ probabilitatis Liber./ M̄Ens humana... *h. 73 (TT¹):* intelligentiam/ apposite./ */ DE INSTRVMENTO PROBA=/BILITATIS/ FINIS/ *h. 73 (TT¹) v°:* ❧ IOANNIS LODOVI>/CI VIVIS DE DISPVTATIONE./ V̄ERITATEM NON PLANE... *h. 78 (VV²):* ela/ben=/di./ DE DISPVTATIONE FINIS./ LIBRI DE ARTIBVS VLTIMI FINIS./ BRVGIS M.D.XXXI./ EXCVDEBAT MICHAEL HILLENIVS/ ANTVERPIAE ANNO M.D./X̄XXI./ MENSE IVLIO./ *h. 78 (VV²) v°:* LECTORI. S./ C̄Ontulimus Codicem impressum cum autographo... [*38 líneas*] FINIS./ *VV³ y VV⁴: blancas.*

EJEMPLARES:

Asís, BC (Cinq. 1034 (2)). Barcelona, BC (13-III-5); Barcelona, B. Seminario; Barcelona, BU. Besançon, BM. Béziers, BM. Cambridge, UL. Chaumont, BM. Estrasburgo, BNU. La Haya, KB. Lovaina, KU. Madrid, BN (R/ 30562); Madrid, FF y L (10303). Michelstadt, Kirchenbibl. Nimes, BM. París, B. Mazarine (375, 1 p); París, BN (R. 1293); París, B. Sorbonne. Roma, B. Angelica. Rouen, BM. Sevilla, B. Colombina (6.5.1. Faltan portada y hojas blancas). Uppsala, UB. **Valencia, * Biblioteca de San Juan de Ribera, Colegio de Corpus Christi (776.** *Exlibris:* don Juan de Ribera). Valencia, B. Serrano Morales (72.778) Valladolid, BU. Vaticano, BA. Viena, ÖNB. Zurich, ZB.

BIBLIOGRAFÍA:

Bonilla [n° 87], pág. 785. N.K. 4063. Mateu [n° 91], 31 y 32. Estelrich [n° 92], 167. V. Cárcel Ortí, "Obras impresas del s. XVI en la Biblioteca de San Juan de Ribera", en *Anales del Seminario de Valencia,* 11 (1966), n° 1846. Adams, V.946. *Catalogue Général,* Vives, 36. Palau, 371654. *Catálogo colectivo,* 1336-1337.

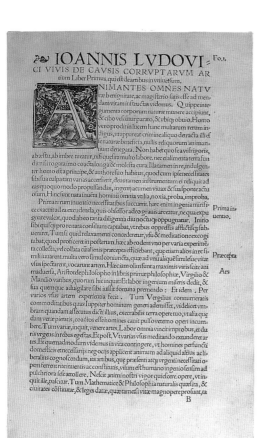

34. Fol. 1. La división de la obra maestra de Vives en tres secciones dio lugar a que, con el paso del tiempo, éstas tendiesen a ser vistas como escritos independientes, alterándose así el sentido enciclopédico buscado por el autor con este conjunto de estudios acerca de las artes y las disciplinas (Foto: P. Alcántara).

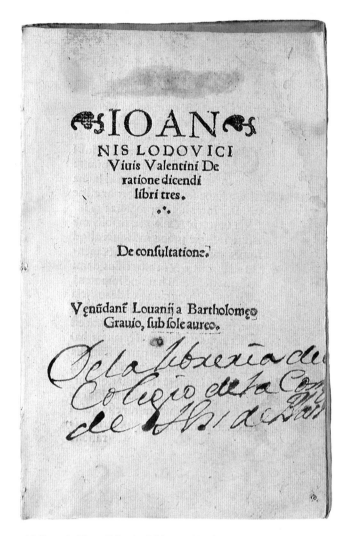

35. Portada (Foto: Valencia, Biblioteca Nicolau Primitiu).

35. J. L. Vives, *De ratione dicendi*, *De consultatione*, Lovaina, R. Rescius, septiembre, 1533.

8° (15.8 x 10.2 cm), 204 h. no numeradas, la última blanca. A⁴, B-Z, a-c⁸.

Port.: ❧ IOAN ❧ /NIS LODOVICI/ Viuis Valentini De/ ratione dicendi/ libri tres./ ∴ / De consultatione./ Vęnūdanī Louanij a Bartholomęo/ Grauio, sub sole aureo./ *A¹ vº:* Ioan. Lodouici Viuis in libros de/ Ratione dicendi pręfatio ad D. Frā/ciscum Bouadillam Episcopū/ Corieñ. & gymnasiarchā/ Salmāticensem./ ⸢Q⸥VI humanæ... *A⁴ vº:* optimus./ *B¹:* ❧ IOAN ❧ /NIS LODOVICI VIVIS/ Valentini de ratione/ dicendi, liber/ primus./ ⸢Q⸥VAE res... *G³:* dice/mus./ *G³ vº:* ❧ IOAN ❧ /NIS LODOVICI VIVIS/ de ratione dicendi/ liber secundus./ ⸢A⸥rtes omnes... *R⁴:* insinuati/ onem./ *R⁴ vº:* ❧ IOAN ❧ /NIS LODOVICI VI=/uis de ratione dicendi/ liber tertius./ ⸢E⸥Xposui generaliter... *Z² vº:* affectuū./ De ratione dicendi finis./ Brugis. 1532./ *Z³:* ❧ IOAN ❧ /NIS LOD. VIVIS DE/ consultatione ad Lodo=/uicum a Flandria/ Dominum Pra/tensem./ ⸢P⸥ETIS vir clarissime... *c⁷ vº:* esse/ conuenit./ Oxoniæ .1523./ Louanij ex officina Rutgeri Rescij,/ Pridie Idus Septemb. .1533./ Sumptibus eiusdem ac Bartholomęi/ Grauij./ *c⁸: blanca.*

EJEMPLARES:
Besançon, BM. Bruselas, BR/KB (VH, 10766/2). Cambridge, Mass, Harvard UL. Coimbra, BU. Córdoba, BP. Gante, UB (BL.475). Londres, BL (11305.b.26). Meadville, Penn, Allegheny C. París, B. Mazarine (20448). Perugia, BA. **Valencia, *Biblioteca Nicolau Primitiu (s. XVI/87.** Falto de la última hoja). Washington, LC. Zaragoza, BU.

BIBLIOGRAFÍA:
Bonilla [nº 87], pág. 787. N.K. 2173. Estelrich [nº 92], 171. *General Catalogue,* v. 26, col. 872. NUC, NV. 02005824-825. Machiels, V. 338. *Catálogo Colectivo,* 1346. Iglesias-Flores, 2.272.

IOANNIS LO

DOVICI VIVIS VALENTI,

NI, DE ANIMA ET VITA LI-

...res, Opus infigne, nunc primum
in lucem editum.

Collegii Parisiens. Sociat. Jesu.

Rerum & uerborum in iiſdem memora-
bilium copioſiſſimus Index.

UNIVERSIDAD
LITERARIA

Cum gratía & priuilegio
ad triennium.

B A S I L E AE.

36. Portada (Foto: P. Alcántara).

36. J. L. Vives, *De anima et vita*, Basilea, R. Winter, septiembre 1538.

4° (22.3 × 14.5 cm). 4 h. no numeradas + 264 págs. numeradas + 20 h. no numeradas. α⁴, A-Z, Aa-Qq⁴.

Port.: IOANNIS LO/DOVICI VIVIS VALENTI-/NI, DE ANIMA ET VITA LI-/bri tres. Opus insigne, nunc primum/ in lucem editum./ Rerum & uerborum in ijsdem memora-/bilium copiosissimus Index./ Cum gratia & priuilegio/ ad triennium./ BASILEAE./ α¹ v: *blanca./* α²: IOANNIS LO/DOVICI VIVIS, IN SVOS/ LIBROS DE ANIMA ET VITA,/ ad Franciscum Ducem Beiaris, co-/mitem Belalcazaris, &c./ PRAEFATIO./ Ⓝ VLLA est... α³ v°: guber-/nan-dam./ α⁴ *blanca.* pág. 1 (A¹): ❧ IOANNIS/ LODOVICI VIVIS VALEN/TINI DE ANIMA ET VITA,/ Liber Primus./ Ⓠ VAE nec... *pág. 49 (G¹):* stirpibus./ *pág. 50 (G¹ v°):* IOAN ▸ LODOVI-CI VIVIS/ DE ANIMA ET VITA, LIBER/ secundus./ Ⓗ OMINI, quòd... *pág. 144 (S⁴ v°):* immensa./ LIBRI SECVNDI/ FINIS./ *pág. 145 (T¹):* IOAN ▸ LODOVICI VIVIS/ DE ANIMA ET VITA, LIBER/ Tertius./ Ⓢ EQVITUR pars... *pág. 264 (Kk⁴ v°):* substituit./ BRVGIS, 1538./ Libri III. Io. Lodouici Viuis/ de Anima & Vita. Finis./ *Ll¹:* IN IO. LODOVICI VIVIS/ DE ANIMA ET VITA LI-BROS/ INDEX./ A/ Ⓐ BSTRAHEN-/tium... *Qq³ v°:* Zelus qualis affectus, & unde. 233./ 12.16/ FINIS./ *Qq⁴:* ERRATA/ Vocum ali-quot, quæ inter imprimendum caueri/ prorsus ita ut fit, non pote-rant, emendatio./ *[13 líneas]* BASILEAE/ IN OFFICINA ROBER-TI/ VVINTER, ANNO/ M.D.XXXVIII./ mense Septembri./ *Qq⁴ v°: escudete.*

36. Colofón (Foto: P. Alcántara).

EJEMPLARES:
Barcelona, BC (13-III-92). Bruselas, BR/KB (2 ejemplares: VB.7363B; y LP 3416A2). Cambridge, Mass, Harvard UL. Coimbra, BU. Charlottesville, U. of Virginia. Londres, BL (1133.c.1, falto de α⁴). Madrid, BN (R/ 19816). Madrid, FF y L (2 ejemplares: 15.868; y 13.914). New Haven, Conn, Yale U, Med. S. Nueva York, PL. París, B. Mazarine (Rés. A.11.660). Siena, BC. **Valencia, * Biblioteca Universitaria (Z.12/ 140)**. Vaticano, BA. Venecia, BM.

BIBLIOGRAFÍA:
Bonilla, [n° 87], pág. 794. *General Catalogue*, v. 26, col. 873. Palau, 371707. NUC, NV. 0205774-775. *Catálogo Colectivo*, 1329.

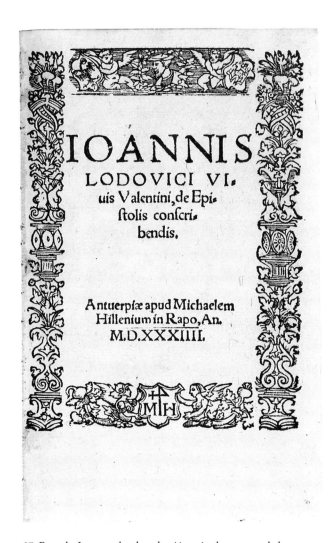

IOANNIS
LODOVICI VI.
uis Valentini, de Epi-
stolis conscri-
bendis.

Antuerpiæ apud Michaelem
Hillenium in Rapo, An.
M.D.XXXIIII.

37. Portada. Los tratados de redacción epistolar eran verdaderos manuales para la formación del estilo en prosa, de ahí que a veces se les llamara *Elegantiae*. El presunto maestro de Vives, J. Amiguet redactó un apéndice a los *Sinonima* de Fieschi, acerca del tema (nº IV). Erasmo preparó tres a lo largo de su vida, que alcanzaron enorme difusión y en ocasiones se imprimió alguno de ellos junto con el de Vives (Foto: Bruselas, Bibliothèque Royale Albert 1er/ Koninklijke Bibliotheek Albert I).

37. Vives, J. L. *De epistolis conscribendis*, Amberes, M. Hillen, 1534.

8° (15.3 x 10 cm), 50 h. no numeradas. A-E⁸, F¹⁰.

Port. con orla: IOANNIS/ LODOVICI VI=/uis Valentini, de Epi=/ stolis conscri=/bendis./ Antuerpiæ apud Michaelem/ Hillenium in Rapo, An./ M.D.XXXIIII./ *A ¹ v°: blanca./ A²:* IOANNIS LODO-VICI/ Viuis de conscribendis Epistolis,/ Ad Idiaqueum a secretis/ Caroli V./ [Q] Vum instituerem... *E⁶:* scribo,/ venio./ *E⁶ v°:* IOAN-NIS LODOVICI VIVIS/ MISCELLANEA DE/ veterum consuetu-dine epistolari/ tum agendo, tum loquendo/ ex Cicerone potissi-mum:/ Addita sunt etiam nō=/nulla nostri vsus./ [A] Ntiquissimi homines... *F¹⁰:* censuram venire./ Brugis 1533./ *F1¹⁰ v°: escudete de Tempus.*

EJEMPLARES:
Bruselas, * Bibliothèque Royale Albert 1er/Koninklijke Bibliotheek Albert I (2 ejemplares: **VI.16104A LP;** y LP 157 A). Cambridge, UL. St. Mihiel, BM. Utrecht, UB. Venecia, BM (24.D.173.2).

BIBLIOGRAFÍA:
N.K. 2166. Adams, V.949. Fantazzi *S.W.* [n° 104], 3.

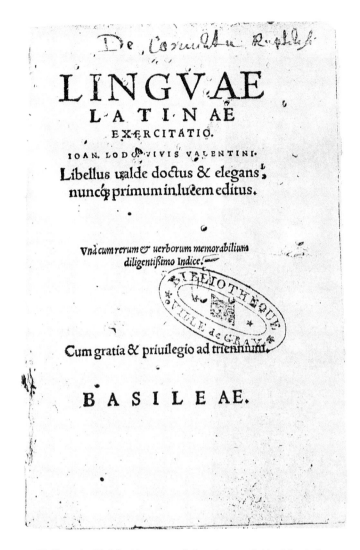

38. Portada. El debatido asunto de la primera edición del más famoso escrito de Vives, parece definitivamente resuelto en favor de Basilea, R. Winter, marzo de 1539. Así lo revela la comparación con otras impresiones datadas el mismo año en París, Milán, Amberes y en Basilea, el mes de septiembre. Mayans creyó erróneamente que su ejemplar (nº 39) correspondía a la príncipe. La edición de Amberes (nº 40) también reivindica ese honor, pero el colofón, de julio, la desmiente. Por otra parte, la portada que decía *Brede 1538,* no resulta admisible, pues fue impresa en el siglo XVIII (ver nº 41). F. Buisson, en su *Répertoire* habló de un ejemplar, con colofón de 1538, existente en Gray; Bonilla (nº 87, pág. 795) dio el dato por válido. La ciudad de Gray posee en realidad un volumen misceláneo, el primero de cuyos impresos corresponde a la mencionada edición, de marzo de 1539; y el último tiene colofón del mismo impresor, mes y ciudad, pero año 1538. Tal circunstancia originó la confusión.

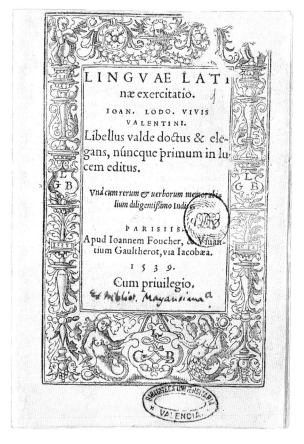

39. Portada (Foto: P. Alcántara).

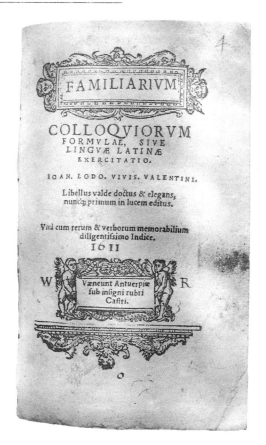

40. Portada (Foto: Cambridge, Emmanuel College).

38. J. L. Vives, *Linguae Latinae exercitatio*, Basilea, R. Winter, marzo, 1539.

8° (16 × 9.5 cm.), 229 + 1 págs. numeradas + 29 h. de índice. A-S⁸. Numerosas apostillas que explican palabras poco usuales.

Port.: LINGVAE/ LATINAE/ EXERCITATIO./ IOAN. LODO. VIVIS VALENTINI./ Libellus ualde doctus & elegans,/ nuncq́3 primum in lucem editus./ Vnà cum rerum *&* uerborum memorabi-lium/ diligentissimo Indice./ Cum gratia & priuilegio ad triennium./ BASILEAE./ *A¹ v°: blanca./ pág. 3 (A²):* VIVES PHILIPPO/ CARO-LI CAES. AVGVSTI/ filio hæredi, optimam mentem./ ⌊L⌋ATINAE linguæ... *pág. 4 (A² v°):* & crebrius./ SVRRECTIO MATVTINA./ Beatrix puella, Emanuel, Eusebius./ IESVS CHRISTVS exuscitet...

pág. 229 (P³): educatione summa./ FINIS./ Bredæ in Brabantia, die Visitationis/ Diuæ Virginis./ 1538/ *P³ vº:* ERRATA... *P⁴:* RERVM ET VERBORVM IN/ IO. LODO. VIVIS Exercita-/tionem linguæ Latinæ,/ INDEX./ A./ ⸤A⸣ Baci... *S⁸:* Zoilaster. 173.22./ FINIS/ BA-SILEAE, PER ROBERTVM/ VVINTER, MENSE MARTIO,/ ANNO M.D.XXXIX./ *S⁸ vº: escudete.*

EJEMPLARES:
Augsburgo, SB (spw 2827). Cambridge, UL (F.153.d.3.3). **Gray, *Bibliothèque Municipale** (encuadernado con otros volúmenes de Vives). Leiden, UB. Padua, BU (64.b.170). París, BN (Rés. p. X463). Venecia, BM (63.D.222.2).

BIBLIOGRAFÍA:
F. Buisson, *Répertoire des ouvrages pédagogiques du XVIe siècle,* París, 1886, pág. 621. Bonilla [nº 87], pág. 795. Estelrich [nº 92], 180. Adams, V.967. *Catalogue Général,* Vives, 87. Palau, 371724.

---

39. J. L. Vives, *Linguae Latinae exercitatio,* París, I. Foucher & V. Gualtherot, 1539.

8º (15.5 x 10 cm), 137 + 1 págs. numeradas + 11 h. de índice. A-K⁸. Con numerosas apostillas que explican las palabras poco usuales. Así, en la página 3, se anota que *subucula* "est virilis camisia"; o que *foemini-cruralia* es un vocablo "nouum pro caligis".

En recuadro con orla fechada en 1535 e iniciales LGB: LINGVAE LATI/næ exercitatio./ IOAN. LODO. VIVIS/ VALENTINI./ Libellus valde doctus & ele-/gans, núncque primum in lu/cem edi-tus./ Vnà cum rerum & uerborum memorabi=/lium diligentissimo Indice./ PARISIIS./ Apud Ioannem Foucher, & Viuan-/tium Gualtherot, via Iacobæa./ 1539./ Cum priuilegio./ *pág. 2 (A¹ vº):* VIVES PHILIPPO CA-/roli Cæs. Augusti filio hære-/redi [*sic*], op-timam mentem./ ⸤L⸣ Atinæ linguæ... & crebrius./ *pág. 3 (A²):* SVR-RECTIO MATVTINA./ Beatrix puella, Emanuel, Eusebius./ ⸤I⸣ESVS CHRISTVS exuscitet uos à somno vitio=/rum... *pág. 137 (I⁵):* adole=/scentiæ educatione summa./ FINIS./ *I⁵ vº:* INDEX/ RERVM ET VERBORVM IN IO./ LVD. VIVIS/ Exercitationem linguæ Latinæ,/ A./ ⸤A⸣ Baci cymatium./ 72,5... *K⁷ vº:* Zoilaster. 104, 21/ FINIS./ *K⁸:* Ad Ludouicum De malain clariss. adolescen./ F. Man-garij disc. G. Paradînus./ Nil mirum latias hac nostra ætate camœnas/ ...Viues,/ Qui precor ut studij sit scopus usq; tui./ *K⁸ vº: blanca.*

EJEMPLARES:
New Haven, Conn., Yale U. **Valencia, *Biblioteca Universitaria (R.2/ 239 (1).**
Procede: Ex Bibliot. Mayansiana).

BIBLIOGRAFÍA:
Mayans, "Vivis Vita" [n° 84], pág. 145. Bonilla [n° 87], págs. 795-796. Palau, 371725. NUC, NV. 0205952.

40. J. L. Vives, *Familiarium colloquiorum formulae,* Amberes, G. Montanus, julio, 1539.

8° (14.8 × 9 cm), 63 h. paginadas, con errores, del (1) al 127 + 33 h. a-m⁸. Apostillas con explicación de las palabras poco usuales.

Portada, la primera palabra en recuadro: FAMILIARIVM/ COL-LOQVIORVM/ FORMVLAE, SIVE/ LINGVÆ LATINÆ/ EXER-CITATIO./ IOAN. LODO. VIVIS. VALENTINI./ Libellus valde doctus & elegans,/ nuncq**3** primum in lucem editus. Vnà cum rerum & verborum memorabilium/ diligentissimo Indice./ *En recua-dro:* Væneunt Antuerpiæ/ sub insigni rubri/ Castri./ *viñeta/ a¹ v°: blanca./ pág. 3 (a²):* ❧ VIVES PHILIPPO/ CAROLI CAES. AVGVSTI/ filio hæredi, optimam mentem./ [L]ATINAE linguæ... crebrius./ SVRRECTIO MATVTINA./ Beatrix puella, Emanuel, Eusebius./ [I]ESVS CHRISTVS... *pág. 127 (h⁷ v°):* educatione summa./ ♣ / FINIS./ Bredæ in Brabantia, die Visitationis/ Diuę Virginis./ 1538./ ♣ / *h⁸:* ❧ RERVM ET VER ❧ /BORVM IN IO. LODO./ VIVIS EXERCI=/TATIONEM/ linguæ Latinæ/ INDEX./ A/ [A]Baci cymatium... *m⁷:* Zoilaster 95 37/ FINIS./ *escudete/* AN-TVERPIÆ PER GVILHEL=/MVM MONTANVM,/ MENSE IVLIO./ ANNO M.D.XXXIX./ ♣ / *m⁸:* ❧ PIO LECTORI ❧ / GVILHELMVS MON=/tanus Architypus/ Antuerpię/ [C]Andi-dissime lector... adolescentis. His vale, & boni consulite./ *viñeta/ m⁸ v°: blanca.*

40. Colofón (Foto: Cambridge, Emmanuel College).

EJEMPLARES:
Amberes, E. Van Hoof *(apud N.K.).* **Cambridge, *Emmanuel College (329.6.8⁴).** Cambridge, Mass., Harvard UL. Leiden, UB (1371 G 25). Munich, BSB.

BIBLIOGRAFÍA:
N.K. 4176. Adams, V.966. NUC, NV. 0205952.

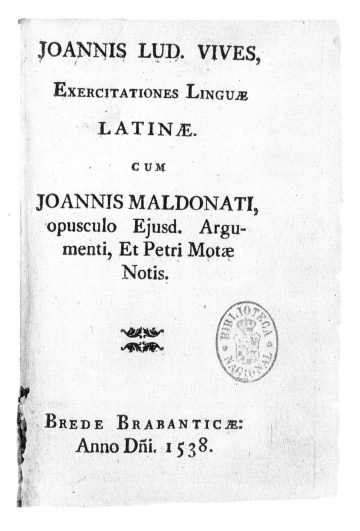

JOANNIS LUD. VIVES,

EXERCITATIONES LINGUÆ

LATINÆ.

C U M

JOANNIS MALDONATI,
opusculo Ejusd. Argumenti, Et Petri Motæ
Notis.

BREDE BRABANTICÆ:
Anno Dñi. 1538.

41. J. L. Vives, *Linguae Latinae Exercitatio/* J. Maldonado, *Eremitae,* <Estella, Adrián de Amberes, post. 1548>.

8º (13 × 9 cm), en dos partes, cada una con portada propia, pero paginación y signatura continuas. 109 h. numeradas + 1(+ ?) hojas de índices. A-O⁸, P⁽?⁾. El único ejemplar conocido carece de la primera portada y llega hasta P¹. En el siglo XVIII, se le añadió una portada facticia, impresa, que dice Breda, 1538, y un cuadernillo de cuatro hojas (P²-P⁵) para completar la Tabula alphabetica latino-castellana. Sobre el probable lugar, fecha e impresor, véase la Introducción, pág. 51.

[*Port. facticia:* JOANNIS LUD. VIVES,/ EXERCITATIONES LIN-GUÆ/ LATINÆ./ CUM/ JOANNIS MALDONATI,/ opusculo Ejusd. Argu-/menti, Et Petri Motæ/ Notis. *Dos florones*/ BREDE BRABANTICÆ:/ Anno Dñi. 1538/ *v°: blanco*]

Vol. original: Port. falta: h. 2 (A²): ☙ VIVES, PHILIP-/PO CAROLI CAESARIS AV-/gusti filio hæredi, opti-/mam mentem./ ⃞L⃞ ATI-NAE linguæ... *h. 2 (A²) v°:* &/ crebrius./ ❦ / *h. 3 (A³):* LINGVAE LATI. EXERCIT./ SVRRECTIO MATVTINA./ Beatrix puella, Eusebius, Emanuel./ ⃞I⃞ ESVS CHRISTVS/ exuscitet... *[Al margen, apostillas como* "est viri=/lis camisia"] *h. 81 (L¹) v°:* adolescentiæ/ educatione/ summa./ Bredæ Brabanticæ, die Visitatio-/nis diuæ virginis./ 1538./ *L², en recuadro con leyenda VBI EST THESAVRVS TVVS IBI ET COR TVVM:* Eremitæ/ per Ioannem Mal-/donatum./ Opusculum sane ad La-/tinę linguę exercitationē/ conducibile, om-/niq́; eru/ditionis genere refer-/tum. Nuncq́; pri-/mum in lu-/cem emis-/sum./ *L² v°:* EREMITAE PER/ Ioannem Maldonatum./ Alfonsus, Aluarus./ ⃞A⃞LFON. O bona sors... *h. 98 (N²):* me volens/ prudens=/que di=/co./ FINIS./ *h. 98 (N²) v°:* ☙ SEQVITVR TA-/BVLA COLLOQVIORVM, QVAE/ in hoc libro de Exercitatione linguæ La=/tinæ continentur: per ordi-/nem Alphabeti./ C/ ⃞C⃞Onuiuium... *h. 99 (N³) v°:* INTERPRETATIO/ ☙ PETRVS MOT-/TA COMPLVTENSIS STV-/diosis lectoribus./ ⃞P⃞Ossum... *h. 101 (N⁵) v°:* amplectere./ NONNVLLARVM DICTIO=/num interpretatio per singula colloquia./ Surrectio matutina./ ⃞C⃞Inctu gallico... *h. 109 (O⁵) v°:* textum Attalicum, hispane brocado./ Multa præterea sunt... intelligere poterit./ FINIS./ *O⁶:* ☙ AD LECTO-REM/ EPISTOLA./ ⃞H⃞ABES lector... & viuite felices./ *O⁶ v°:* ☙ TABVLA ALPHA/betica eorum, quæ in hoc volumine collo=/quio-rū continentur, ex latino ser=/mone in vulgarem Hispa/num transla-ta./ A/ ⃞A⃞Becedaria tabella. la cartilla. Fo. 8... *P¹ v°:* Lacerna. capa de camino./ *El resto falta.*

[*Parte final, facticia: P²:* INDEX/ Lamicula, tejada 49... *P⁵:* Vulsella, tenazuelas./ FINIS./ *P⁵ v°: blanca.*

EJEMPLARES:
Madrid, *Biblioteca Nacional (R. 7935).

BIBLIOGRAFÍA:
Bonilla [n° 87], pág. 795. Bataillon, *Erasmo y España,* pág. 645. N.K. 01228. Palau, t. 27, pág. 425. Vosters, "Vives al hilo...", págs. 37-41. Rhodes, "Juan Maldonado...".

41. Una portada interna, localizada después de la h. 81, permite identificar al impresor del XVI: Adrián de Amberes, con taller en Estella.

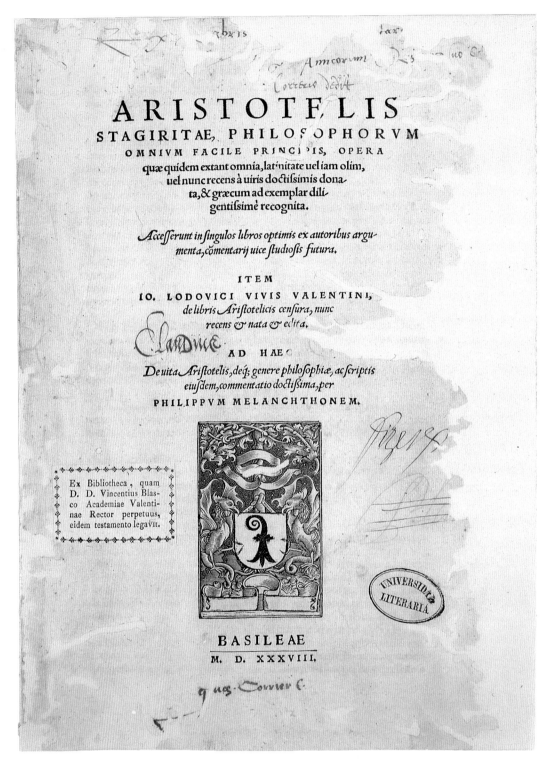

42. Portada. Cuando S. Grynaeus preparó su edición latina de *Opera* de Aristóteles encargó a su amigo Vives unas notas críticas sobre el corpus del filósofo. Ocupó las páginas α²-α⁶ v° (Foto: P. Alcántara).

42. Aristóteles, *Opera.*/ J. L. Vives, *De Aristotelis operibus censura*, Basilea, I. Oporinus, septiembre, 1538, 2 tomos.

Folio (30.5 × 22 cm), el tomo I contiene la obra de Vives; en el II aparece el colofón. Tomo I: 6 h. + 843+1 págs. numeradas. α , a-z, A-Z, aa-zz⁶, AA-BB⁴. Tomo II: 4 h. + 640 págs. numeradas + 2 h. β⁴, a-z, A-Z, AA-GG⁶, HH⁴, las dos últimas, blancas.

42. Inicio de la *Censura* de Vives, h. α³
(Foto: P. Alcántara).

Tomo I. Port.: ARISTOTELIS/ STAGIRITAE, PHILOSOPHORVM/ OMNIVM FACILE PRINCIPIS, OPERA/ quæ quidem extant omnia, latinitate uel iam olim,/ uel nunc recens à uiris doctissimis dona-/ta, & græcum ad exemplar dili-/gentissimè recognita./ Accesserunt in singulos libros optimis ex autoribus argu-/menta cŏmentarij uice studiosis futura./ ITEM/ IO. LODOVICI VIVIS VALENTINI,/ de libris Aristotelicis censura, nunc/ recens & nata & edita./ AD HAEC/ De vita Aristotelis, deq3 genere philosophiæ, ac scriptis/ eiusdem, commentatio doctissima, per/ PHILIPPVM MELANCHTHONEM./ *escudete*/ BASILEAE/ M.D.XXXVIII./ α¹ v°: *blanca*/ α²: SIMON GRYNAEVS LECTORI/ ⁅C⁆VM nemo... α² v°: libri quatuordecim. Haec de librorum catalogo./ α³: IO ▸ LODOVICI VIVIS DE ARISTO/TELIS OPERIBVS CENSURA./ DE ARISTOTELE./ ⁅P⁆LINIVS Secundus... α³ v°: DE LIBRIS ILLIVS/ ⁅L⁆ libri eius... Iam de singulis dicamus libris./ PERI HERMENEIAS./ Liber hic... α⁶ v°: mihi esse Aristotelis./ LIBRORVM ARISTOTELIS QVI HAC/ editione continentur, catalogus. Incerto interprete./ *pág.1 (a¹):* IN PORPHYRII COMMVNES QVINQVE/ voces Argumentum, per Angelum Politianum./ ⁅P⁆Riusquam in Aristotelis... indagabis./ PORPHYRII COMMV/NIVM QVINQVE VOCVM SIVE PRAE-/ DICABILIVM LIBER, IN ARISTOTELIS/ Dialecticam Eisagoge... ⁅C⁆VM NECESSARIVM SIT... *pág. 843 (BB⁴):* LIBRI COLORIBVS FINIS./ *BB⁴ v°: blanca.*
Tomo II. pág. 640 (HH ² v°): BASILEAE ANNO M.D.XXXVIII./ Mense Septembri.

EJEMPLARES:
Cambridge, C. Christi CL. Filadelfia, Am. Philosophical Soc. Hannover, N.H., Darthmouth C. Minneapolis, U. of Minnesota. Munich, BSB. Nueva York, Columbia U. París, BN (R.64). Providence, RI, Brown U. **Valencia, *Biblioteca Universitaria (Z-3/ 57).** Washington, Folger Shakespeare L.

BIBLIOGRAFÍA:
Bonilla [n° 87], pág. 811. Estelrich [n° 92], 126. Adams, A.1741. *Catalogue Général*, Vives, 86. NUC, NA. 0400784.

198

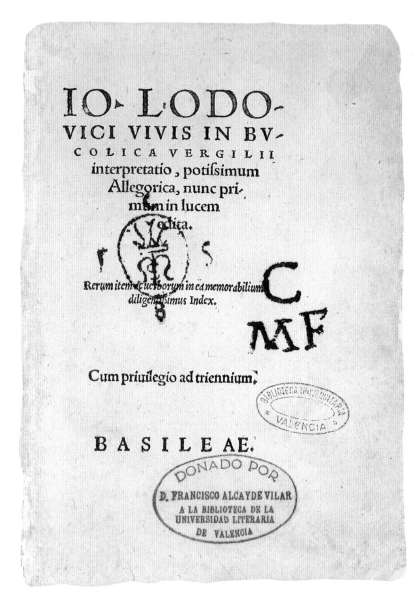

43. Portada (Foto: P. Alcántara).

43. J. L. Vives, *In Bucolica Vergilii interpretatio... allegorica*, Basilea, R. Winter, marzo, 1539.

8° (18 x 12 cm), 60 h.; las primeras 53 paginadas incorrectamente de (1) a 102. a-g⁸, h⁴.

Port.: IO ▸ LODO-/VICI VIVIS IN BV-/COLICA VERGILII/ interpretatio, potissimum/ Allegorica, nunc pri-/mum in lucem/ edita./ Rerum item ac uerborum in ea memorabilium/ diligentissi-mus Index./ Cum priuilegio ad triennium./ BASILEAE./ *a¹ v°: blan-ca/ pág. 3 (a²):* IO. LODOVICI VIVIS/ IN ALLEGORIAS BVCO-/licorum Vergilij Præfatio./ [P] OETAE olim Gręci... *pág. 7 (a⁴):* consilia./ *pág. 8 (a⁴ v°):* ⥽ IOANNIS LODO=/VICI VIVIS BVCO-LICORVM/ Vergilij interpretatio, potis-/simum allegorica./ AE-GLOGA PRIMA./ [T] ITYRE TV PATVLAE/ RECVBANS./ Hac ægloga... *pág. 102 (g⁵ v°):* supra terram./ FINIS./ Bredæ Brabanticæ, 1537./ *g⁶:* RERVM ET VERBORVM/ Index... *h³:* FINIS./ *h³ v°:* ERRATA *[7 líneas]. h⁴:* BASILEAE,/ IN OFFICINA ROBERTI/ VVINTER, MENSE/ Martio. Anno/ M.D.XXXIX./ *h⁴ v°: escudete.*

EJEMPLARES:
Cambridge, Trinity C. Cambridge, Mass., Harvard UL. Gray, BM. Madrid, BN (R/ 33939). Munich, BSB. Perugia, BA (IN 160 (1)). **Valencia, *Biblioteca Universitaria (R. 2/ 247).** Vaticano, BA (Barberini K.XII.21).

BIBLIOGRAFÍA:
Adams, V.973. Palau, 371702. *Catálogo colectivo*, 1369. NUC, NV. 0205983.

❧ IOAN=
NIS LODOVICI
Viuis Valentini, ad ani
mi excitationẽ in De=
um commentati=
unculæ.

Præparatio animi ad orandum.
Commẽtarius in orationem dominicã
Preces & meditationes quottidianæ.
Preces & meditationes generales.

¶ANTVERPIAE APVD MI=
chaelem Hillenium in Rapo. Anno.
M. D. XXXV.

44. Reproducción a tamaño natural de la portada de este manual para la oración privada, diseñado como libro de bolsillo. Tal circunstancia facilitó la desaparición de numerosos ejemplares y, al parecer, de ediciones enteras. El presente es el único conocido de la príncipe. Tuvo amplio éxito, así en medios católicos como reformados, y se tiene noticia de unas treinta impresiones en varios idiomas. Véase el n° 62 (Foto: Bruselas: Bibliothèque Royale Albert 1er/Koninklijke Bibliotheek Albert I).

44. J. L. Vives, *Ad animi excitationem in Deum Commentatiunculae,* Amberes, M. Hillen, 1535.

16° (11 x 7 cm), 120 h. numeradas. A-P⁸.

Port.: ❧ IOAN=/NIS LODOVICI/ Viuis Valentini, ad ani/mi excitationē in De=/um commentati=/unculæ./ Præparatio animi ad orandum./ Commētarius in orationem dominicā/ Preces & meditationes quottidianæ./ Preces & meditationes generales./ ¶ AN-TVERPIAE APVD MI-/chaelem Hillenium in Rapo. Anno./ M.D.XXXV./ *A¹ vº: blanca./ h. 2 (A²):* IO. LO. VIVES IOANNI/ Barros Inclyti Regis Lusitaniæ/ à negocijs Indicis, Viro/ Clarissimo. S./ Ⓓ Istinemur oēs... *A⁷ vº: beatitudi-/ni anteponant./ h. 8 (A⁸):* PRAEPARATIO/ ANIMI AD ORAN=/DVM./ Ⓐ D diuinā... *h. 17 (C¹):* ve-/stris insumatis./ AD COMMEN=/tarium in orationem do-/ minicam/ PRAEFATIO./ Ⓟ Aulus IESV CHRI/STI... *h. 21 (C⁵):* operæ pre=/cium./ *h. 21 (C⁵) vº:* AD PRECATIO/nem Dominicam Com=/mentarius./ PATER./ Ⓞ Mnis paternæ... *h. 50 (G²):* fine sempi=/ternus./ *h. 50 (G²) vº:* IOANNIS LO=/DOVICI VIVIS VA=/lentini preces & meditatio=/nes diurnæ./ Quum expergiscimur./ Ⓓ Eus & pater... *h. 58 (H²) vº:* æternitatē beatissimi./ PRE-CES ET MEDI=/tationes generales/ Pro venia peccatorum./ ⸚S⸚ Celerū nostrū... *h. 120 (P⁸):* ac peragam./ ¶ Precum finis Christo gratia./ Errata sic corrige... *[nueve líneas]* vsque semel./ *P⁸ vº: blanca.*

EJEMPLARES:
Amberes, E. van Hoof (apud N.K.). **Bruselas, *Bibliothèque Royale Albert 1ᵉʳ/ Koninklijke Bibliotheek Albert I (VI. 33263 A LP).**

BIBLIOGRAFÍA:
Bonilla [n° 87], pág. 788. N.K. 4177. Palau, 371669.

45. Portada. Con motivo de una peste cuyos afectados fallecían en medio de copioso sudor, Vives, aun siendo laico, preparó un sermón y oficio litúrgico celebrado en la iglesia de San Donaciano, de Brujas. La epístola dedicatoria y el colofón señalan claramente el año 1529. No obstante, en la penúltima hoja, debido a una errata se lee *Brugis 1542.* En consecuencia, los ejemplares que carecen de la hoja del colofón a veces son erróneamente datados (Foto: Gante, Rijksuniversiteit Centrale Bibliotheek).

45. J. L. Vives, *Sacrum diurnum de sudore... Iesu Christi*, Brujas, H. de Croock, diciembre, 1529.

8° (15 x 9.5 cm), 56 h. no numeradas. A-O⁴.

45. Colofón (Foto: Gante, Rijksuniversiteit Centrale Bibliotheek)

Port. en recuadro, con las armas de Brujas al pie: SACRVM/ DIVRNVM DE SVDO=/RE IESV CHRISTI./ Cōcio de nostro & CHRISTI/ sudore./ Meditatio de passione CHRI=/STI in Psalmum. 37./ Per Ioannē Lodouicū Viuem./ ❦ Brugis væneunt in Burgo/ apud Simonem molendinum./ *A¹ vº: grabado de Jesús en el huerto, seis florones./ A²:* [I]OAN. LOD. VIVES IL-/lustrissimæ Principi Margaritæ/ Augustæ Maximiliani Cæsaris/ filiæ &cẹt. S.P./ [Q]Vando... *A² vº: in/cita-/mentum./ Vale Brugis. X. Nouēb. 1529/ A³:* SACRVM/ DIVRNVM DE SVDORE/ Dñi nostri IESV CHRIS-TI./ Ad Matutinum... Hymnus... *D² vº:* MISSA ◢/ ❦ IN-TROITVS./ [C]HRISTI... *D⁴ vº: viuamus./* CONCIO DE/ SVDO-RE NOSTRO ET/ CHRISTI./ [Q]Vantum... *M¹ vº:* Amen./ BRUGIS MENSE NOVEMB./ 1529/ *M²:* PSALMVS. 37. Domine... *M² vº: salutis meæ/ M³:* IOAN ▲LOD▲ / VIVIS IN PSALMVM/ .37. meditatio de passione/ CHRISTI./ QVAE CVNQVE... *O³ vº: chari-tatem erga nos./* BRVGIS Anno. 1542. *[sic]/ O⁴: blanca./ O⁴ vº: escu-dete y:* ❦ BRVGIS TYPIS HVBERTI/ de Croock Anno Deiparæ Mil-/lesimo Quingentesimo/ Vicesimo nono Mē/se Decemb.

EJEMPLARES:
Berlín, SBPK. Brujas, SB (B 522). Bruselas BR/KB (VH 1164 A1). Cambridge, Mass, Harvard UL. **Gante, *Rijksuniversiteit Centrale Bibliotheek** (2 ejemplares: **Rés. 631** y Acc. 5725.3). Lovaina, KU (Un ejemplar antes del fuego de 1914 y otro, Rés. Vives CAA 32, falto de la última hoja).

BIBLIOGRAFÍA:
Bonilla [nº 87], pág. 734. N.K. 2165. NUC, NV. 0205995. Machiels, V. 354.

IOANNIS LODO-
VICI VIVIS VALENTI-
ni, uiri longè eruditiſsimi,

DE VERITATE FIDEI CHRI
STIANAE LIBRI QVINQVE : IN QVIBVS DE RE-
ligionis noſtræ fundamentis, aduerſus Ethnicos, Iudæos, Agarenos
ſiuę Mahumetanos, & peruerſe Chriſtianos plurima ſubtiliſſime ſi-
mul atcp exactiſſime diſputantur, ut author in hoſce omnem ingenij
doctrinæcp uim exeruiſſe, ac ueluti cygnæum quoddam
melos iamiam moriturus ceciniſſe uideri poſſit :
nunc primûm in lucem editi.

FRANCISCI CRANEVELDII NOVIOMAGI IV-
reconſulti doctiſſ. & Cæſareæ Maieſt. conſiliarij in eoſdem libros Præfatio, in qua & de horum præſtantia ſcribendiĉp ra-
tione, ac ipſo etiam authore nonnulla.

*Cum gratia & priuilegio tum Imperatoris Caroli V.
tum Galliarum regis Franciſci,
ad quinquennium.*

BASILEAE, EX OFFICI-
NA IO. OPORINI.

46. Portada (Foto: Lovaina, Katholieke Universiteit).

46. J. L. Vives, *De veritate fidei christianae*, Basilea, I. Oporinus, 1543.

Folio (32 x 21 cm), 6 h. preliminares + 330 págs. numeradas + 1 h. α, A-Z, Aa-Dd⁶, Ee⁴.

Port.: IOANNIS LODO-/VICI VIVIS VALENTI-/ni, uiri longe eruditissimi,/ DE VERITATE FIDEI CHRI/STIANAE LIBRI QVINQVE: IN QVIBVS DE RE-/ligionis nostræ fundamentis, aduersus Ethnicos, Iudæos, Agarenos/ siue Mahumetanos, & per-uerse Christianos plurima subtilissime si-/mul atq**3** exactissime dis-putantur, ut author in hosce omnem ingenij/ doctrinæq**3** uim exer-uisse, ac ueluti cygnæum quoddam/ melos iamiam moriturus ce-cinisse uideri possit:/ nunc primùm in lucem editi./ FRANCISCI CRANEVELDII NOVIOMAGI IV-/reconsulti doctiss. & Cæsareæ Maiest. consiliarij in eosdem libros Præ-/fatio, in qua & de horum præstantia scribendiq**3** ra-/tione, ac ipso etiam authore nonnulla./ Cum gratia *&* priuilegio tum Imperatoris Caroli V./ tum Galliarum regis Francisci,/ ad quinquennium./ BASILEAE, EX OFFICI-/NA IO. OPORINI./ α¹ *v°: blanca/* α²: PAVLO TERTIO PONTIFICI/ MODIS OMNIBVS SVMMO FRANCISCVS/ Craneueldius No-uiomagus Iureconsultorum/ infimus S.D./ ⬜I⬜NTER tot... α³: transi-gemus./ α³ *v°:* AD PIVM LECTOREM PRAE-/FATIO PER AV-THOREM VT-/cunque delineata./ ⬜M⬜AGNAS & graues... α⁴ *v°:* uideamur./ α⁵: INDEX CAPITVM QVINQVE LIBRO-/RVM IO. LODOVICI VIVIS DE VE-/ritate fidei Christianæ./ Epistola... α⁶: INDICIS CAPITVM/ FINIS./ α⁶ *v°: blanca./ pág. 1 (A¹):* IOAN ▸ LODOVICI VIVIS DE VE/RITATE FIDEI CHRISTIANAE LIBER PRI/mus, qui est de Homine & Deo, siue de fundamen-/tis totius pietatis./ DE FINE RERVM OMNIVM./ ⬜I⬜NTER multa... *pág. 95 (H⁶):* nascitur?/ LIBRI PRIMI FINIS./ *pág. 96 (H⁶ v°):* IO-ANNIS LODOVICI VIVIS/ DE VERITATE FIDEI CHRISTIA-NAE/ Liber Secundus, qui est de IESV/CHRISTO./ ⬜N⬜OVVM mihi... *pág. 178 (P⁵ v°):* di/uitiarum, &c./ LIBRI SECVNDI FINIS./ *pág. 179 (P⁶):* IOANNIS LODOVICI VIVIS/ DE VERITATE FIDEI CHRISTIANAE/ Liber Tertius, qui est contra Iudæos, quòd/ IESVS est Messias./ ⬜M⬜OLESTA pars... *pág. 261 (Y⁵):* reuocato./ LIBRI TERTII FINIS./ *pág. 262 (Y⁵ v°):* IOANNIS LODOVICI VIVIS/ DE VERITATE FIDEI CHRISTIANAE/ Liber Quartus, contra sectam Mahumetis./ PRAEFATIO./ ⬜T⬜ANTA pars... *pág.*

306 (Cc³ vº): institutio./ LIBRI QVARTI FINIS./ *pág. 307 (Cc⁴):* IO-
ANNIS LODOVICI VIVIS/ DE VERITATE FIDEI CHRISTIA-
NAE/ Liber Quintus, qui est de præstantia doctrinæ/ CHRISTIA-
NAE./ $\boxed{M}$ VLTI, quum... *pág. 330 (Ee³ vº):* intueantur lucem./
LIBRI QVINTI ET VLTIMI DE VERI-/TATE FIDEI CHRISTIA-
/NAE, FINIS./ *Ee⁴:* LECTORI TYPOGRAPHVS./ Quum præcla-
rum... boni consule./ *seis líneas de erratas* SERIES CHARTARVM./
α ABCDEFGHIKLMNOPQRSTVXYZ Aa Bb/ Cc Dd Ee. Omnes
terniones, præter Ee duernionem./ BASILEAE, EX OFFICINA/
IOANNIS OPORINI, ANNO SA-/LVTIS M D XLIII./ Mense
Ianuario./ *Ee⁴ vº: escudete con figura de Arión.*

EJEMPLARES:
Asís, BC. Cambridge, UL (C.8.25); Cambridge, Emmanuel CL.; Cambridge, Corpus
Ch. CL. Cambridge, Mass., Harvard UL. Ginebra, MHR (A.12. Encuadernado con
la *Institutio* de Calvino, Augsburgo, 1543, con anotaciones manuscritas y exlibris de
I. Knechtenhofer). Londres, BL. **Lovaina, *Katholieke Universiteit Centrale
Bibliotheek (Vives CaaB 64).** Madrid, B. Palacio (IX-6181). Nueva York, Columbia
U. París, B. Arsenal; París, BN; París, B. Mazarine (2104). Roma, BN. Vaticano, BA.
Venecia, BM.

BIBLIOGRAFÍA:
Bonilla [nº 87], págs. 812-813. Estelrich [nº 92], 211. *Bibliothèque Pillone*, Préf. de
L. Venturi, París [1957], 129. *General Catalogue*, v. 26, col. 876. Adams, V.958.
Catalogue Général, Vives, 121. Palau, 371867. NUC, NV. 0205834.

46. Escudete del impresor I. Oporinus (Foto: Lovaina, Katholieke Universiteit).

LAS RECOPILACIONES

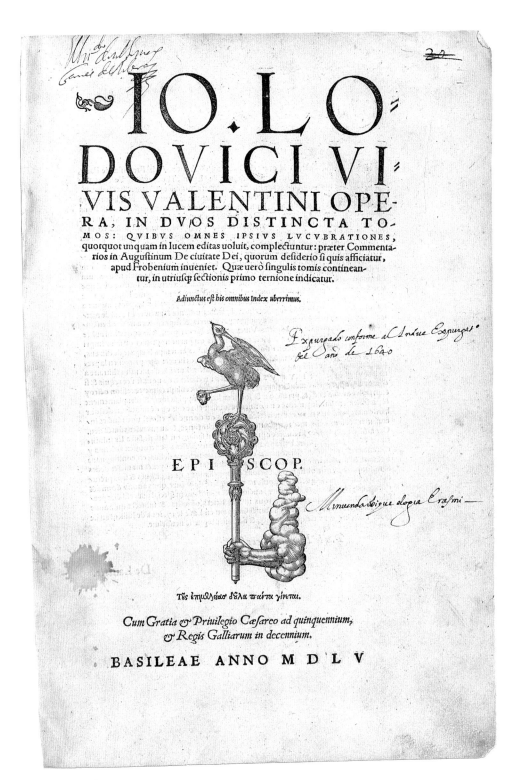

IO. LO
DOVICI VI-
VIS VALENTINI OPE-
RA, IN DVOS DISTINCTA TO-
MOS: QVIBVS OMNES IPSIVS LVCVBRATIONES,
quotquot unquam in lucem editas uoluit, complectuntur: praeter Commentarios in Augustinum De ciuitate Dei, quorum desiderio si quis afficiatur,
apud Frobenium inueniet. Quae uerò singulis tomis contineantur, in utriusq́; sectionis primo ternione indicatur.

Adiunctus est his omnibus Index uberrimus.

EPI SCOP.

Τῆς ἐπιμελείας δῆλα πάντα γίνεται.

*Cum Gratia & Priuilegio Caesareo ad quinquennium,
& Regis Galliarum in decennium.*

BASILEAE ANNO M D L V

47. Portada (Foto: Madrid, Biblioteca Nacional).

47. J. L. Vives, *Opera*, Basilea, N. Episcopius e I. Parcus, agosto, 1555, 2 vols.

Fol. (31.5 × 21 cm). Vol. I: 32 h. no numeradas + 338 paginadas, con errores, de 1 a 687. α - δ⁶, ε⁸; a-z, A-Z, aa-ii⁶, kk⁸. Vol. II: 489 h., pagina-das de 1 a 978 (sic, por 977) + 1 pág. con Errata + 1 h. con el escudete del impresor en el verso. AA-ZZ, Aa-Zz, aAa-zZz, AaA-LlL⁶, MmM⁴, NnN⁶. Parte de la tirada, y así se advierte en algunos colofones, fue cos-teada sólo por Episcopius: APVD NICOLAVM EPISCOPIVM IV=/niorem.

Vol. I. Port.: ❧ IO. LO=/DOVICI VI=/VIS VALENTINI OPE-/RA, IN DVOS DISTINCTA TO-/MOS: QVIBVS OMNES IP-SIVS LVCVBRATIONES,/ quotquot unquam in lucem editas uo-luit, complectuntur: præter Commenta-/rios in Augustinum De ciuitate Dei, quorum desiderio si quis afficiatur,/ apud Frobenium inueniet. Quæ ueró singulis tomis continean-/tur, in utriusq**3** sectio-nis primo ternione indicatur./ *[Escudete de Episcopius, con leyendas en latín y griego]*/ Cum Gratia & Priuilegio Cæsareo ad quinquen-nium,/ & Regis Galliarum in decennium./ BASILEAE ANNO MDLV/ α¹ v° *[privilegio]:* [H]ENRY par la grace de Dieu Roy de France... Donné a Sainct Germain en Laye le 17. iour de Iuillet, l'an de/ grace mil cinq cens cinquante cinq, & de nostre regne le neufies-me./ Par le Roy en son conseil./ De Lauerie./ α²: DOCTRINA ET VIR-/TVTIBVS PRAESTANTISS ‣ IVVENI/ M. DANIELI VVIE-LANDO, VIRI CLARISS. D. HVL-/drichi Reipub. Mulhusanæ Protonotarij filio, amico ex/ animo dilecto suo Huldrichus Coccius S./ [S]ICVT rerum... α ⁴: inter=/mittam. Vale in Christo Iesu. Ex Musæo nostro/ Basileæ, Calend. Septemb. Anno/ MDLV./ IOAN-NIS LODOVICI VIVIS TV-/MVLVS, EX LIBRO EPICEDIORVM EPI-/taphiorumq**3** Conradi Lycosthenis./ Hoc tegitur... *[4 epitafios]* de cusq**3** uitæ./ α⁴ v°: ❧ PRAECLARISSIMORVM AVTHO=/RVM HODIE EXTANTIVM, QVORVM TESTIMO-/nijs L. Viues in hoc opere usus est, catalogus./ A/ ⸢A⸣Cron... α⁶: Z/ Zasius./ FINIS./ α⁶ v°: ELENCHVS LIBRORVM PRIMI/ Tomi Io. Lodouici Viuis ope-rum./ De ratione studij puerilis. pag.1/ Exercitatio linguæ Latinæ. 13/ De conscribendis epistolis. 59/ De ratione dicendi libri tres. 85/ De consultatione. 154/ Declamationes septem. 181/ Pompeius fu-giens. 262/ Fabula de Homine. 269/ Liber in pseudodialecticos. 272/ Prælectiones quatuor in uaria. 286/ Ædes legum. 301/ Isocratis

oratio Areopagitica. 308/ Isocratis Nicocles. 315/ De corruptis artibus tomi tres. 321/ De explanatione cuiusq**3** essentiæ liber unus.
582/ De Censura ueri. 592/ De instrumento probabilitatis liber
unus. 614/ De disputatione liber unus. 633/ Interpretatio allegorica
in Bucolica Virgilij. 640/ Prælectio in Georgica Virgilij. 680/ In
Suetonium quædam. 686/ *ß¹:* IN OMNIA IO ‣ LODO-/VICI
VIVIS OPERA, RERVM ATQVE/ VERBORVM LOCUPLETIS-
SIMVS ELENCHVS./ A/ ⒜ Alma quod... *ε⁸ vº:* Zonæ cœlestes, *&*
earum natura./ 2.61/ FINIS./ *pág. 1 (a¹): viñeta/* ꙮ IO ‣ LODO-
VICVS/ Viues, dominæ Catharinæ/ Reginæ Angliæ, patro-/næ
vnicæ, S.D./ ⒤ Vssisti ut... scito. Oxoniæ, Non. Octob. M.D.XXIII./
ꙮ DE RATIONE/ STVDII PVERILIS ‣ / LECTIO./ ⒧ ITERA-
RVM sonos... *pág. 687 (kk⁸):* familijs insignes oratores extiterunt./
LOVANII,/ 1521./ BASILEÆ, PER NIC. EPISCOPIVM/ IVNIO-
REM, ANNO/ M.D.LV./ *kk⁸ vº: escudete de Episcopium.*

Vol. II. Port.: SECVNDVS TOMVS/ ꙮ IO. LO=/DOVICI VI=/VIS
VALENTINI/ OPERVM, QVO QVÆ/ COMPLECTANTVR, VER-
SA/ facie cognoscere licet./ *Escudete de Episcopium, con leyenda grie-*
ga al pie/ Cum Gratia *&* Priuilegio Cæsareo ad quinquennium,/ *&*
Regis Galliarum in decennium./ BASILEÆ, ANNO MDLV./ *AA¹ vº:*
viñeta/ Catalogus librorum Io. Lodouici/ Viuis, qui in hoc secundo
tomo continentur./ De initijs, sectis, & laudibus philosophię, liber
unus. pagina 4/ Anima senis, siue prælectio in librum de Senectute
Ciceronis. 15/ Somnium, siue prælectio in somnium Scipionis apud
Ciceronem. 21/ Vigilia, ad somnium Scipionis. 44/ Introductio ad
Sapientiam. 70/ Satellitium animi, uel Symbola. 96/ Γενεθλιακὸν
Iesu Christi. 111/ De tempore quo natus est Christus. 120/ Veritas
fucata, seu in Triumphum Christi præfatio. 127/ Iesu Christi
Triumphus. 131/ Clypei Christi descriptio. 137/ Virginis Deiparæ
ouatio. 141/ In septem Psalmos pœnitentiales meditationes septem.
147/ De passione CHRISTI meditatio. 193/ Excitationes animi in
Deum. 199/ Commentarium in orationem Dominicam. 209/ De sudore IESV CHRISTI, sacrum diurnum. 258/ De ueritate fidei
Christianæ, libri V. 286/ De anima & uita, libri III. 497/ De officio
mariti, liber unus. 595/ De institutione fœminæ Christianæ. 650/ De
concordia & discordia. 760/ De pacificatione, liber unus. 863/ De
conditione uitæ Christianorum sub Turca. 882/ De subuentione pauperum. 890/ De communione rerum ad Germanos inferiores. 923/
Epistolæ uariæ. 932/ Omnia cum Indice, in quo nihil desideres./ *pág.*
3 (AA²): viñeta/ IO ‣ LVDOVICVS VI-/VES VALENTINVS, HER-

MANNO/ COMITI NOVÆ AQVILÆ, VIRO CLARISS./ S.P.D./
|C|REDO NEMINEM... Persium, sed amicum Lælium./ Vale./ LO-
VANII, ANNO/ 1518./ *pág. 4 (AA² v°)*: IO ▸ LVDOVICI VIVIS/
VALENTINI DE INITIIS, SECTIS, ET/ LAVDIBVS PHILO-
SOPHIÆ./ |I|NTER OMNES... *pág. 978 [sic, por 977] (NnN⁵)*:
scribendo. Vale./ Brugis 17 Iunij 1533./ IO. LVDOVICI VIVIS
EPISTO=/larum Finis./ *NnN⁵ v°*: ERRATA PER TYPOGRAPHI-
CAE FAMILIAE INCVRIAM COMMISSA/ emendaturus, norit, ex
duplici numero priorem signare paginam,/ posteriorem uero uer-
sum./ Pag. 3 uers... 850 ult. Stoico./ BASILEAE, APVD IACOBVM
PARCVM IMPENSIS EPI=/scopij Iunioris, Anno Salutis humanæ
MDLV/ mense Augusto./ *NnN⁶: blanca. NnN⁶ v°: escudete de
Episcopius.*

47. Escudete del impresor N. Episcopius.

EJEMPLARES:
Ann Arbor, U. of Michigan. Baltimore, Enoch Pratt L. Barcelona, BC (13-III-1).
Berkeley, U. of California. Besançon, BM. Béziers, BM. Burgos, BP. Cambridge, UL
(3 ejemplares). Cambridge, Caius CL. Cambridge, King's CL. Cambridge, Em-
manuel CL. Cambridge, Mass., Harvard UL. Carpentras, BM. Chapel Hill, U. of
Carolina. Chaumont, BM. Chicago, Newberry L. Chicago, U. of Chicago, Main L.
Filadelfia, Free L. Filadelfia, U. of Pennsylvania. Gante, UB. Granada, BU. Ithaca,
Cornell U. Londres, BL. Lovaina, KU. Madrid, FF y L (2 ejemplares: 15,905 y
15,943). **Madrid, *Biblioteca Nacional (R/ 25671 [v. I], R/ 32076 [v. II]);** otro
ejemplar: 3/ 73,362.3). Madrid, B. Palacio (XIV, 1804-5). México, BN. Mundelein,
Ill, St. Mary Seminary. Navarra, BG. New Haven, Yale U. Nueva York, Columbia U.
Orléans, BM (destruido en la II Guerra). París, B. Arsenal (Fol. B.L. 1292¹·²). París,
B. Mazarine (491-492). París, BN. Perugia, BA. Puy, BM. Roma, BN (Un ejemplar
completo y un vol. II). Toulouse, BM. Urbana, U. of Illinois. Vaticano, BA. Venecia,
BM. Washington, Catholic. U. of Am. Washington, Folger Shakespeare L.

BIBLIOGRAFÍA:
Bonilla [n° 87], págs. 747-748. Mateu [n° 91], 73. Estelrich [n° 92], 81. *General
Catalogue*, v. 26, col. 871. Adams, V.935-936. *Catalogue Général*, Vives, 1. Palau,
371465. NUC, NV. 0205737-40. Machiels, V. 327. *Catálogo colectivo*, 1320-1323.
IJsewijn, "Zu einer kritischen Edition...".

48. J. L. Vives, *Opera Omnia*, Valencia, B. Monfort, 1782-1790, 8 vols.

Folio (29.7 × 22 cm). No todos los ejemplares contienen las mismas hojas preliminares, ni en idéntico orden. Vol. I: 2 h. + XXVIII págs. + 4 h. no numeradas + 1 h. con grabado + 220 págs. numeradas + 432 págs. numeradas. 1 h, ¶³, ¶¶⁵, ¶¶¶⁴, ¶¶¶¶³, ¶¶¶¶¶⁴, 1 h., A-Z, AA-DD⁴, EE², A-Z, AA-ZZ, Aaa-Fff⁴, Ggg², Hhh⁴, Iii².

Anteport.: JOANNIS/ LUDOVICI VIVIS VALENTINI/ OPERA OMNIA./ *h. 1 vº: blanca./* ¶¹, *Port.:* JOANNIS/ LUDOVICI VIVIS VALENTINI/ OPERA OMNIA,/ DISTRIBUTA ET ORDINATA/ IN ARGUMENTORUM CLASSES PRÆCIPUAS/ A GREGORIO MAJANSIO, GENER. VALENT./ CAROLO III. Hispan. Regi a Consiliis, et Honorario XII. Viro/ Litibus judicandis in Urbe, et Domo Regia./ ITEM/ VITA VIVIS SCRIPTA AB EODEM MA-JANSIO./ LIBERALITER EDITIONIS IMPENSAS SUFFICIEN-TE/ EXCELLENTISSIMO DOMINO,/ D.D. FRANCISCO FA-BIAN ET FUERO,/ ARCHIEPISCOPO VALENTINO,/ Equite Prælato Signato Magna Cruce Insignis Regalis/ Ordinis CAROLI III./ TOMUS I./ *viñeta/* VALENTIÆ EDETANORUM./ IN OFFI-CINA BENEDICTI MONFORT, EXC.ᵐⁱ ET ILL.ᵐⁱ DOMINI/ Archiepiscopi Thypographi. Anno M.DCC.LXXXII./ ¶¹ *vº: blanca./ pág. I* (¶²): EXC.ᵐᵒ ET ILLUSTRISSIMO DOMINO,/ D.D. FRAN-CISCO FABIAN ET FUERO,/ ARCHIEPISCOPO VALENTINO,/ EQUITI MAGNÆ CRUCIS ORDINIS/ CAROLI III./ GREGO-RIUS MAJANSIUS, GENEROSUS VALENT./ S.P.D./ [E]Xc.ᵐᵉ et Illustrissime... *pag. IV* (¶³ *vº):* coronet. Valentiæ Edetanorum IX./ Maii, Natali meo. Anno a Jesu Christi Nativi-/tate. M.DCC.LXXXI./ *pág. V* (¶¶¹): IDEA EDITIONIS/ OMNIUM OPERUM/ JOANNIS LUDOVICI VIVIS VALENTINI,/ PRÆMISSA BENEVOLIS LECTORIBUS/ A GREGORIO MAJANSIO GENEROSO VA-LENTINO,/ ET DUODECEMVIRO LITIBUS JUDICANDIS/ IN URBE ET DOMO REGIA./ [H]Ispania tulit... *pág. XII* (¶¶⁴ *vº):* gratiam uberius colligendam./ *pág. XIII* (¶¶⁵): EPISTOLA NUN-CUPATORIA/ EDITIONI BASILEENSI PRÆFIXA./ DOCTRI-NA ET VIRTUTIBUS/ PRÆSTANTISSIMO JUVENI/ M. DA-NIELI WIELANDO,/ VIRO CLARISSIMO,/ D. HULDRICHI REIPUBLICÆ MULHUSANÆ/ Protonotarii filio, amico ex animo dilecto suo/ HULDRICHUS COCCIUS/ S./ [S]Icut rerum... *pág. XX* (¶¶¶³ *vº):* intermittam. Vale in/ Christo Jesu. Ex Musæo nostro

Basileæ, Calend. Septemb./ Anno M.D.LV./ JOANNIS LUDOVICI VIVIS TUMULUS, EX LIBRO/ Epicediorum Epitaphiorumque Conradi Lycosthenis./ Hoc tegitur... *[4 epitafios]* decusque vitæ./ *pág. XXI (¶¶¶⁴):* PRÆCLARISSIMORUM AUCTORUM/ hodie extantium, quorum testimoniis Ludovicus/ Vives in hoc opere usus est, catalogus./ A/ A Cron... *pág. XXV (¶¶¶¶²):* Z/ Zasius./ *pág. XXVI (¶¶¶¶² v°):* ELENCHUS/ TRACTATUUM, QUI IN HOC PRIMO TOMO/ CONTINENTUR./ INTRODUCTIO AD SA-PIENTIAM... Pag. 1... ROGATIVA AD DEUM./ VITA HOMINIS CHRISTIANI.49./ EXCITATIONUM ANIMI IN DEUM/ PRÆ-FATIO. 50... MEDITATIONES IN SEPTEM PSAL-/MOS QUOS VOCANT POENI-/TENTIÆ. 166... GRAMMATICA./ DE RA-TIONE STUDII PUERILIS/ EPISTOLA I. 257./ Epistola II. 270... EXERCITATIO LINGUÆ LATINÆ. 283... Index Latino-Hispanicus/ compilatus a D. Joanne/ Ramirez. 409./ ¶¶¶¶¶¹: GE-NEALOGIA/ JOANNIS LUDOVICI VIVIS/ VALENTINI./ C Ogitatò decrevi... ¶¶¶¶¶⁴ v°: Hæc de Vivis Genealogia,/ nunc ad Vitam./ *Escudo heráldico de Vives/ Hoja fuera de texto, v°: Grabado de Vives por R. Ximeno, e impreso por J. Fabregat./ A¹:* JOANNIS LUDOVICI VIVIS/ VALENTINI/ VITA./ SCRIPTORE/ GRE-GORIO MAJANSIO,/ GENER. VALENT. DUODECEMVIRO HONORARIO/ STLITIBUS *[sic]* JUDICANDIS IN AULA URBE-QUE REGIA./ OPUS POSTHUMUM./ JOANNES ANTONIUS MAJANSIUS/ LECTORI/ S./ C UM Gregorius Majansius... et Vale./ *pág. 2 (A¹ v°):* JOANNIS LUDOVICI VIVIS/ VALENTINI/ VITA./ J OANNES LUDOVICUS VIVES... *pág. 220 (EE² v°):* et Prologi/ galeati./ *A¹: Grabado/* JOANNIS LUDOVICI VIVIS/ VA-LENTINI/ OPERA OMNIA./ INTRODUCTIO AD SAPIEN-TIAM... *pág. 420 (Ggg² v°):* Urnarium... AD LUDOVICUM DEMA-LAIN... G. Paradinus... usque tui./ FINIS./ *pág. 421 (Hhh¹):* INDEX/ RERUM, ET VERBORUM,/ QUÆ IN HOC TOMO CONTINENTUR./ A/ A Bsentes... *pág. 432 (Iiї² v°):* Zeneti Marchiona. ibid./ FINIS.

Vol. II: 3h. + 554 págs. + 1 h. blanca. 3h., A-Z, Aa-Zz, Aaa-Zzz⁴, Aaaa².
Anteport.: JOANNIS/ LUDOVICI VIVIS VALENTINI/ OPERA OMNIA./ *Port.:* JOANNIS/ LUDOVICI VIVIS VALENTINI/ OPERA OMNIA,... TOMUS II./ *viñeta/* VALENTIÆ EDETANO-RUM./ IN OFFICINA BENEDICTI MONFORT, EXC.ᵐⁱ ET ILL.ᵐⁱ DOMINI/ Archiepiscopi Thypographi. Anno M.DCC.LXXXII./

JOANNIS
LUDOVICI VIVIS VALENTINI
OPERA OMNIA,
DISTRIBUTA ET ORDINATA
IN ARGUMENTORUM CLASSES PRÆCIPUAS
A GREGORIO MAJANSIO, GENER. VALENT.
CAROLO III. Hispan. Regi a Consiliis, et Honorario XII. Viro
Litibus judicandis in Urbe, et Domo Regia.

ITEM
VITA VIVIS SCRIPTA AB EODEM MAJANSIO.
LIBERALITER EDITIONIS IMPENSAS SUFFICIENTE

EXCELLENTISSIMO DOMINO,
D.D. FRANCISCO FABIAN ET FUERO,
ARCHIEPISCOPO VALENTINO,
Equite Prælato Signato Magna Cruce Insignis Regalis
Ordinis CAROLI III.

TOMUS I.

VALENTIÆ EDETANORUM.

IN OFFICINA BENEDICTI MONFORT, EXC.mi ET ILL.mi DOMINI
Archiepiscopi Thypographi. Anno M.DCC.LXXXII.

48. Portada (Foto: P. Alcántara).

h. 3: ELENCHUS/ TRACTATUUM, QUI IN HOC SECUNDO TOMO CONTINENTUR./ PHILOLOGICA./ ⸢I⸣N Allegorias Bucolicorum/ Vergilii Præfatio. Pag. 1... In Georgica Vergilii Prælectio. 71./ Prælectio in Convivia Francis-/ci Philelphi. 83./ RHETORI-CA./ In Quartum Rhetoricorum ad/ Herennium Prælectio. 87./ In Libros de Ratione dicendi/ Præfatio. 89./ DE RATIONE DICENDI LIBER I. 93... DE CONSULTATIONE, LIBER UNUS. 238./ DE CONSCRIBENDIS EPISTOLIS. 263... Declam. sex, Syllanæ quin-/que, sexta qua respondet/ Parieti Palmato Quintil. 315... Pompejus Fugiens. 502./ POETICA./ Veritas fucata, sive de Licen-/tia Poëtica quantum Poë-/tis liceat Veritate absce-/dere. 517./ *A¹: Grabado/* JO-ANNIS LUDOVICI VIVIS/ VALENTINI/ OPERA OMNIA./ PHILOLOGICA./ IN ALLEGORIAS BUCOLICORUM VERGI-LII/ PRÆFATIO./ ⸢P⸣OETÆ olim... *pág. 531 (Xxx²):* VERITATIS FUCATÆ FINIS./ *pág. 532 (Xxx² vº):* INDEX/ RERUM, ET VER-BORUM,/ QUÆ IN HOC TOMO CONTINENTUR./ A/ ⸢A⸣Cies... *pág. 554 (Aaaa¹ vº):* Zeugma ubi locum habeat. ibid./ FINIS./ *Aaaa²: blanca.*

Vol. III: 3 h. + 532 págs. 3 h., A-Z, Aa-Zz, Aaa-Vvv⁴, Xxx⁺⁺.
Anteport.: JOANNIS/ LUDOVICI VIVIS VALENTINI/ OPERA OMNIA./ *Port.:* JOANNIS/ LUDOVICI VIVIS VALENTINI/ OPERA OMNIA,... TOMUS III./ *viñeta/* VALENTIÆ EDETA-NORUM./ IN OFFICINA BENEDICTI MONFORT, EXC.ᵐⁱ ET ILL.ᵐⁱ DOMINI/ Archiepiscopi Typographi. Anno M.DCC.LXX-XII./ *h. 3:* ELENCHUS/ TRACTATUUM, QUI IN HOC TERTIO TOMO/ CONTINENTUR./ PHILOSOPHICA./ ⸢D⸣E Initiis, Sec-tis, et/ Laudibus Philoso-/phiæ. Pag. 3./ De Aristotelis Operibus Cen-/sura. 25./ In Pseudo-Dialecticos. 37./ De Disputatione liber unus. 68./ De Instrumento Probabilita-/tis liber unus. 82./ De Ex-planatione cujusque/ essentiæ liber unus. 121./ De Censura veri in enuntia-/tione liber unus. 142... De Prima Philosophia, sive/ de In-timo naturæ Opifi-/cio liber I. 184... De Anima, et Vita, liber I[-III]. 300... De Superbia. Cap. XXIV. 514./ *A¹: Grabado/* JOANNIS LU-DOVICI VIVIS/ VALENTINI/ OPERA OMNIA./ PHILOSO-PHICA./ HERMANNO COMITI NOVÆ AQUILÆ,/ VIRO CLARISSIMO./ S.P.D./ ⸢C⸣REDO neminem... *pág. 520 (Ttt⁴ vº):* illis substituit./ BRUGIS, ANNO M.D.XXXVIII./ *pág. 521 (Vvv¹):* INDEX/ RERUM, ET VERBORUM,/ QUÆ IN HOC TOMO CONTINENTUR./ A/ ⸢A⸣Braamus... *pág. 532 (Xxx² vº):* nas-/catur, et apud quos regnet. 490./ FINIS.

Vol. IV: 3 h. + 524 págs. 3 h., A-Z, Aa-Zz, Aaa-Ttt⁴, Vvv².
Anteport.: JOANNIS/ LUDOVICI VIVIS VALENTINI/ OPERA OMNIA./ *Port.:* JOANNIS/ LUDOVICI VIVIS VALENTINI/ OPERA OMNIA,... TOMUS IV./ *viñeta/* VALENTIÆ EDETANO-RUM./ IN OFFICINA BENEDICTI MONFORT, EXC.^{mi} ET ILL.^{mi} DOMINI/ Archiepiscopi Typographi. Anno M.DCC.LXXXIII./ *h. 3:* ELENCHUS/ TRACTATUUM, QUI IN QUARTO TOMO CONTINENTUR./ MORALIA./ F Abula de Homine. Pag. 3./ Anima Senis. 9./ Sapientis inquisitio. 22./ Satellitia vel Symbola. 33./ Præfatio in Libros de Institu-/tione Feminæ Christianæ ad/ Serenis. D. Catharinam His-/panam Angliæ Reginam. 65./ DE INSTITU-TIONE FEMINÆ CHRIS-/TIANÆ, LIBER I[-III]. Qui est de/ Virginibus. 70... DE OFFICIO MARITI LIBER. 305... DE SUB-VENTIONE PAUPERUM,/ SIVE DE HUMANIS NECESSITA-/TIBUS, LIBER I[-II]. 421/ *(A¹): Grabado/* JOANNIS LUDOVICI VIVIS/ VALENTINI/ OPERA OMNIA./ MORALIA./ JOANNES LUDOVICUS VIVES/ ANTONIO BERGENSI JUVENI NOBI-LISSIMO/ S.D./ S I vacat.../ *pág. 494 (Qqq³ v°):* proficis-/cuntur./ *pág. 495 (Qqq⁴):* INDEX/ RERUM, ET VERBORUM,/ QUÆ IN HOC TOMO CONTINENTUR./ A./ A Bacuch... *pág. 524 (Vvv² v°):* Zenobiæ Palmirenorum Reginæ cas-/titas. 222./ FINIS.

Vol. V: 3 h. + 528 págs. 3 h., A-Z², Aa-Zz, Aaa-Zzz, Aaaa-Hhhh⁴, Iiii².
Anteport.: JOANNIS/ LUDOVICI VIVIS VALENTINI/ OPERA OMNIA./ *Port.:* JOANNIS/ LUDOVICI VIVIS VALENTINI/ OPERA OMNIA,... TOMUS V./ *viñeta/* VALENTIÆ EDETANO-RUM./ IN OFFICINA BENEDICTI MONFORT, EXC.^{mi} ET ILL.^{mi} DOMINI/ Archiepiscopi Typographi. Anno M.DCC.LXXXIV./ *3ª h.:* ELENCHUS/ TRACTATUUM, QUI IN HOC QUINTO TO-MO CONTINENTUR./ POLITICO-MORALIA./ E Pistola nun-cupatoria. Pag. I./ Ἰσοκράτους Ἀρεοπαγίτικος λόγος. 6./ Iso-cratis Areopagitica Ora-/tio, sive de vetere Athe-/niensium Republi-ca. Joan./ Ludov. Vive interprete. 7./ Isocratis Nicocles, sive Auxi-/liaris, Joan. Lud. Vive in-/terprete. 36./ Ισοκράτους Νικόκλης, ἤ Συμμάχι-/κος λόγος. 37... Somnium, quæ est Præfatio/ ad Somnium Scipionis Ci-/ceroniani. 64... In Somnium Scipionis, ex/ sexto de Republica Cice-/ronis, Vigilia. 109./ De Europæ statu ac tumul-/tibus Epistola ad Hadria-/num VI. Pont. Max. 164./ De Pace inter Cæsarem et/ Franciscum Galliarum/ Regem, deque optimo/ regni statu, Epistola. 175./ Epistola ad Carolum Cæsa-/rem. 187./ De Concordia, Liber I [-IV]. Qui/ est de originibus concor-/ diæ et

discordiæ. 193... *3ª h. vº:* De Pacificatione liber u-/nus, de Conditione Vi-/tæ Christianorum sub/ Turca. 447./ Epistola ad. D. Joan. Episc./ Lincoloniensem. 461./ De Communione rerum ad/ Germanos inferiores. 464./ LEGALIA./ Ædes legum. 483./ In Leges Ciceronis Prælectio. 494./ *pág. 1 (A¹): Grabado/* JOANNIS LUDO-VICI VIVIS/ VALENTINI/ OPERA OMNIA./ POLITICO-MO-RALIA./ JOANNES LUDOVICUS VIVES/ THOMÆ CARDINA-LI, ET LEGATO ANGLIÆ ILLUSTRI,/ S.D./ V̄ Etus quæstio... *pág. 507 (Ffff⁴):* generi/ dabit./ FINIS./ *pág. 508 (Ffff⁴ vº):* TU, IN-QUIT/ (SENEX ATRIENSIS IN LIBRO ÆDES LEGUM IN-SCRIPTO Pag. 483.)/ FILIE, SI AVES AUDIBIS, &c./ ☞ L̄ Oci hujus... veniamus./ SENEX. TU, INQUIT, FILIE, SI AVES, AUDI-BUS, &c./ INTERPRETATIO./ Ā Udies tu... *pág. 510 (Gggg¹ vº):* dea Fugia./ *pág. 511 (Gggg²):* NOTA./ Q̄ Uum dialogum... Sit ergo/ INDEX./ A/ Ā Bjugo quasi... *pág. 518 (Hhhh¹ vº):* poner ceño./ *pág. 516 [sic] (Hhhh²):* INDEX/ RERUM, ET VERBORUM,/ QUÆ IN HOC TOMO CONTINENTUR./ A/ Ā Borigines... *pág. 528 (Iiii² vº):* Zonæ cœli. 100./ FINIS.

Vol. VI: 2 h. + X págs. + 496 págs. 2 h., ¶, ¶¶², ¶¶¶¹, A-Z, Aa-Zz, Aaa-Qqq⁴.
Anteport.: JOANNIS/ LUDOVICI VIVIS VALENTINI/ OPERA OMNIA./ *Port.:* JOANNIS/ LUDOVICI VIVIS VALENTINI/ OPERA OMNIA,... TOMUS VI./ *viñeta/* VALENTIÆ EDETA-NORUM./ IN OFFICINA BENEDICTI MONFORT, EXC.ᵐⁱ ET ILL.ᵐⁱ DOMINI/ Archiepiscopi Typographi. Anno M.DCC.LXXXV./ *pág. I-X (¶¹-¶¶¶¹ vº):* ELENCHUS/ TRACTATUUM, QUI IN HOC SEXTO TOMO CONTINENTUR./ CRITICA./ Ē Pistola ad Joannem III./ Lusitaniæ et Algarbiorum/ Regem. Pag. 1./ In Libros de Disciplinis Præ-/fatio. 5./ DE CAUSIS CORRUPTARUM AR-/TIUM, QUI EST DE ARTIBUS/ IN UNIVERSUM. LIBER I[-VII]. 8... DE TRADENDIS DISCIPLINIS,/ SEU DE INSTITU-TIONE CHRIS-/TIANA, LIBER I[-V]. 243... DE VITA, ET MO-RIBUS ERU-/DITI. 416... HISTORICA./ In Suetonium quædam./ Ad Hieronymum Ruffal-/dum. 438... Quinam hominum fuerint/ Gothi, et quomodo Ro-/mam ceperint. 440./ De Francisco Galliæ Rege/ a Cæsare capto. 449./ De Europæ dissidiis, et Bel-/lo Turcico, Dialogus. 452./ *A¹: Grabado/* JOANNIS LUDOVICI VIVIS/ VA-LENTINI/ OPERA OMNIA./ CRITICA./ JOANNES LUDO-VICUS VIVES/ JOANNI TERTIO LUSITANIÆ ET ALGAR-BIORUM/ Regi Inclito, Domino Guineæ, &c./ S.D./ M̄ Ajorum

præclara... *pág. 481 (Ppp¹):* ¡utinam non sero!/ Brugis, 1526. Mense Octobri./ *pág. 482 (Ppp¹ vº):* INDEX/ RERUM, ET VERBORUM,/ QUÆ IN HOC TOMO CONTINENTUR./ A/ A Bstractio... *pág. 496 (Qqq⁴ vº):* X Enophontis educatio. 408./ FINIS.

Vol. VII: 2 h. + II págs. + 231+1 págs. 2 h., ¶¹, A-Z, Aa-Ff⁴.
Anteport.: JOANNIS/ LUDOVICI VIVIS VALENTINI/ OPERA OMNIA./ *Port.:* JOANNIS/ LUDOVICI VIVIS VALENTINI/ OPERA OMNIA,... TOMUS VII./ *viñeta/* VALENTIÆ EDETA-NORUM./ IN OFFICINA BENEDICTO MONFORT, EXC.ᵐⁱ ET ILL.ᵐⁱ DOMINI/ Archiepiscopi Typographi. Anno M.DCC.LXXX-VIII./ *pág. I-II (¶¹ rº y vº):* ELENCHUS/ TRACTATUUM, QUI IN HOC SEPTIMO TOMO/ CONTINENTUR./ CHRISTIANA./ V IVES... Genthliacon Jesu Christi. 3... De Tempore, quo, id/ est, de Pace in qua na-/tus est Christus. 20./ Clipei Christi Descriptio. 33... Sacrum Diurnum de Su-/dore Domini Nostri/ Jesu-Christi. 42... In suum Christi Trium-/phum Prælectio, quæ di-/citur: Veritas fucata. 101... Christi Jesu Triumphus. 110./ Virginis Dei Parentis O-/vatio. 122./ EPISTOLICA./ L udovico ab Avila et/ Zunniga, Militiæ Al-/cantarensis Præfecto,/ &c. Guilielmus Simon/ Typographus. 133... Vives: Joanni Maldo-/nato. 221./ *A¹: Grabado/* JOANNIS LUDOVICI VIVIS/ VALENTINI/ OPERA OMNIA./ CHRISTIANA./ JOANNES LUDOVICUS VIVES/ VALENTI-NUS/ JOANNI BRIARDO ATTENSI THEOLOGO,/ Lovaniensis Cancellarii Vicario,/ S.D./ V Etus consuetudo... *pág. 222 (Ee³ vº):* mea tui benevolentissima./ *pág. 223 (Ee⁴):* INDEX/ RERUM, ET VERBORUM,/ QUÆ IN HOC TOMO CONTINENTUR./ A/ A cquirit... *pág. 231 (Ff⁴):* Vultus veritatis. 103./ FINIS TOMI SEP-TIMI./ *Ff⁴ vº: blanco.*

Vol. VIII: 5 h. sin signatura + 471+1 págs. 5 h., A-Z, Aa-Zz, Aaa-Lll⁴, Mmm-Ppp².
Anteport.: JOANNIS/ LUDOVICI VIVIS VALENTINI/ OPERA OMNIA./ *Port.:* JOANNIS/ LUDOVICI VIVIS VALENTINI/ OPERA OMNIA,... TOMUS VIII./ *viñeta/* VALENTIÆ EDETA-NORUM./ IN OFFICINA BENEDICTI MONFORT, EXC.ᵐⁱ ET ILL.ᵐⁱ DOMINI/ Archiepiscopi Typographi. Anno M.DCCXC./ *3ª h.:* ELENCHUS/ TRACTATUUM, QUI IN HOC OCTAVO TÓMO/ CONTINENTUR./ P raefatio [De veritate fidei christia-næ]. Pag. 1. LIBER I[-V] QUI EST DE HOMINE,/ ET DEO... CAP. X [Lib. V] De fundamento Fidei/ Christianæ. 454./ *4ª h.:*

PAULO TERTIO/ PONTIFICI MODIS OMNIBUS SUMMO,/ FRANCISCUS CRANEVELDIUS/ Noviomagus, Jureconsultorum infimus,/ S.D./ ⁣I⁣nter tot... *5ª h. vº:* cum pio Lectore transigemus./ *A¹:* *Grabado*/ JOANNIS LUDOVICI VIVIS/ PRÆFATIO./ ⁣M⁣Agnas, et graves... *pág. 458 (Mmm¹ vº):* intueantur lucem./ FINIS./ *pág. 459 (Mmm²):* INDEX/ RERUM, ET VERBORUM,/ QUÆ IN HOC TOMO CONTINENTUR./ A./ ⁣A⁣Alma... *pág. 471 (Ppp²):* Zeno Eleastes iniqua morte subla-/tus. 226./ *Ppp² vº: blanca.*

Algunos ejemplares del vol. III, como el D-71/16 de la BUV, contienen entre las preliminares, un *Prologus* de "L.B.", págs. I-LXXV. Y en la LXXVI, la epístola de Vives al Duque de Calabria, Bredá, 20 de agosto de 1538.

EJEMPLARES:
En España rebasan, sin duda alguna, el centenar. Bibliotecas nacionales, públicas, provinciales, universitarias, departamentales, eclesiásticas, y numerosas privadas conservan uno o más juegos de la obra. Tan sólo la Biblioteca Universitaria de Valencia tiene nueve, sin contar las otras de la ciudad; y hay tres en la Nacional de Madrid). Otro tanto parece suceder con las antiguas bibliotecas coloniales. Por lo que toca a México, hemos visto en la Biblioteca México, en la Biblioteca Pública de Guadalajara, Jalisco; por lo menos tres juegos, completos o no, en la Palafoxiana de Puebla. Y aún aparecen ejemplares sueltos a la venta en librerías de viejo. Fuera del ámbito hispánico, en cambio está menos presente. Algunos ejemplos: Ann Arbor, U. of Michigan. Cambridge, Mass., Harvard UL. Chicago, Newberry L. Londres, BL. Lovaina, KU. New Haven, Conn, Yale U. Notre Dame, Ind, U. of Notre Dame. París, BN; París, Institut de France. Princeton, U. of Princeton. Vaticano, BA.
Ejemplar expuesto: **Valencia, *Biblioteca Universitaria (D-153/7-14).**

BIBLIOGRAFÍA:
Bonilla [nº 87], págs. 748-749. Mateu [nº 91], 74. Estelrich [nº 92]. *General Catalogue,* v. 26, *Catalogue Général,* Vives. Palau, 371466. NUC, NV. 0205741. Mestre, *Historia, fueros y actitudes políticas. Mayans y la historiografía del XVIII,* Valencia, 1970, pág. 367. Ruíz Lasala, *D. Benito Monfort y su oficina tipográfica* (1757-1852), Zaragoza, 1974, nº 370. IJsewijn, "Zu einer kritischen Edition...". González, pág. 61.

OBRAS ATRIBUIDAS

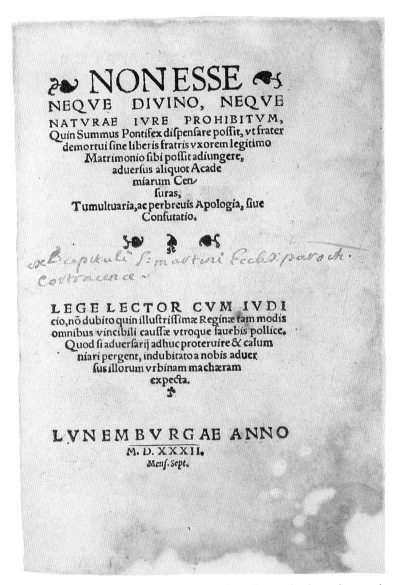

49. Portada. Según G. Bédouelle y P. Le Gal, que han analizado ampliamente la cuestión, el autor del opúsculo conoce el griego, simpatiza expresamente con Erasmo, argumenta con base en la biblia y la patrística más que en el derecho canónico; es hostil a los teólogos de París y muestra mejor disposición hacia el ambiente lovaniense. Conoce bien el estado del proceso y es partidario de Catalina, sin por ello atacar al rey, a quien incluso elogia e intenta convencer de renunciar al divorcio. Nada de lo anterior contradice la posible autoría de Vives. Sin embargo, quien escribió el opúsculo asegura que no conocía personalmente a la reina. ¿Una estratagema de Vives para ocultar su identidad, como también se ocultó la verdadera dirección del impresor? (Foto: Lovaina, Katholieke Universiteit).

49. [¿J. L. Vives?], *Non esse... prohibitum quin summvs Pontifex dispensare possit, ut frater demortui sine liberis fratris uxorem legitimo Matrimonio sibi possit adiungere, adversus aliguot Academiarum Censuras..., Apologia, sive Confutatio,* Luneburgi, [=Amberes, M. de Keysere], septiembre, 1532.

4° (20 × 14.5 cm), 72 h. no numeradas. a-s⁴. La última blanca.

Port.: ❧ NON ESSE ❧ / NEQVE DIVINO, NEQVE/ NATVRAE IVRE PROHIBITVM,/ Quin Summus Pontifex dispensare possit, vt frater/ demortui sine liberis fratris vxorem legitimo/ Matrimonio sibi possit adiungere,/ aduersus aliquot Acade/miarum Cen-/suras,/ Tumultuaria, ac perbreuis Apologia, siue/ Confutatio./ ❧ ⚘ ❧/ LEGE LECTOR CVM IVDI/cio, nō dubito quin illustrissimæ Reginæ tam modis/ omnibus vincibili caussæ vtroque fauebis polli-ce./ Quod si aduersarij adhuc proteruire & calum/niari pergent, in-dubitato a nobis aduer/sus illorum vrbinam machæram/ expecta./ ♣ / LVNEMBVRGAE ANNO/ M.D.XXXII./ Mens. Sept./ *a¹ vº: blan-ca/ a²:* ❧ AD CLARISSI/MVM ET VNDECVNQVE DO-/ctissi-mum virum Eustathium Chapnysium *[sic],* Caroli/ Quinti Cæsaris semper Augusti a consilijs sanctio-/ribus, necnon a libellis, ac nunc eiusdem sacratis/simæ Maiestatis in Anglia Oratorem vigi-/lantissi-mum dignissimumque Episto/la Nuncupato/ria./ A Vdaciæ ac te-meritatis... *b²:* insinu/andi. Vale Oratorū/ ornamētū ac decus./ In Museo nostro/ xix. cal. Maij./ ∴ */b² vº:* ❧ NON ESSE ❧ / NEQVE DIVINO NE/que nature Iure prohibitum, quin S. Pontifex dispē/sare possit, vt frater demortui sine liberis fratris vxo/rem legi-timo Matrimonio sibi possit adiunge/re, aduersus aliquot Academiarū Cēsuras,/ Tumultuaria ac perbreuis Apolo/gia, siue Confutatio./ ⚘ / S I CVI FORTAS-/sis... *s³:* q̄ maxīe diutur/nam adfe-/rat./ FINIS/ *s³ vº y s⁴: blancas.*

EJEMPLARES:
Londres, BL (2 ejemplares: C.24.e.1; y G.1234). **Kortrijk, *Campusbibliotheek KULCK (Sint-Maarten 33 b**. Perteneció a J. de Hondt). Oxford, BL (Vet. Bl. e.19, sin la última hoja).

BIBLIOGRAFÍA:
Bonilla [nº 87], pág. 786. N.K. 4059. De Vocht [nº 73], págs. 36-43. *General Catalogue,* v. 26, col. 878. *Catalogus van de bibliotheek van Jan de Hondt* (1486-1571), editado por C. Coppens, P. Soetaert, P. Thurman y G. Tournoy. Kortrijk 1990, págs. 95 y 97. Bedouelle/Le Gal, págs. 386-387, 427-431.

224

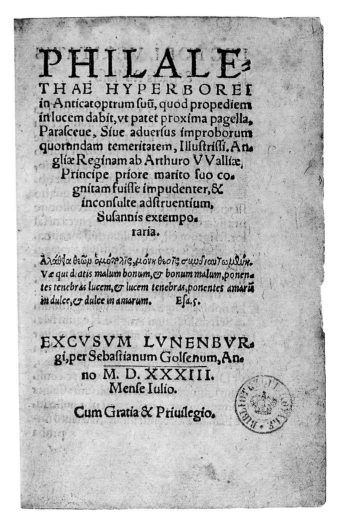

PHILALE-
THAE HYPERBOREI
in Anticatoptrum suū, quod propediem
in lucem dabit, vt patet proxima pagella,
Parasceue, Siue aduersus improborum
quorundam temeritatem, Illustrissi. Angliæ Reginam ab Arthuro VValliæ,
Principe priore marito suo co-
gnitam fuisse impudenter, &
inconsulte adstruentium,
Susannis extempo-
raria.

Ἀλάθ{α θεῶρ ὁμοπολῖς,μόνκ θεοῖς σ'ωσ'ιωΓω̈μῦκ.
Væ qui diatis malum bonum, & bonum malum, ponentes tenebras lucem, & lucem tenebras, ponentes amarū
in dulce, & dulce in amarum.   Esa.ς.

EXCVSVM LVNENBVR-
gi, per Sebastianum Golsenum, Anno M. D. XXXIII.
Mense Iulio.

Cum Gratia & Priuilegio.

50. Portada. Mientras más razones existen para sospechar que Vives
escribió el anterior opúsculo, menos admisible resulta que también
fuese autor de este segundo, un año posterior y estampado con la
misma dirección falsa, en una imprenta y ciudad desconocidas.
Bédouelle y Le Gal ofrecen argumentos para atribuirlo a J. Fisher, el
obispo de Rochester, compañero de Tomás Moro en el suplicio
(Foto: Bruselas, Bibliothèque Royale Albert 1er/Koninklijke Bibliotheek Albert I).

50. *Philaletae Hyperborei* [=¿J. L. Vives?] *in Anticatoptrum suum... Parasceue...,* Luneburgi, S. Golsenus, julio, 1533.

8° (15 x 10 cm), 52 h. no numeradas. A-E⁸, F⁴.

Port.: PHILALE=/THAE HYPERBOREI/ in Anticatoptrum suū, quod propediem/ in lucem dabit, vt patet proxima pagella,/ Parasceue, Siue aduersus improborum/ quorundam temeritatem, Illustrissi. An=/gliæ Reginam ab Arthuro VValliæ,/ Principe priore marito suo co=/gnitam fuisse impudenter, &/ inconsulte adstruentium,/ Susannis extempo=/raria./ Ἀλάθεια θεῶν ὁμόπολις, μόνη θεοῖς συνδιαι τωμένη/ Væ qui datis malum bonum, & bonum malum, ponen=/tes tenebras lucem, & lucem tenebras, ponentes amarū/ in dulce, & dulce in amarum. Esa. 5./ EXCVSVM LV-NENBVR=/gi, per Sebastianum Golsenum, An=/no M.D.XXXIII./ Mense Iulio./ Cum Gratia & Priuilegio./ *A¹ v°:* LECTORI VERITA-TIS/ & pacis studioso./ ⟨Q⟩ Vemadmodum qui... *A³:* Tantum/ volui. Vale, &/ faue./ *A³ v°:* ⟨E⟩ Vge Lector, adhuc... *F⁴:* Romæ adser=/uantur./ Lege & faue periclitanti veritati./ *F⁴ v°: blanca.*

EJEMPLARES:
Bruselas, *Bibliothèque Royale Albert 1ᵉʳ/Koninklijke Bibliotheek Albert I (II. 11031 A1LP). París, BN (2 ejemplares: 8° Nc. 3545 y Rés. p.Z.2117 (2)).

BIBLIOGRAFÍA:
Mayans, [n° 84], pág. 124. Namèche, [n° 85], pág. 117. Bonilla [n° 87], pág. 787. E. Weller, *Lexicon Pseudonymorum,* Regensburg, 1886. *Catalogue Général,* Vives, 52. Palau, 371665. Bedouelle/Le Gal, págs. 396-397, 427-431.

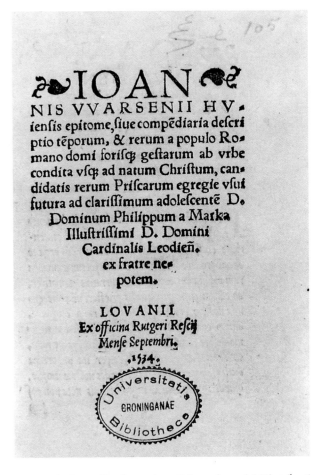

51. Portada. Sin explicar los motivos, C. Lycosthenes (n° 80) atribuyó a Vives la autoría de este volumen impreso en Lovaina por un autor denominado J. Warsenius Huviensis. Los restantes autores que lo afirman derivan de esa fuente. El examen de la epístola dedicatoria vuelve aún más remota la posibilidad de que Vives se oculte tras de dicho nombre. El firmante, clérigo, dedica su opúsculo a un sobrino del obispo de Lieja, E. de la Marck, a quien al parecer no conocía. Salvo evidencias en contra, la atribución es insostenible (Foto: Groningen, Bibliotheek der Rijkuniversiteit).

51. J. Warsenius, *Epitome sive compendiaria descriptio temporum et rerum a populo romano*, Lovaina, R. Rescius, septiembre, 1534.

8° (14.4 × 9.5 cm), 40 h. no numeradas; la última, blanca. A-E⁸.

Port.: ❧ IOAN ❧ /NIS VVARSENII HV=/iensis epitome, siue compēdiaria descri/ptio tēporum, & rerum a populo Ro=/mano domi forisq**3** gestarum ab vrbe/ condita vsq**3** ad natum Christum, can-/didatis rerum Priscarum egregie vsui/ futura ad clarissimum adolescentē D./ Dominum Philippum a Marka/ Illustrissimi D. Domini/ Cardinalis Leodiēn./ ex fratre ne=/potem./ LOVANII/ Ex officina Rutgeri Rescij/ Mense Septembri,/ .1534./ *A¹ v°:* ❧ IOAN ❧ / NES VVARSENIVS/ Hoyensis Generosissimo D. Domi-/no Philippo a Marca, Archidiaco/no Hasbaniæ, Præposito/ Eykēsi. c̄. Domino meo,/ & amplissimo/ Mœcenati,/ S.D./ I AM inde... *A⁶:* & reni=/deat. Vale./ Curingiæ ipsis Idibus Aprilis./ 1534./ *A⁶ v°:* ❧ IOAN ❧ /NIS VVARSENII HVIENSIS/ Epitome, siue compendiaria descriptio temporum,/ & rerum a populo Romano domi forisq; gestarū,/ ab urbe condita usq; ad natum Christum, candida/tis rerum priscarum egregie usui futura, ad cla/rissimum adolescentem D. Dominum/ Philippum a Marca illustrissimi/ D. Domini Cardinalis Leo-/diensis ex fratre/ nepotem./ V RBEM Romam orbis... *A⁷ v°:* secundo./ ¶ Romulus primus Rex... *E⁷:* consistit./ VVarsenius ad lectorem candidū./ H ABES hic... *E⁷ v°:* persensero. Vale, datum Curingiæ An./ .1534. ipsis Idibus Aprilis./ LOVANII/ Ex officina Rutgeri Rescij/ An. 1534./ Mense Sept./ *E⁸: blanca.*

EJEMPLARES:
Cambridge, UL (S.61.29.e.250 (5)). **Groningen, *Bibliotheek der Rijksuniversiteit (Em 105).** París, B. Arsenal.

BIBLIOGRAFÍA:
Lycosthenes [n° 80], col. 580. Bonilla [n° 87], pág. 788. Panzer, VII, 270122. N.K. 4178. Palau, 371668.

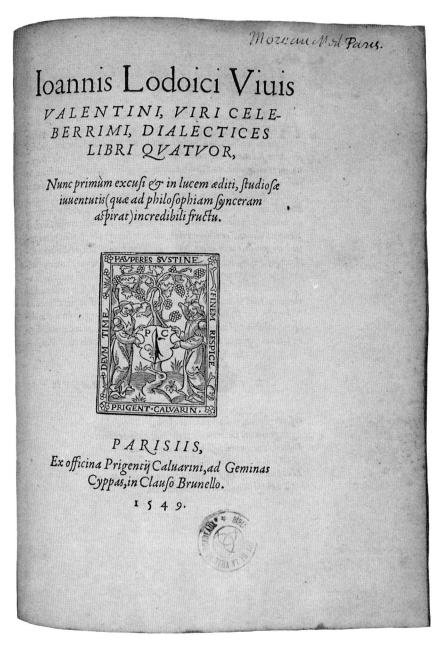

52. Portada. J. Estelrich (nº 92, 174) descubrió esta obra, impresa a diez años de la muerte de Vives y atribuida a él por su editor, Hubertus Sussanaeus, quien habría obtenido el manuscrito de su difunto hermano Guillaume. El ejemplar de París tiene fecha de 1550. El de Burdeos, en todo lo demás idéntico: 1549. Ambos se conservan encuadernados con otros manuales de lógica humanística, y por consiguiente fue recibido como tal por los contemporáneos. Quizá sean apuntes de un alumno. O también podría tratarse, como sospecha Estelrich, de notas de un profesor. La falta de otras noticias e investigaciones hace imposible, por ahora, decidir la autoría (Foto: Burdeos, Bibliothèque Municipale).

52. [¿J. L. Vives?], *Dialectices libri quatuor*, París, P. Calvarin, 1549.

4° (22.5 × 17.5 cm), 32 h. + numeradas. A-H.⁴

Port.: Ioannis Lodoici *[sic]* Viuis/ VALENTINI, VIRI CELE-/BER-RIMI, DIALECTICES/ LIBRI QVATVOR,/ Nunc primùm excusi *&* in lucem æditi, studiosæ/ iuuentutis (quæ ad philosophiam synce-ram/ aspirat) incredibili fructu./ *Escudete con la leyenda: DEVM TIME/ PAVPERES SVSTINE/ FINEM RESPICE/ PRIGENT. CAL-VARIN./* PARISIIS,/ Ex officina Prigentij Caluarini, ad Geminas/ Cyppas, in Clauso Brunello./ 1549./ *h. 1 (A¹) vº:* HVBERTVS SVS-SANNAEVS/ Carolo Coürexio Suessioni S.P.D./ ⸤A⸥ B hinc annos quatuor... animis tuis. Vale./ Ex Bibliotheca nostra. 1549./ AD IA-COBVM BERARDERIANVM/ Forisiensem, Carmen./ O formose puer... auos./ *h. 2 (A²):* Ioannis Lodoici *[sic]* Viuis/ VALENTINI DIALECTI-/ces Liber Primus./ QVID SIT DIALECTICA./ ⸤D⸥ IA-LECTICA, est ars disserendi... *h. 15 (D³):* IOANNIS LODOICI *[sic]* VIVIS VA-/lentini Dialectices Liber Secundus./ ⸤V⸥ T duplex... *h. 18 (E²) vº:* finitione exturbare poterit./ IOANNIS LODOICI *[sic]* VIVIS VA-/lentini Dialectices Liber Tertius./ De Formis Argu-mentationum./ ⸤S⸥ Vpra dictum est... *h. 26 (G²):* ad Lucilium./ *h. 26 (G²) vº:* IOANNIS LODOICI *[sic]* VIVIS VA-/lentini Dialectices Liber Quartus./ ⸤Q⸥ Væ hactenus... *h. 32 (H⁴) vº:* DIALECTICA ve-luti apicem omnibus doctrinis præposita vocat./ FINIS.

EJEMPLARES:
Burdeos, *Bibliothèque Municipale (S.1074). Con las mismas características tipo-gráficas, pero fechado en 1550: París, BN (Rés. R.763).

BIBLIOGRAFÍA:
Toda sobre el ejemplar de París: Estelrich [nº 92], 174, pág. 189 y reproducción de portada, pág. 95. *Catalogue Général,* Vives, 35. Palau, 371871.

EPISTOLARIO

A. EPISTOLARIO

LAS CARTAS MANUSCRITAS *

Esta sección ha sido preparada por Gilbert Tournoy

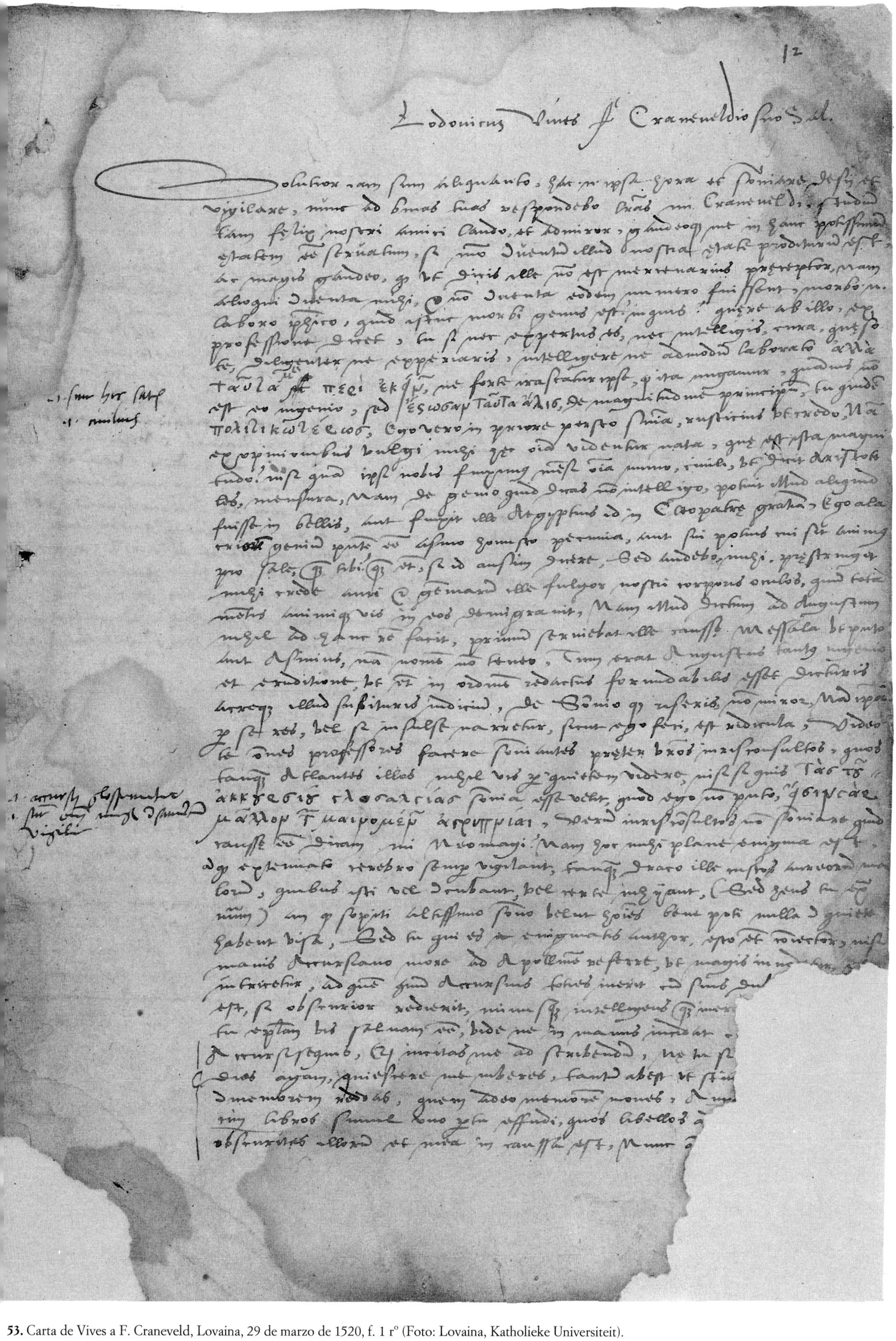

53. Carta de Vives a F. Craneveld, Lovaina, 29 de marzo de 1520, f. 1 r° (Foto: Lovaina, Katholieke Universiteit).

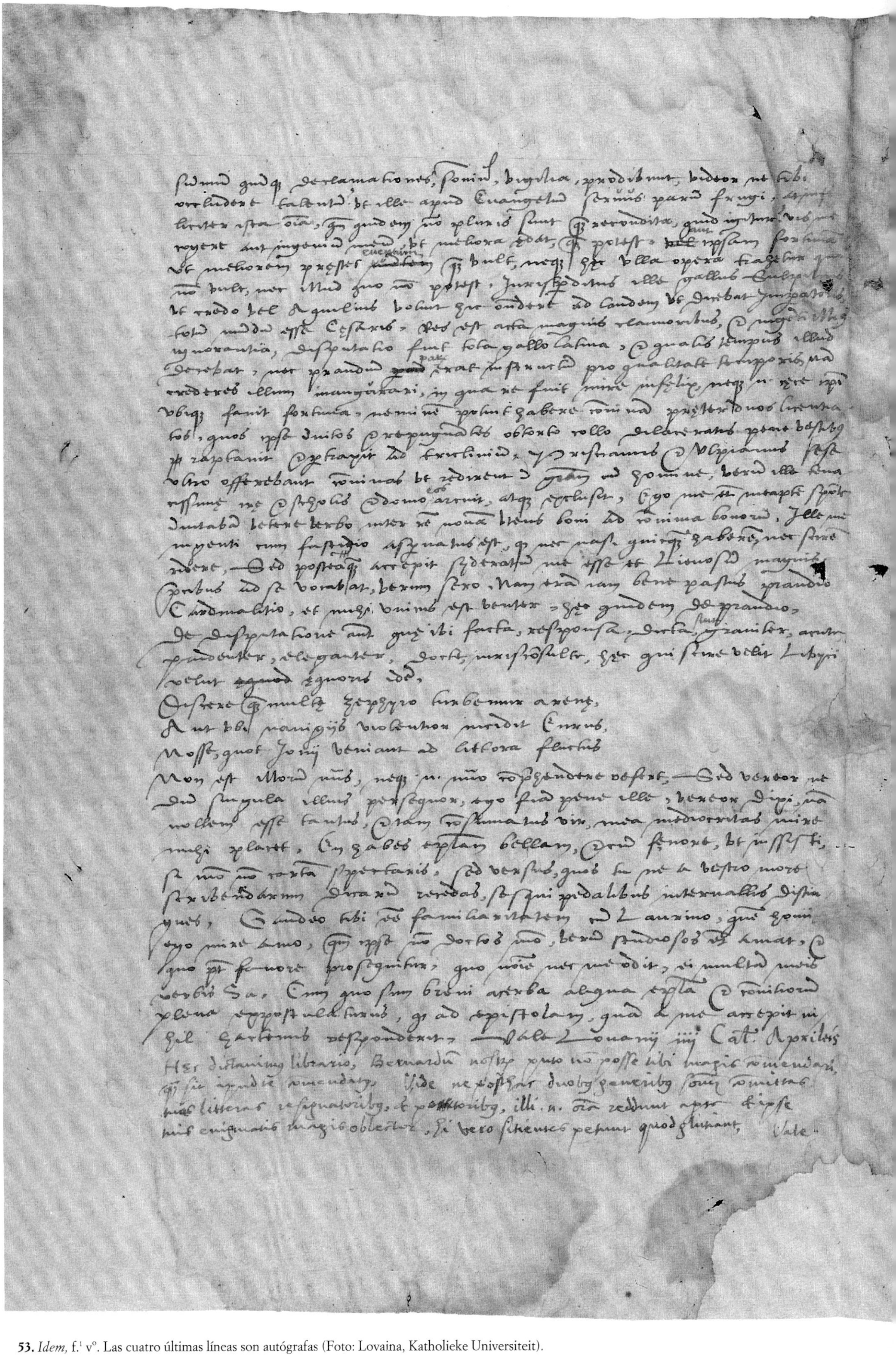

53. *Idem,* f.[1] v°. Las cuatro últimas líneas son autógrafas (Foto: Lovaina, Katholieke Universiteit).

Prudentiss. suptimis cosulto
francisco Cranevelaio
Pensonario Brugensi

53. *Idem,* f.² vº, dirección (Foto: Lovaina, Katholieke Universiteit).

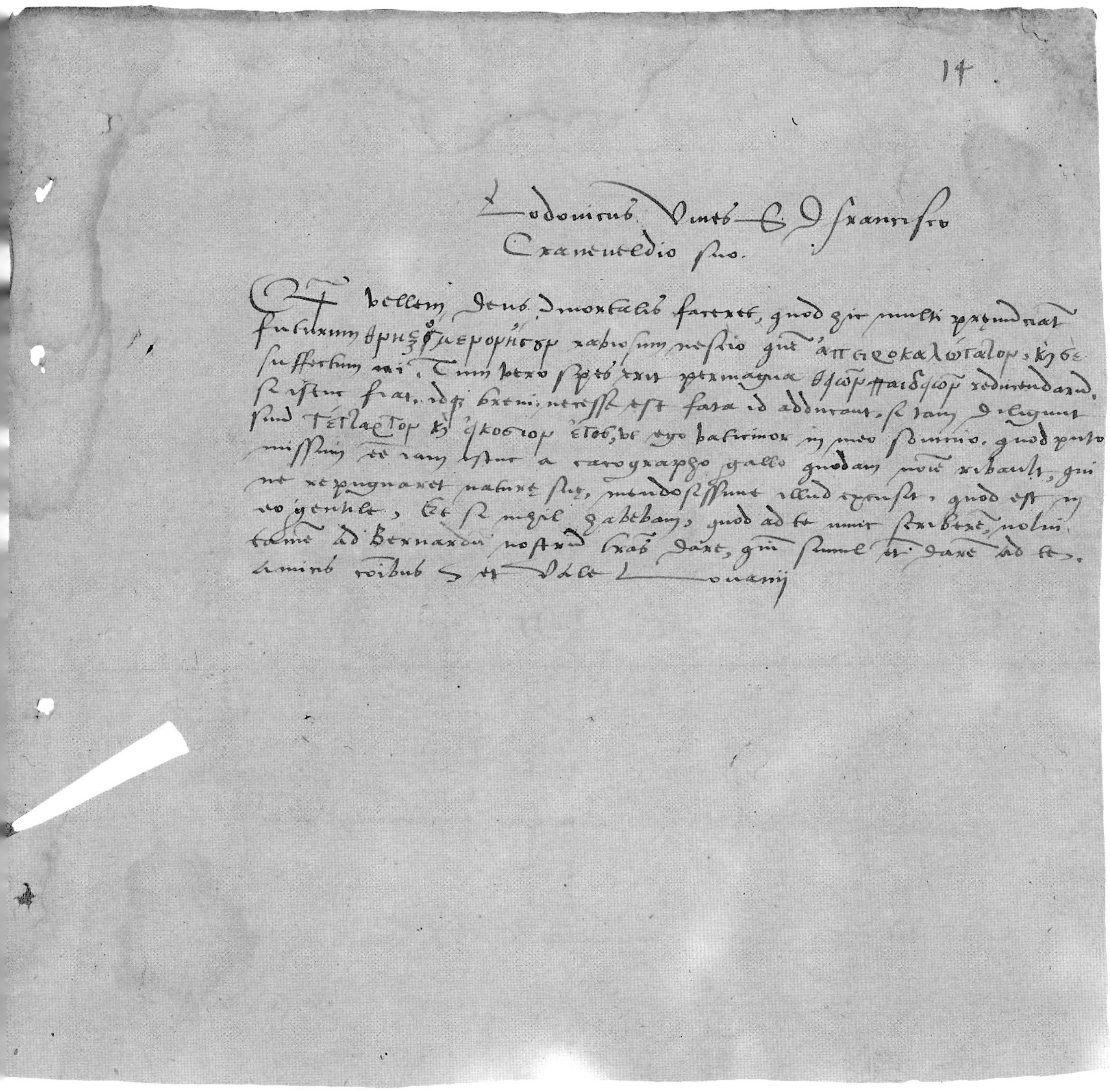
14

Ludovicus Vives S. D. Francisco Cranevedio suo.

54. Carta de Vives a F. Craneveld, Lovaina, mayo de 1520, recto (Foto: Lovaina, Katholieke Universiteit).

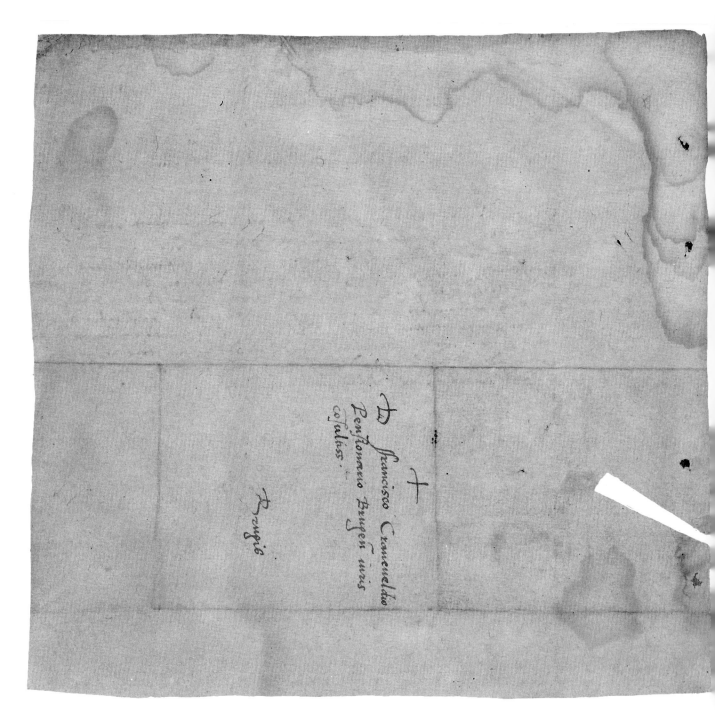

D Francisco Craneveldio
Pensionario Brugenuris
cosultiss.

Brugis

54. *Idem,* verso (Foto: Lovaina, Katholieke Universiteit).

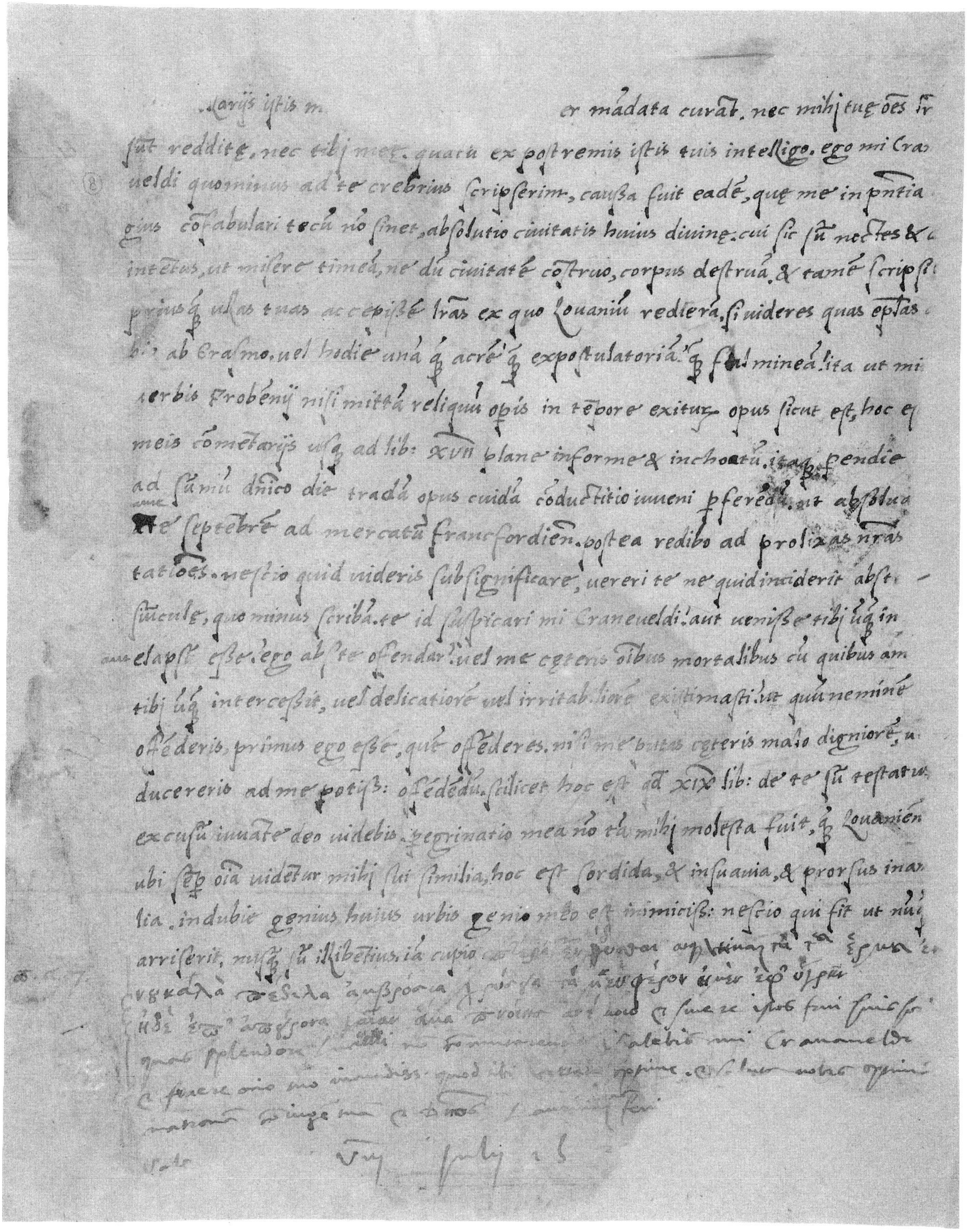

[Handwritten Latin letter — manuscript]

...aariis istis m.   er mãdata curãt. nec mihj tuę ões fr

...at redditę, nec etj meę, quarū ex postremis istis tuis intelligo. ego mi Cra

ueldi quominus ad te crebrius scripserim, causa fuit eadē, quę me inpñtia

eius cõfabulari tecū nõ sinet, absolutio ciuitatis huius diuinę, cui sic sũ noctes & ...

intetus, ut misere timeã, ne dũ ciuitatē cõtruo, corpus destruã. & tamē scripsī

priusq ullas tuas accepissē lras ex quo Louaniũ redierã, si uideres quas optas...

b... ab Erasmo. uel hodie unã q acrē q expostulatoriā. ꝗ sũ minea lica ut mi

...erbis Frobenij nisi mittã reliquũ opis in tēpore exiturū. opus sicut est, hoc ex

meis cõmetarijs usq ad lib: XVII plane informe & inchoatũ. itaq pendie

ad sũmũ dnico die tradã opus cuidã cõductitio inueni pferēdū, ut absoluã

...e septēbrē ad mercatũ francfordien. postea redibo ad prolixas nras

tatioes. nescio quid uideris subsignificare, uereri te ne quid inciderit ab te...

...itūte, quo minus scribã. te id suspicari mi Craneueldi. aut uenisse tibj ũ q in

...elapsū esse. ego ab te offendar? uel me egeens õibus mortalibus cũ quibus am...

tibj ũ q intercessit, uel delicatiorē uel irritabiliorē existimasti. ut quũ neminē

offēderis, primus ego esse, quē offēderes. nisi me ũ cras cęteris malo digniorē, u...

ducererio ad me potiꝰ offēdēdū. scilicet hoc est ad XIX lib: de te sũ testatus

excusū iuuate deo uidebis. peprinario mea nõ ch mihj molesta fuit, q Louanien

ubi seq oĩa uidetur mihj sui similia, hoc est sordida, & insuauia, & prorsus ina...

lia. indubie genius huius urbis genio meo est inimiciss: nescio qui sit ut nũc

arriserit, nisi q sũ libētius ia cupio...

[Greek and further lines, largely illegible]

...quos splendor... ... ualebio mi Craneueldi

... ...

[date line] ... July ... 8

55. *Idem,* dirección y anotación de Craneveld señalando el día de la recepción de la carta, el 12 de julio, verso (Foto: Lovaina, Katholieke Universiteit).

56. Carta de Vives a F. Craneveld, Londres, 1 de noviembre de 1524. Texto autógrafo de Vives, recto (Foto: Lovaina, Katholieke Universiteit).

56. *Idem,* dirección y anotación de Craneveld señalando el día de la recepción de la carta, el 17 de enero de 1525, verso (Foto: Lovaina, Katholieke Universiteit).

Viues Craneueldio suo S.

Homero cento tuus placuit mihi. ἄλλα ἄλλοις οἶδα ἢ καὶ ἄλλοις τοῖσδε
δοξίμα δῆλα. mihi omnia visa sunt pulchre fluere. sed ut sunt
non varia modo hominum iudicia, sed etiam iniqua, vereor, ne cui
aliqua videantur paulo coactiora. itaque preme aliquantisper. &
redi ad eum refrigerato inuentionis calore. atque ita recognitum,
& quibusdam mutatis iube sepulchro inscribi ἀνεχημαδιμένας
dico, mihi non improbari. nec puto alium posse exactiorem, ea
in re iudicem q̃ te ipsum tantopere versatum in Homero.
ego vero vetus graecis sator non possem tantum praestare. vix
in Vergilio. nescio an legeris meum libellum de subuentione
pauperum bene mendosum, nempe Brugis excusum, ὃν γράψω
πρῶτον τύπω. lege quaeso, sed ut soles, annotata de singulis sententia tua, quam ad me mittas. pacem speramus certam &
diuturnam fore. tum q̃ Gallus casus fit ignauior. tum etiam
q̃ acceptus humaniss[que] & benigniss[que]. De Turca minantur nobis
quidam atrocss[que] ταχ᾿ ἐσόμενοι. multum poterit in nostra discordia. in concordia vero nihil dubitem spondere futurum praedae
Europae gentibus. In rebus meis nauigo hic nonnihil aduerso flu-
mine. sed spero me enauigaturum. nam incipit afflare secunda
quadam aurula. nihil magis specto q̃ domum, quietem, ocium.
in quo absoluam inchoata multa, & rudia expoliam. si quid vide-
atur tibi in libello de pauperibus vtile reip. communica, quaeso,
cum ys, qui rem possint et adiuuare, & promouere. Dn. praesidi
vestro officioss[que] dices ex me S. idem D. L. apostolio, & Robyno.
simul optimae coniugi dignissima prosperrima valetudine.
socrum meam scribunt mihi vehementer egrotare. qui nuncius
maiorem me in modum conturbauit. nam non e mihi ut scis alio
q̃ matris loco. Saluebis à Chaoro nostro, & filiabus facundiss[que].
& fecundiss[que]. nam duae pepererunt iam. tertia gerit uterum.
vale plurimum XIII Apl Londini 1526

57. Carta de Vives a F. Craneveld, Londres, 13 de abril de 1526. El primero se interesa por conocer la opinión del segundo sobre *De subventione pauperum* y le envía saludos de Tomás Moro, recto (Foto: Lovaina, Katholieke Universiteit).

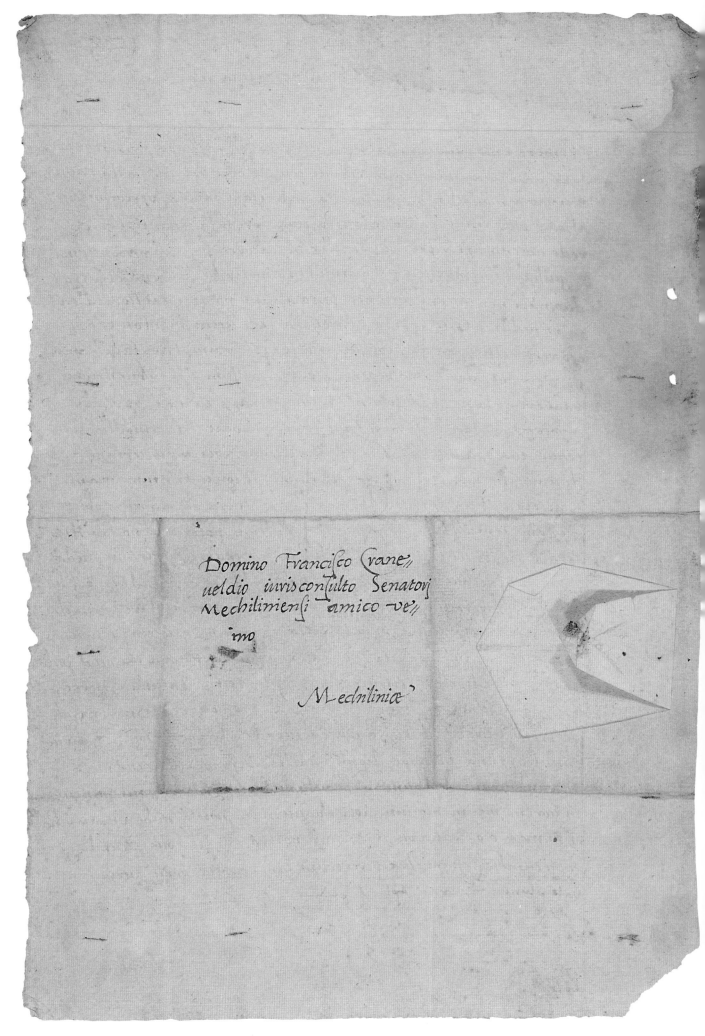

Domino Francisco Cranె
ueldio iurisconsulto Senatori
Mechiliniensi amico ve-
mo

Mechliniæ

57. *Idem,* dirección, verso (Foto: Lovaina, Katholieke Universiteit).

Vives Craneveldio suo S.

Aegrotasse te mi Craneueldi vehementer, fuit graue, ut leuatum te et liberatum morbo multo iucundissimum. sed audio nondum te plane restitutum tibi. spero id futurum breui, modo bono sis animo atque alacri, quod magnum est in valetudine momentum. et corporis tui constitutio nunquam visa est mihi ad imbecillitatem aut morbos pro-clivis. velim primo quoque tempore de ea ipsa re ad me perscribas. Antuerpia licebit per negociatores. Nuper libellum de dissidijs Europae edidi, non dubito, quin sit istuc perlatus [...] [griego] [...] [griego]. Est opus conveniens huic sta-tui temporum. Aiunt Pontificem velle nobis Neapolim adimere. sed Caesaris in Italia permagnae vires tum Germanorum multum tum Hispanorum. quibus reliqui omnes de strenuitate concedunt. Itaque [griego] extros. et putant cum amissa [griego] foedus dispersum. et vinculum dissolutum. vnusquisque suarum rerum satagitat. Britannus sensim subducit se à fabula. Gallus aliàs spectat. aliàs agit. nempe avis inquieta. sed non deest domi, crede mihi, miseria satis, quâ curet. cantibus se et lingua tutatur, quandoquidem arma parum ei procedunt. apo-logia pridem, nunc epistola eiusdem farinae ad Electores Germa-niae satis seditiosula. sed non multum profutura, videlicet aperte mendaci. puto vidisse te, nam circumfertur excusa typis. nihil eos pudet euulgare, quicquid ipsis venit in mente. et confidunt se credulos habituros auditores. tamque abundantes fide, ut ni-hil dubitent de tanto cumulo aliquid impartiri luculentis ac perspicuis mendacijs. Nec intra pyreneos & sequanam arbitror deesse multa millia, quibus ea displiceant. Veneti dixerunt multam salutem Insubriae. et discesserunt ad sua tuenda. re domi damnum accipiant, quod alijs tentauerant inferre. insanimus. sed [...] uidens excutit nos. Aliud incommodu affecta parte corporis. Pannonij elegerunt regem Com[...]

---

58. Carta de Vives a F. Craneveld, Brujas, 31 de diciembre de 1526. Vives, que acababa de publicar *De dissidiis Europae,* alude a las tensiones políticas europeas, recto (Foto: Lovaina, Katholieke Universiteit).

tem vide. habes bellū in manibus inter eū & fernādum vide.
quaeso. vbi? velut in harena spectante cōmuni hoste laeto atq
applausuro. vtercūq vincat. & incitaturo ad saevitiā. Sorori
mea probiss. salutem ex me plurimā. et p. apostolis. sed post.
Praesidi. velle, si fieri posset, videre ... femina mea gallice loquente
pr... apud Herveu... vale cū ... cū postremodie anni 1526

Franco. Cranevelt
... Senator?
Mechliniae

58. *Idem,* dirección. Ésta y las tres últimas líneas de la carta son autógrafas, verso (Foto: Lovaina, Katholieke Universiteit).

53. J. L. Vives to Francis Cranevelt

Louvain, 29 March 1520

Paper, 1 sheet, 434 × 303 mm, folded narrow end to narrow end. Text on f. 1ʳ⁺ᵛ, with address on f. 2ᵛ. Written by an amanuensis except for the last four lines, which are autograph; left and right edges at the bottom are mutilated, with some loss of text; overall damaged by water stains.

Leuven, Universiteitsbibliotheek, MS. R. D. 1, ff. 12-13.

This letter was written at the very hour when Vives completed his *Somnium et Vigilia*. Since the prefatory epistle to Erard de la Marck, bishop of Liège, is dated 28 March 1520, Vives probably composed this letter to Cranevelt immediately after dispatching the manuscript to the printer, Jean Thibault. In it Vives announces the imminent publication of the *Declamationes Syllanae quinque* and he proudly boasts that the year before he had published fifteen works at one stroke. This remark puts an end to the protracted discussion about the exact year of publication of the *Opuscula varia:* they were definitely printed in 1519 by Dirk Martens at Louvain.

Furthermore Vives expatiates humorously on lawyers and relates the ludicrous performance of a French lawyer at the Louvain faculty of law.

BIBLIOGRAPHY
J. L. Vives, *S. W.* [n° 104], 1, 2. J. IJsewijn - G. Tournoy, [n° 78], pp. 24-27.

54. J. L. VIVES TO FRANCIS CRANEVELT

Bruges, May 1520

> Paper, 1 leaf, 215 × 200 mm. Text written by an amanuensis on the recto and the address on the verso. Water stain on the upper left side.

Leuven, Universiteitsbibliotheek, MS. R. D. 1, f. 14.

This short letter elucidates a passage in Vives' *Somnium et Vigilia* which the modern editor was unable to interpret correctly. Thanks to this letter it becomes clear that Vives and the Louvain humanists expected the withdrawal of one of their fiercest opponents by the year 1524 and that they hoped Cranevelt would take his place.

During the month of April 1520 Vives' *Somnium et Vigilia* had been printed at Antwerp by the Frenchman Jean Thibault, who only the year before, in March 1519, had received his printer's license. Vives clearly was most discontented with the numerous misprints in the work produced by Thibault, whom he disparagingly calls "cacographus", distorting moreover his name into the abusive "Ribault", which means "blackguard" in French.

BIBLIOGRAPHY
Anne Rouzet, *Dictionnaire des imprimeurs, libraires et éditeurs des XV et XVI siècles dans les limites géographiques de la Belgique actuelle* (Nieuwkoop, 1975, pp. 219-220; J. L. Vives, [n° 103]. J. IJsewijn - G. Tournoy, [n° 78], pp. 28-29.

55. J. L. VIVES TO FRANCIS CRANEVELT

Louvain, 8 July 1522

> Paper, 1 leaf, 217 × 267 mm. The text is on the recto. On the verso are the address and Cranevelt's notation of the date he received it: "R(ecept)a xij Julij". Written by amanuensis A and corrected by Vives, who added the Greek text and the five last lines. Slightly damaged on top and at the right side, with loss of a few words and letters. The left half of the leaf is water stained.

Leuven, Universiteitsbibliotheek, MS. A.36, I, f. - (no. 8).

Vives explains why he was not able to write more often to his friend Cranevelt and why even now he cannot write a longer letter. He is so occupied with editing and commenting on Augustine's *De civitate Dei,* that he is undermining his health. In April 1522 he had sent his commentaries up to book 17 to Basle, but now Erasmus – who persuaded him to undertake this immense task – puts enormous pressure on him to finish the project quickly; the printer Froben even threatens to publish the work as it stands. So Vives intends to finish it within the next couple of days, so that Froben can take the edition to the Frankfurt book fair. He did in fact send to Erasmus the notes to the five last books, together with the preface and the dedicatory epistle to Henry VIII, by a messenger who left Louvain on July 15.

At the end Vives complains of the city of Louvain, which he finds dull and unpleasant, and where the atmosphere had never seemed friendly and hospitable to him.

BIBLIOGRAPHY
H. de Vocht (ed.), [n° 72] pp. 17-19.

56.   J. L. Vives to Francis Cranevelt

London, 1 November 1524.

Paper, 1 leaf, 217 × 293 mm. The text, entirely in Vives's hand, is on the recto. On the verso are the address, the impression of the seal, and Cranevelt's note marking the date of reception: "R(ecept)a xvij Ja(nua)rij a° xxv: tunc dedit mihi Livinus figuram orbis". There is a water stain on the left side.

Leuven, Universiteitsbibliotheek, MS. A.36, II, f. 67 (no. 122).

With this letter Vives answers an epistle by Cranevelt brought to England by Livinus Algoet, Erasmus's servant. After announcing the death of Thomas Linacre († 20 October 1520), Vives asks for Cranevelt's honest and straightforward opinion about his book recently published at Louvain. This volume, containing several works (*Introductio ad Sapientiam; Satellitium; Epistolae duae de Ratione Studii Puerilis*) was printed by Peter Martens in September/October 1524. Vives had not yet seen it, but he received an alarming letter from the man who saw it through the press, his favourite pupil Jerome Ruffault. In it Ruffault warned Vives that the handwritten copy he left at Louvain was full of deletions and quite confused, so that he had to guess. From these words Vives gathered that the printing of his work was not impeccable. Indeed, in another letter, dated 7 March 1525 (no. 144), Vives thanks Cranevelt for pointing out to him some misprints in it, and he indicates there are many more.

Probably a fortnight later, when Vives wrote a letter to Erasmus, he added a postscript to this letter, in order to explain that some business had delayed Algoet's departure from England.

BIBLIOGRAPHY
H. de Vocht (ed.), [n° 72], pp. 333-336.

57. J. L. Vives to Francis Cranevelt

London, 13 April 1526.

Paper, 1 leaf, 203 × 290 mm. The text on the recto. Address and seal on the verso side. Written by amanuensis A, except for the final greetings and the date, which are in Vives's hand. Water stain on the left upper side.

Leuven, Universiteitsbibliotheek, MS. A.36, II, f. 123 (no. 185).

Vives congratulates Cranevelt on a Greek epitaph he composed in the style of Homer. He wants to know if Cranevelt has read through his book *De subventione pauperum,* and asks for his remarks. Since it was printed at Bruges, Vives writes, it was full of misprints, the more so since it was the first book printed by Hubert de Croock.

Furthermore, Vives longs for peace in Europe. Alluding to his own difficulties in England, he hopes nothing for himself but a quiet home and some leisure in order to finish and polish all the works he had put on the loom.

To conclude, Vives sends Cranevelt greetings from Thomas More and his lovely daughters; two of them have already borne children, and a third is pregnant.

BIBLIOGRAPHY
H. de Vocht (ed.), [n° 72], pp. 494-496.

58. J. L. VIVES TO FRANCIS CRANEVELT

Bruges, 31 December 1526.

Paper, 1 leaf, 214 × 323 mm. The text is on the recto and top of the verso side. The address is on the verso side underneath. Written by amanuensis A and corrected by Vives, who also added the last three lines and the address. An unknown hand added under the address: "mynheer franciscus Craenvelt, raetsheer tot meche(l)e op de kerckoff vand(e) groetkercke te mechel". Left edge damaged, with the loss of a few words. Water stain at the bottom and on the left side.

Leuven, Universiteitsbibliotheek, MS. A.36, II, f. 155 (no. 217).

Vives is relieved to hear that Cranevelt has recovered from his illness, even if not yet completely. Recently his book *De dissidiis Europae* has come out (printed by Hubert de Croock at Bruges). No doubt it has already been brought to Mechlin, and Vives asks Cranevelt to give, as usual, his straightforward opinion.

Vives furthermore dwells upon the tensions between the pope, France and Britain on one side, and the Emperor on the other; and meanwhile the Turkish army takes advantage of European discord.

Finally he greets his sister and a few friends, and expresses the wish to see his *De Institutione Foeminae Christianae* in a French translation, which perhaps was entrusted to the poet Remaclus Arduenna. But a French version, by Pierre de Changy, was not published until 1542.

BIBLIOGRAPHY
H. de Vocht (ed.), [n° 72], pp. 566-569.

B. EPISTOLARIO

LA TRADICIÓN IMPRESA

59. J. L. Vives, *Epistolarum farrago,* Amberes, G. Simon, 1556.

8° (16 × 10 cm), 103 h. numeradas + 1 blanca. A-N[8]. La obra consta de dos partes, separadas por sendas epístolas del editor. La parte primera (h. 4-44 v°) contiene la edición príncipe de 39 cartas de Vives a diversos autores, a partir de un manuscrito adquirido por G. Simon. En la segunda (h. 45-103), se reunen 21 misivas del valenciano previamente impresas. Primero, la escrita a Erasmo, que comienza *Progresso mihi,* procedente de alguno de los epistolarios del roterodamense. A continuación, 18 cartas de Vives al anterior (la primera comienza: *Nunc primum*), más una a G. Cousin y otra a D. de Góis, tomadas del volumen II de *Opera,* Basilea, 1555 [n° 47], págs.960-978.

Port.: IOANNIS LO-/DOVICI VIVIS VALEN/tini Epistolarum, quæ hactenus desi=/derabantur, Farrago: adiectis etiam/ ijs, quæ in ipsius operi-/bus extant./ *Escudete* DVLCIA MIXTA MALIS/ ANTVERPIÆ,/ Apud Guilielmum Simonem,/ ad insigne Psittaci./ M.D.LVI./ Cum Priuilegio./ *A¹ v°:* Priuilegij Sententia... Datū Bruxellis. 10. calendas/ Decembris. 1555. Subsign./ Ph. de Lens./ *h. 2 (A²):* CLARISSIMO VIRO D./ Ludouico ab Auila *&* Zunniga, Mi/litiæ Alcantarensis Præfecto,/ *&*c. Guilielmus Simon/ Typographus S./ [E] A EST... *h. 3 (A³) v°:* incolumem./ Vale./ *h. 4 (A⁴):* ANGLORVM REGI/ Henrico eius nominis octauo Ioan./ Lod. Viues S./ [I]NCLYTE Rex... *h. 44 (F⁴):* Lod. Viues Dño Pratensi V.C.S./ [I] N tanta... *F⁴ v°:* mandare./ Vale./ Finis./ *h. 45 (F⁵):* Ad Lectorem./ [H] Abes... Quæ autem sequūtur, ex eiusdem operibus de–/sumptæ sunt... cōsule. Va./ *h. 45 (F⁵) v°:* Ioan. Lodouicus Viues Eras. Rot./ Præceptori suo S.D./ [P]ROGRESSO mihi... *h. 103 (N⁷):* Carta a D. de Góis: Brugis. xvij Iunij./ 1533./ Io. Ludouici Viuis Epistolarum/ Finis./ *N⁷ v° y N⁸: blancas.*

EJEMPLARES:
Aviñón, M. Calvet. Bruselas, BR/KB. Cambridge, UL. Gante, UB. **Madrid, *Biblioteca Nacional (R/ 33742,** Exlibris J. Estelrich). México, BN. Oberlin, Ohio, Ob. C. París, BN (Z 13.851); París, B. Mazarine (2 ejemplares: 22885, 2ª p. y 22954, 2ª p.). Perugia, BA (IM. 2829 (1)). Venecia, BM (24.D.173.1). Washington, Folger Shakespeare L.

BIBLIOGRAFÍA:
Bonilla [n° 87], pág. 814. Estelrich [n° 92], 235. Adams, V.965. *Catalogue Général, Vives,* 43. Palau, 371872. NUC, NV. 0205874-875. Machiels, V. 347. *Belgica Typographica,* 4787.

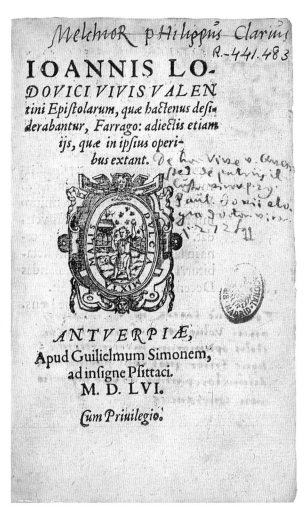

Melchior pHilippus Clarius

R.-441.483

IOANNIS LO-
DOVICI VIVIS VALEN
tini Epiſtolarum, quæ hactenus deſi-
derabantur, Farrago: adiectis etiam
ijs, quæ in ipſius operi-
bus extant.

ANTVERPIÆ,
Apud Guilielmum Simonem,
ad inſigne Pſittaci.
M. D. LVI.
Cum Priuilegio.

59. Portada (Foto: Madrid, Biblioteca Nacional).

59 bis. h. 27 vº-28. Fragmento de la carta *Progresso mihi* (Allen [nº 70], 1108) transcrita por J. A. Mayans. Ahí aparecen los pasajes de la carta que comienzan *O mi Erasme* (pág. der., penúltima línea) y *nihil indoctorum* (pág. izq., línea 22), que fueron censurados en la edición valenciana (nº 48, VII, págs. 151-157). Prueba de que los editores conocían el texto íntegro.

59 bis. J. L. Vives, *Epistolarum farrago*, copia manuscrita parcial, [Valencia, siglo XVIII]. Incluye otros textos ajenos a Vives.

4º (20.8 x 15 cm), 41 h., manuscrito no foliado, encuadernado en piel, con título en el lomo: *PAP./ VAR./ T. XXI.;* son blancas las 1, 2, 32, 36, 38-41. Letra identificable con la de Juan Antonio Mayans.

h. 3: Joannis Lodovici Vivis Valentini, Epistolarum,/ quæ hactenus desiderabantur, Farrago: ad-/jectis etiam iis, quae in ipsius operibus extant./ Antuerpiae, apud Guilielmum Simonem,/ ad insigne Psittaci 1556. in 8./ La Dedicatoria es la siguiente./ Clarissimo Viro D. Ludovico ab Avila, et Zun-/niga... [*El amanuense transcribió, junto con la portada de la* Farrago *y su epístola dedicatoria, las 39 cartas de Vives aparecidas en el volumen por primera vez (h. 4-44 vº del impreso, nº 59). A continuación, reprodujo sólo la* Progreso mihi, *de Vives a Erasmo, pues el texto de las restantes se localizaba en los* Opera *de Basilea (nº 47), como se explicó en la entrada anterior. Así lo manifestó al indicar en su h. 31:*] Joannes Lod. Vives Clarissimo Viro/ D. Desiderio Erasmo Rot. Praecep-/tori suo colendissimo S.D./ Nunc primum &c./ Tomo II. pag. 960. hasta la pag. 978.
El resto del manuscrito contiene, de la misma mano, h. 33: Delacion de la Theologia Christiana de Con/cina a su Santidad hecha por la Religion de/ la Compañia de Jesus... *h. 34-35:* AΩ Ignatianorum hymnus pro victoria adversus Patrem Concinam repor/tatam... *La h. 37 contiene una receta para copiar monedas o medallas, con fines numismáticos, a partir de cola de pescado y otros ingredientes.*

EJEMPLAR:
Valencia, *Biblioteca Provincial Franciscana (43-f-6).

BIBLIOGRAFÍA:
Zuska, 184.

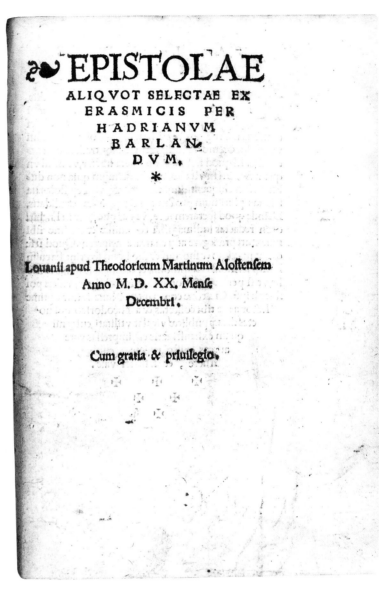

60. Portada (Foto: Madrid, Biblioteca Nacional).

60. Erasmo, por Alberto Durero. Dibujo (París, Musée du Louvre. Département des Arts Graphiques).

60. D. Erasmo, *Epistolæ aliquot selectae... per H. Barlandum,* Lovaina, T. Martens, diciembre, 1520.

4° (19 × 13 cm), 50 h. no numeradas. a⁶, b-M⁴.

Port.: ❧ EPISTOLAE/ ALIQVOT SELECTAE EX/ ERASMICIS PER/ HADRIANVM./ BARLAN-/DVM/ */ Louanii apud Theodoricum Martinum Alostensem./ Anno M.D.XX. Mense/ Decembri./ Cum gratia & priuilegio./ *a¹ vº:* BARLANDVS/ LEC-TORI/ R Eflorescentibus iam... feliciter vale./+++/++/+/*a²:* ❧ ERASMVS ❧ / RHENANO SVO S.D./ A Ccipe mi... *a⁶:* Chri/sto probemur. Be-/ne vale Bea=/te charissime. Cœtera cognosces ex lite-ris/ ad Capitonem. Louanii./ Anno M.D./.XVIII./ */ *M²:* Morus Erasmo S.D./ D E puero cuius... *M³ vº:* pagella præponat. Iterum vale./ Erasmus Roteroda. Thomæ Moro suo S.D./ N AE ad istius exemplum... *M⁴:* Bene vale ami-/ce incomparabilis./ +++/ ++/ +/ LOVANII APVD THE/odoricum Martinum Alustensem./ Anno. M.D.XX./ Mense Decembri./ *M⁴ vº: escudete de Martens.*

EJEMPLARES:
Colonia, SB. Gante, UB. **Londres, *Lambeth Palace Library (**SA 8511 (2ª p.)).**

BIBLIOGRAFÍA:
Iseghem, 163. Allen, 1106-1107. N.K. 820. Daxhelet, págs. 131 y 286.

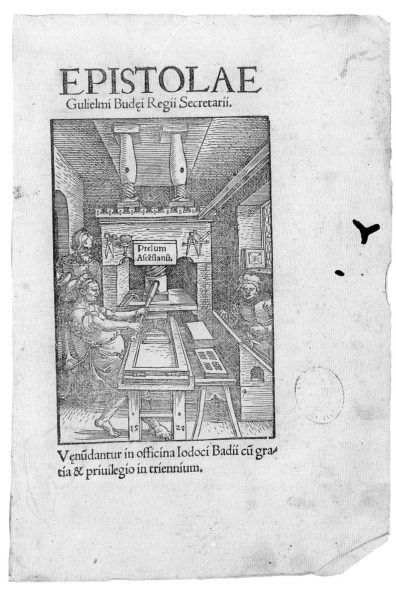

61. Portada (Foto: Madrid, Biblioteca Nacional).

61. G. Budé, *Epistolae*, París, J. Bade, agosto, 1520.

8° (20.5 × 14 cm), 131 h. numeradas + 1 blanca. a-q⁸, r⁴. El cotejo del ejemplar de Madrid con el de la British Library permite plantear que se trata de dos ediciones, con numerosas pequeñas variantes, aunque idéntico colofón.

Port.: EPISTOLAE/ Gulielmi Budęi Regii Secretarii./ *Escudete de Prelum Ascēcianū./* Vęnūdantur in officina Iodoci Badii cū gra–/tia & priuilegio in triennium./ *a¹ vº: blanca/ h. 2 (a²):* Gulielmus Budęus Richardo Paceo. S./ ⌞P⌟ Vderet me... *h. 19 (c³):* Gulielmus Budęus Ludouico Viui Sal./ ⌞S⌟ Pero te... *h. 21 (c⁵):* salutādos/ mandasti. Parisiis, postridie Cal. Februar. M. quin/gentesimo vndeuicesimo./ *h. 21 (c⁵) vº:* Budęus Viui. S./ ⌞V⌟ T lętitia... *h. 25 (d¹) vº:* facere vaca=/uerit. Vale. Parisiis quartodecimo Cal. Septēbres./ M.D.XIX./ Gulielmus Budęus Ludouico Viui. S./ ⌞N⌟ Vnc nunc intelligo... *h. 28 (d⁴):* bonas illu/stres. Ex Marliano nostro postridie Calend. Ianua=/rias. M.D.XIX./ *h. 81 (l¹) vº:* Gulielmus Budęus Ludouico/ Viui Salu./ *h. 82 (l²):* ⌞L⌟ Iteras vnas accepi... *h. 83 (l³) vº:* mihi fecit Erasmus. E Marlia–/no nostro. Nono Calend. Maias./ *h. 99 (n³):* Gulielmus Budęus. L. Viui Sal./ ⌞H⌟ Is paucis... *h. 102 (n⁶) vº:* te re-damem. E Marliano nostro, postridie Calēda-/rum Maii./ *h. 131 (r³) vº:* FINIS Epistolarum Gulielmi Budęi Regii/ Secretarii: Parisiis sub prelo Ascensiano,/ cum Gratia & Priuilegio in Trien-/nium: ne alius quispiā rursus im-/primat. Anno. M.D.XX. de/cimotertio Calend. Se/ptembreis./ L. Ruze/ *r⁴: blanca.*

61. Budé, grabado. Th. de Bry, *Icones quinquaginta* (París, Bibliothèque Nationale).

EJEMPLARES:
Amberes, SB. Ann Arbor, U. of Michigan. Arras, BM. Bamberg, SB. Berlín, DSB. Besançon, BM. Bolonia, BC Archiginnasio. Bruselas, BR/KB. Burdeos, BM. Caen, BM. Cambridge, UL. Cambridge, Mass., Harvard UL. Chicago, Newberry L. Estrasburgo, BNV. Dresde, SLB. Filadelfia, U. of P.L. Florencia, BN. Gante, UB. Grenoble, BM. Leiden, UB. Lisboa, BN. Londres, BL (1084.l.4 (1), falto de portada y última hoja). Lovaina, KU. **Madrid, *Biblioteca Nacional (2/66252).** Marsella, BM. Nancy, BM. Nantes, BM. New Haven, Yale UL. Nueva York, PL. Oxford, BL. París, BN (Rés. Z.768); París, B. Mazarine; B. Ste. Geneviève. Poitiers, BU. Princeton, UL. Rouen, BM. Washington, LC.

BIBLIOGRAFÍA:
Delaruelle. Estelrich, [nº 92], 227. Moreau, II, 2278 y 2279. G. Budé, *Correspondance,* Tomo I. *Les lettres grecques,* ed. G. Lavoie, Université de Sherbrooke, 1977, pág. 357. Tournoy, 19, 25, 26, 33, 35.

DE VNA CARTA DE
Iuan Luis Viues a Diego Or
tega de Burgos.

Vchasvezes me aueys rogado, q̃
leyesse y corrigeiffe la traslació, q̃
aueys hecho de mis meditacio
nes. Loqual yo hiziera de buena
gana, ſegūlo reqria nŕa amiſtad
ſi no me impidierãen parte mis
dolécias, y en parte mis occupaciones, las qua
les las dos cofas vos no ignorays. Endemas deſto
tengo en eſtas correctiones tan ruyn condició
de fer mal ſuffrido, que mas querría yo hazer
vna obra nueua, q̃ corregír la aſena. En la im
preſſion procureys de poner buen corretor
para que el empremidor, y componedor
ſiendo flamencos no cometan en la
impreſſion faltas incorregibles,
y que empidan el entendi
miento de la ſen
tentia.

℄ Empremido en la villa de Enberes
por Miguel Hillenio: en .15. del mes de
Octubre. Año del señor de mill e qui
nientos, e treinta e ſiete.

_1537_

62. Carta de Vives a Diego Ortega, traductor al castellano de
Ad animi excitationem in Deum, Q⁷ v° (Foto: Gante, Rijksuniversiteit Centrale Bibliotheek).

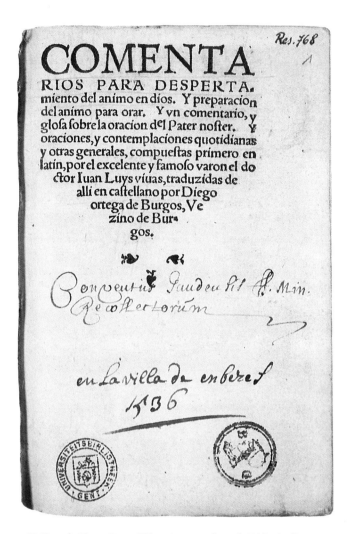

62. Portada (Foto: Gante, Rijksuniversiteit Centrale Bibliotheek).

62. J. L. Vives, *Comentarios para despertamiento del ánimo en Dios,* Amberes, M. Hillen, octubre, 1537.

8º (15.2 × 9.8 cm), 128 h. no numeradas, la última, blanca. A-Q⁸.

Port.: COMENTA/RIOS PARA DESPERTA=/miento del animo en dios. Y preparacion/ del animo para orar. Y vn comentario, y/ glosa sobre la oracion del Pater noster. Y/ oraciones, y contemplaciones quotidianas/ y otras generales, compuestas primero en/ latin, por el excelente y famoso varon el do/ctor Iuan Luys viuas, traduzidas de/ alli en castellano por Diego/ ortega de Burgos, Ve/zino de Bur=/gos./ ⁂ ❧ / ❦ / *A¹ vº: blanca/ A²:* PROLOGO DEL IN/ TERPRETE AL/ Lector./ |E|L ruego de algunos... *A³ vº:* IVAN LVYS VIVAS A/ IVAN DE BARRIOS FATOR/ de la casa de la Yndia del serenis/simo rey de Portu=/gal./ |E|Stamos todos en tanto... *A⁴:* Vale. En enberes el mes de/ Agosto, de 1535./ *A⁴ vº:* ☞ PROLOGO DEL AV/THOR DE LA/ obra./ |A|Quella santa y... *Q⁷:* e ven=/ga a buen fin./ Amen./ Fin de las oraciones./ *Q⁷ vº:* DE VNA CARTA DE/ Iuan Luis Viues a Diego Or/tega de Burgos./ |M|Vchas vezes me aueys... la sen/ten-tia./ ❦ Empremido en la villa de Enberes/ por Miguel Hillenio: en. 15. del mes de/ Octubre. Año del señor de mill e qui/nientos, e treinta e siete./ *Q⁸: blanca.*

EJEMPLARES:
Bruselas, BR/KB (LP 5586A). **Gante, *Rijksuniversiteit Centrale Bibliotheek (Rés. 768).** Lisboa, BN.

BIBLIOGRAFÍA:
N.K. 4068. *Bibliotheca Belgica,* V.30. Machiels, V. 328.

EPISTOLAE CLAR. VIRO.

Paulus Speratus Epiſcopus Pruſſię Po-
mezanień. Damiano a Goes Equiti Luſi-
tano S. P. D.

VEllicabat mihi ſub heſternam ueſperam
neſcio quis genius auriculā, quo primum
re aſpexi Damiane a Goes, ex incognitis aman-
tiſſime, ſed cui notior eſſe cuperem. Verū tem-
pori obſequendum. Tu arduis Regis tui nego-
tijs inhias. ergo feſtinato abeundum tibi. pro-
inde alter ab altero diuidimur. Hoc tamen me
beat, quod in hac barbara terra ſemel hominem
uidi, qui hominis nomen pre barbaris iſtis me-
retur.   Vale, me tuum eſſe ſinito, hæc celeri
manu. Vtinam Dominus ſit dux & redux tuus
in patriam dulcem tuam. Iterum uale; ı.ı. Se
ptembris. Anno ıȷȝı.

Ludouicus Viues, Damiano Goeſio
ſuo S.

QVod epiſtolæ tuæ nondum reſponde-
rim mi Damiane, non uoluntas in cau-
ſa fuit, quæ eſt erga te, ut potuiſti cognoſcere,
profecto ſumma, ſed ualetudo aduerſa mea,
quæ per ingentes dolores tum corporis, tum a-
nimi mei uires ualde afflixit, neqȝ nunc ſcribe-
rem, niſi uererer ne quid tu de immutata mea er
ga te uoluntate ſecus ſuſpicarere ꝗ res habet,
&

AD DAMIAN. A GOES.

& ego uellem, cupio enim ut intelligas me in ra
tione iſta amiciciæ paria tecum facere, & tantopere amantem, non mediocriter redamare. Mu
nus iſtud regium opto tibi feliciſſime euenire,
ut in eo diutiſſime & cum ſumma gratia, atqȝ
animi tranquillitate uetſeris. qȝ te ſcripturum
ex patria recipis, rem utiqȝ feceris mihi multo
gratiſſimam, iter tibi proſperū precor, fac que-
ſo ut per occaſionem Regi tuo, atqȝ adeo bene
ficio illius in me, meo quoqȝ, ſalutē dicas meis
uerbis reuerentiſſime, atqȝ officioſiſ. & gratias
pro me agas de ampliſſ. congiario, quo me ſu-
periore anno proſecutus eſt, quod eo rerum me
arum articulo contigit, ut non potuerit non &
maximum, & multo iucundiſſ. uideri. Saluta
bis item mihi D. Epiſcopum Veſeuienſem. He
dioni non reſcribam nunc propter meam uale-
tudinem, quin & multum deliberabo, quando ac quemadmodum ſcribam, propter tempo
ra & hominum ſuſpiciones. Gratulor tibi pro-
fectum in literis, non poſſum mouere manum
in ſcribendo.   Vale Brugis ı7. Iunij. ıȷȝȝ.

Bonifacius Amerbachius, Clariſſimo uiro Damiano a Goes.

NIhil eſt clariſſime Damiani, quod preſen
ti exhibui. Quid enim potuiſſem non ni
c ij   ſi unum

63. Carta de Vives a Góis, Brujas, 17 de junio de 1533, c¹ vº, c² (Foto: Lovaina, Katholieke Universiteit).

63. D. de Góis, *Aliquot opuscula*, Lovaina, R. Rescius, diciembre, 1544.

4° (18.5 x 13 cm), 154 h. no numeradas. A-R⁴, S⁶, T-Z, a-l, k-n⁴.

Port.: DAMIANI/ A GOES EQVITIS LV-/SITANI ALIQVOT OPVSCVLA./ ♣ Fides, Religio, moresq3 Aethiopum./ ♣ Epistolæ aliquot Preciosi Ioannis, Pau/lo Iouio & ipso Damiano interpretibus./ ♣ Deploratio Lappianæ gentis./ ♣ Lappiæ descriptio./ ♣ Bellum Cambaicum./ ♣ De rebus & imperio Lusitanorum ad/ Paulum Iouium disceptatiuncula./ ♣ Hispaniæ ubertas & potentia./ ♣ Pro Hispania aduersus Munsterum de=/fensio./ Omnia ab ipso autore recognita./ ♣ Item aliquot Epistolæ Sadoleti, Bembi,/ & aliorum clarissimorum uirorum, cum/ Farragine carminū ad ipsum Damianū./ LOVANII/ ¶ Ex Officina Rutgeri Rescij, Anno 1544./ Mens. Decemb./ *A¹ vº:* N̈ OS Decanus cæteriq; sacræ Theologicæ facultatis doctores... deportari possit. Datum Louanij An/no a natiuitate Domini M.D.XLI./ Mensis Iulij, die 12./ Iohannes uan Houe dictæ sacræ Theogicæ *[sic]* fa=/cultatis Bedellus *&* Notarius./ *A²:* DAMIANVS/ A GOES EQVES LVSITA/nus Paulo Pontifici Romano Tertio/ S.P.D./ N̈ VLLA HAVD DVBIE EST... *A³ vº:* colaturq3 / 🜊 / *c¹:* EPISTOLAE/ SADOLETI, BEMBI, ET/ aliorum clarissimorum uirorum ad/ Damianum a Goes Equi-/tem Lusitanum./ 🜊 / *c¹ vº:* Ludouicus Viues, Damiano Goesio/ suo S./ Q̈ Vod epistolæ tuæ... *c²:* manum/ in scribendo. Vale Brugis 17. Iunij. 1533./ *n³ vº:* FINIS./ *n⁴: blanca.*

EJEMPLARES:
Lovaina, *Katholieke Universiteit Centrale Bibliotheck (Rés. A. 52621). París, B. Mazarine, (16346).

BIBLIOGRAFÍA:
Estelrich [n° 92], 294. *Belgica Typographica,* 1287. *Evora,* Edit. A. Provoost, Lovaina, 1991, Appendix, págs. 5-6, con abundante bibliografía.

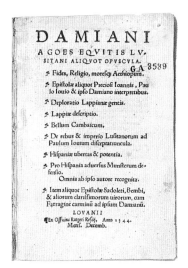

63. Portada (Foto: Lovaina, Katholieke Universiteit).

63. D. de Góis, grabado (París, Bibliothèque Nationale, Estampes).

SIMONIS GRYNAEI

vtile fit, vt confilium Gymnafij, quod cōftare ex
profefforib. uolumus, certa fide fit. fumma, quia
inter aduerfarios haud inftrenuos agimus, uident
dum effe oculatè, quid agamus. Mitto refpon-
fa illorum, fi quid fortè ad rem attinere putes,
fi princeps ftatim hæc fciat, eo certius liberiuſq;
deinceps cum iftis hominib. agere poffemus. ui-
de diligenter, quid opus facto putes. mihi fic uidetur. Vale.

Grynæus tuus.

VIVES D. SIMONI GRYNAEO
fuo S. P. D.

Epiftolæ tuæ mihi multo, uti par eft, iucundiffimæ. Quòd hactenus nō refponderim,
mi Grynæe, fat fcio te negligentiæ potius impu-
taturum, quàm auerfæ abs te aut rebus tuis uo-
luntati meæ. Quæ profectò erga te fumma eft,
ac propè fingularis, quid infit erga id pe-
ctus, in quo ego habeo perfpectiffimum, habi-
tare animum mei beneuolētiffimum? fed nec de-
fidia aliqua fuit caufa filentij. quid enim me eft
diligentius, quàm ualeo, et uacat? cæterùm ad-
uerfa ualetudo plurimum mihi temporis detra-
hit. id uerò quod relinquitur, auidiffimè rapio,
ut in perficiendis expoliendifq; meis laboribus
collocem. quos labores habeo profectò complu-
res,

EPISTOLAE. 157

res, rudes atq; inchoatos: orfus, quam hoc morbi
genus tam mihi obuenturum fufpicarer, quàm
alas et uolatum. De pietate in tantis controuer
fijs difficile per epiftolam, uel paucis uerbis diffe
rere pro dignitate, differamus aliud in tempus,
quū aliquid copiofius dici poterit, et efficacius.
Tu quid agas, quibus te ftudijs occupes, atq; oble
ctes, uehementer fcire auo. de his me uelim fa-
cias certiorem, quum mihi fcribes. Ego uerò fem
per aliquid molior: et animus, inquis, ut Liuius
dicebat, pafcitur opere. rēpus mihi deeft ad hæc
tam multa, uires quoq; ad durandum in opere.
Vtinam hic aliquem haberemus ex ueftris typo-
graphis: noftri enim omnes tenues funt, et mife
ri, animis etiam tenuiores, quàm re. uellem, pro-
fuiffem iftis ueftris, quantum his fordidis, cum
quibus aliquid agere aut contrahere, odiofiffi-
mum eft. Bebelium chalcographum falutabis
mihi, et alios ifthic, quibus fcis me effe charum.
Vale.

VITVS VVINSEMIVS SIMONI
Grynæo S. P. D.

S.D. Literæ tuæ, obferuande mi Simon, quas
iampridem cupidiff. expectabam, fuere mihi iucundiffimæ. animum enim tuū noftri adhuc
amantem, et fummam humanitatem teftaban-
tur,

---

118 SIMONIS GRYNAEI

luntati deeffe uideare. Ioachimus meus Camerá-
rius, meus inquam, nō enim patiar pofthac tuum
effe, nec effe etiam Philippi, nifi noftrū, hoc eft,
communem effe cōcedatis. quod fi permittatis,
Ioachimus nofter Camerarius mecū conftituit,
hoc genere exercitationis, et coniunctiōne no-
ftram ornare, et ita fcribere, ut edere etiam in
uulgus, fi fit opus, poffimus. Quare ita ad me tu
quoq; fcribe, ut tuæ quoque epiftolæ cum noftris
in manus hominum excant, in eoq; utere tuo illo
politulo iudicio, et acumine fententiarum, et
uarietate rerum. potes enim cum uis, et in breuitate fubtilitateq; delectare, et in copia, uarie-
tateq; ornare: quorum alterum, in rebus magnis
obferuo libenter: alterum in epiftolis uenuftum
eft, et gratiam habet. Vides affecutum te, quod
me uoluifti, ut me tua epiftola cōmoueret. nam
profectò commouit, fuitq; gratiffima, etiam ubi
maximè commouebat, dolebamq; me de filen-
tio et negligentia accufari. nam de alienatione
non eram folicitus: retineo enim propenfum,
firmumq; erga te animum meum. Vale. Argen-
torati, quarto idus Iulias. M. D. XLI.

VIVES S. GRYNAEO
fuo S. P. D.

Difputationem tuā legi libentiffimè, in qua
docte et acutè differis, eruditione an na
tura

64. Cartas de Vives a S. Grynaeo, publicadas por éste en su obra *In librum octavum topicorum Aristotelis,* págs. 118 (fragmento), 156-157 (Foto: Basilea, Universitätsbibliotheek).

64. S. Grynaeus, *In librum octavum Topicorum Aristotelis... Selectiores aliquot... Epistolae...,* Basilea, I. Oporinus, octubre, 1556.

8° (15.5 x 10 cm), 175+1 págs. numeradas. a-l⁸.

Port.: In librum octa-/uum Topicorum/ Aristotelis, Simonis Gry-/næi Commentaria/ doctissima./ Adiectæ sunt ad libri calcem sele-/ctiores aliquot eiusdem S./ Grynæi Epistolæ./ BASILEAE./ *a¹ v°: blanca/ pág. 3 (a²):* ILLVSTRISSIMO/ PRINCIPI AC DOMI-/no, D. CHRISTOPHORO/ duci Vuirtenbergensi & Dec-/censi, comiti Montisbelgar-/dorum, domino suo clemen-/tissimo, Isaacus Keller Me-/dicus S.P.D./ E TSI cōplures... *pág. 8 (a⁴ v°):* queam. Vale./ *pág. 9 (a⁵):* LOCI AD INSTRVENDVM/ interrogantem. Cap. I./ P OST... *pág. 113 (h¹):* consistit./ FINIS./ *pág. 114 (h¹ v°):* SIMO-NIS GRY-/NAEI SELECTIO-/res aliquot Epistolæ./ ERASMVS ROTERODAMVS/ Simoni Grynæo S.P.D./ H Oc mihi... *pág. 118 (h³ v°):* VIVES S. GRYNAEO/ suo S.P.D./ D Isputationem tuā... *pág. 120 (h⁴ v°):* nec libet. /Vale plurimum, mi Gryneæ [*sic*]. Bredæ, X. Nouem./ M.D.XXXVIII... *pág. 156 (k⁶ v°):* VIVES D. SIMONI GRYNAEO/ suo S.P.D./ E Pistolæ tuæ mihi multo... *pág. 157 (k⁷):* esse charum./ Vale... *pág. 175 (l⁸):* con-/ducent. Vale./ FINIS./ *l⁸ v°:* BASILEAE, EX OFFICINA/ Ioannis Oporini, Anno Salutis hu-manæ/ M.D.LVI. Mense/ Octobri.

EJEMPLARES:
Basilea, *Universitätsbibliothek (Bc.V.51 N° 3. El ejemplar fue donado a B. Amerbach). Munich, BSB. París, BN (R. 10816).

BIBLIOGRAFÍA:
Allen [n° 70], 1687. Jiménez Delgado [n° 76], págs. 174-175 y G. Tournoy, "Pour une nouvelle...", pág. 5, citan sólo la reimpresión decimonónica de estas epístolas: G.T. Streuber, *Simonis Grynaei clarissimi quondam Academiae Basiliensis Theologi ac philologi Epistolae,* Basilea, J. G. Neukirch, 1847.

64. Portada (Foto: Basilea, Universitätsbibliotheek).

65. Carta de Vives a Budé, Brujas, 1 de septiembre de 1532 (Foto: Lovaina, Katholieke Universiteit).

65. M. H. Goldast, *Philologicarum Epistolarum Centuria Una*, Frankfurt, E. Emmelius, 1610.

8º (15.8 x 9.5 cm), 8 h. preliminares (la última blanca) + 504 págs. numeradas + 9 hojas de índices.)(, A-Z, Aa-Ii⁸.

Port.: PHILOLOGICARVM/ EPISTOLARVM/ CENTVRIA VNA/ DIVERSORVM ARENATIS LI-/teris Doctissimorum virorum,/ in qua veterum Theologorum, Iurisconsultorum, Me-/dicorum, Philosophorum, Historicorum, Poe-/tarum, Grammaticorum libri diffici-/llimis/ locis vel emendantur vel il-/lustrantur:/ insuper/ RICHARDI

DE BVRI EPISCOPI DV-/NELMENSIS, &c./ PHILOBIBLION/ &/ BESSARIONIS PATRIARCHÆ CON-/stantinopolitani, & Cardinalis Nicæni EPI-/STOLA ad Senatum Venetum./ Omnia nunc primum edita ex Bibliotheca/ MELCHIORIS HAIMINSFEL-DII/ GOLDASTI./ Cum duplici Indice, vno rerum *&* verborum, al-tero Au-/ctorum, qui explicantur./ FRANCOFVRTI,/ Impensis Egenolphi Emmelii, Anno 1610./)(*1 v°: blanca/*)(*2: Amplissimis *&* Consultissimis Viris,/ D. MICHAELI LEFOENIO/ *&*/ D. GEOR-GIO MICHAELI/ LINGELSHEMIO,/ Socero ac Genero, Serenissimi Electoris Palatini in/ supremo Consistorio Consiliarius,/ MELCHIOR HAIMINSFELDIVS/ GOLDASTVS S.P.D./ V Iri dignitate...)(*2 v°:* amabilius. BB.VV. Francofordia, propri–/die Kalend. Ianuar. A.C.N./ MI, Ɔ CX./)(*3: SYLLABVS AVCTORVM, IV-/xta Epistolarum seriem./ Ægidius...)(*4: Philo-/sophus. LXX./) (*4 v°:* CATALOGVS/ Omnium tum Veterum tum Neoticorum Aucto-/rum, quorum in Epistolis hisce Philologicis, passim,/ crebra fit mentio, secundum Alphabeti/ ordinem digestus./ A./ A Delphus...)(*7 v°:* Zosimus. 304/ FINIS./)(*8, blanca./ pág. 1 (A¹):* viñeta* EPIST. I./ FRANCISCVS PE-/trarcha Thomæ Messanensi S./ D Ictu... *pág. 212 (O² v°):* EPIST. LI. Parrhisios/ Lod. Viues G. Budæo V.C. S./ E Pistolam tuam... *pág. 217 (O⁵):* & felicia. Brugis Cal. Septemb. 1532./ EPIST. LII. Parrhisios aut Mar-/tianum *[sic]* eius./ Lodouicus Viues S.D.GV. Budæo/ V.CL./ B Inas tuas... *pág. 223 (O⁸):* conti-/nuo nosces... *pág. 504 (Hh⁷ v°):* FINIS./ *Hh⁸:* INDEX./ Index rerum ac verborum, in hocce Epistoli-/co Opus-culo, contentorum lo-/cuples./ A./ A Blatiui... *Iɩ⁸ v°:* exædifica-/tum. 46/ FINIS.

65. Portada (Foto: Lovaina, Katholieke Universiteit).

EJEMPLARES:
Londres, BL (1084.i.10). **Lovaina, *Katholieke Universiteit Centrale Bibliotheek (Rés. 3A 20823).** París, B. Mazarine (2 ejemplares: 22910; y 22915B).

BIBLIOGRAFÍA:
Delaruelle, pág. 92. González, pág. 200. G. Tournoy, "Pour une nouvelle...", 28, 191.

272

VIVES

D. HIERONYMO SALINEO

S.

Virtutes tuæ ingentes, quæ ab omnibus incredibili consensu laudantur, et prædicantur, impulerunt me ad expetendam amicitiam tuam. Eædem virtutes animum addiderunt, ut ad te hanc epistolam scriberem, qua vel auspicarer tecum optimis avibus amicitiam, vel certè notitiam confirmarem. Tu me posthac utere sive amico, sive noto, ut voles ex commodo tuo; nam ex voto meo amicum mallem. Habebis istic Nicolaum Valdaura, uxoris meæ fratrem, quem ego ita habeo carum, ut alterum me esse censeam: Is erit tibi velut imago quædam, et admonitor, quò mei crebrò memineris. Vale.

VIVES

JOANNI MALDONATO (1)

S.

Jacobum Astudillum, quem mihi commendas, nondum vidi, quòd absum Brugis, ubi me ille erat conventurus, et conveniet, uti spero, verè proximo; antea enim non puto me Breda discessurum, ne videar deserere Marchionam in tanto luctu viduitatis. Sed domum reversus, Christo propitio, hoc est, mihi et quieti meæ redditus, videbo adolescentem, et quidem, sicuti jubes, propius ac familiarius: Nec du-

1 Hæc epistola hucusque inedita inter alias Joannis Maldonati manu scriptas legitur, quæ uno volumine contentæ servantur in Collegio Majori Vallisoletano S. Crucis.

66. Carta de Vives a Juan Maldonado, Bredá, 16 de diciembre de 1538, reproducida en el tomo VII, págs. 221-222 de los *Opera* editados por Mayans. En ella, Vives manifestó: "Que haya gente que me tenga envidia, no lo creo, especialmente en España, por muchas causas: primero, por mi ausencia, en segundo lugar porque son pocos los que allí leen mis obras, menos aún quienes las entienden, y poquísimos quienes las venden o se preocupan por ellas, tan fría es la afición de los nuestros a las letras" (Foto: P. Alcántara).

66. J. L. Vives, Epístola a Juan Maldonado, en *Opera omnia*, Valencia, B. Monfort, 1788, vol. VII, págs. 221-222.

Port.: JOANNIS/ LUDOVICI VIVIS VALENTINI/ OPERA OMNIA,... TOMUS VII./ *viñeta*/ VALENTIÆ EDETANORUM./ IN OFFICINA BENEDICTI MONFORT... Anno M.DCC.LXXX-VIII./ *pág. 221:* VIVES/ JOANNI MALDONATO (I)/ S./ J aco-bum Astudillum, quem mihi commendas... *pág. 222:* nec re–/morde-re. Vale etiam atque etiam Bredæ XVI. Decembris. 1538./ Sed quia de... nempe volunta–/te mea tui benevolentissima./ *En la llamada a pie se lee:* Hæc epistola hucusque inedita inter alias Joannis Maldonati manu scriptas le-/gitur, quæ uno volumine contentæ servantur in Collegio Majori Vallisoletano S. Crucis.

EJEMPLARES:
Véase núm. 48. **Valencia, *Biblioteca Universitaria (D-71/15).**

BIBLIOGRAFÍA:
Riber [nº 93], II, págs. 1732-1733. Jiménez Delgado, [nº 76], 176. G. Tournoy, "Pour une nouvelle...", 207.

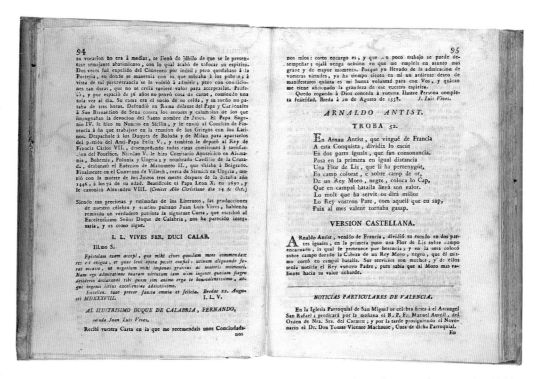

67. Versión latina y castellana de la carta de Vives al duque de Calabria, Bredá, 20 de agosto de 1538, págs. 94-95 (Foto: P. Alcántara).

67. J. L. Vives, Carta al Duque de Calabria, Breda, 20 agosto de 1538, en *Diario de Valencia,* 24 de octubre de 1791, págs. 94-95.

4° (20.5 × 15 cm), 2 h. Ejemplar encuadernado en: *Diario de Valencia,* Octubre-Diciembre, 1791, tomo VI.

Pág. 93: Núm. 116/ DIARIO DE *[escudo de Valencia]* VALENCIA/ Del Lúnes 24 de Octubre de 1791./ SAN RAFAEL ARCANGEL./ Está la Indulgencia... *pág. 94:* Siendo tan preciosas y estimadas de los Literatos... y es como sigue./ I.L. VIVES FER. DUCI CALAB./ Ill.mo S./ Epistolam tuam accepi... fausta omnia et felicia. Bredae xx. Augu–/sti MDXXXVIII. I.L.V./ AL ILUSTRISIMO DUQUE DE CALABRIA, FERNANDO,/ saluda Juan Luis Vives./ Recibí vuestra Carta en la que me recemendais *[sic]...* *pág. 95:* comple-/ta felicidad. Breda á 20 de Agosto de 1538. J. Luis Vives... *pág. 96:* CON REAL PRIVILEGIO./ En la Imprenta del Diario.

EJEMPLARES:
Valencia, *Biblioteca Universitaria (Diar. Antig. I-131/ 1791); Valencia, B. Nicolau Primitiu; Valencia, Ateneo Mercantil.

BIBLIOGRAFÍA
R. Blasco, ficha 6.556; 7.052. Sobre el manuscrito, en este mismo catálogo, ver G. Tournoy, pág. 81, Bonilla [n° 87] la reimprimió, pág. 705, y de ahí la tomaron Riber [n° 93], II, pág. 1737. Jiménez Delgado [n° 76], 173.

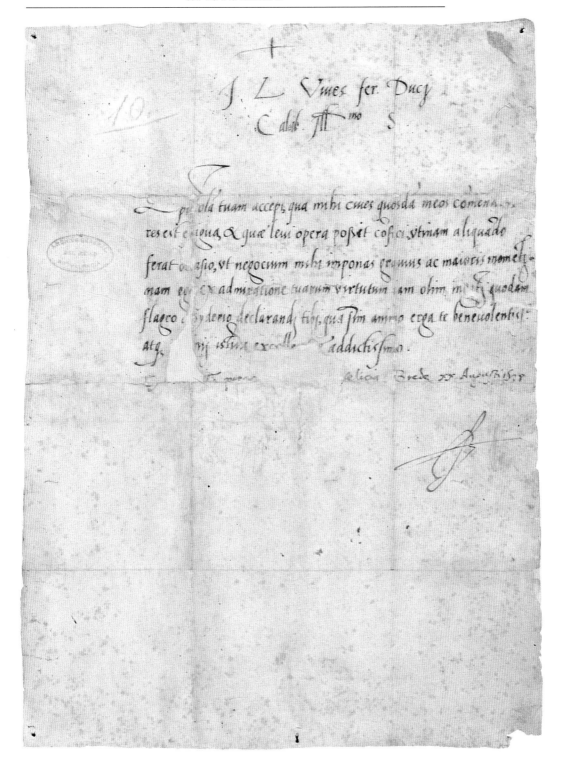

67. Carta de Vives al duque de Calabria, Bredá, 20 de agosto de 1538 (Foto: Valencia, Archivo del Reino de Valencia).

68. Carta de Vives a Juan de Borja, duque de Gandía, Amberes, 6 de septiembre de 1535 (Foto: Barcelona, Biblioteca de Catalunya).

68. P. y F., "Una carta de Luis Vives dirigida al Duque de Gandía", en *Revista Histórica Latina* (Barcelona), T. I, n° 1 (1° mayo 1874), págs. 26-27. 2.° (27 × 17.5 cm).

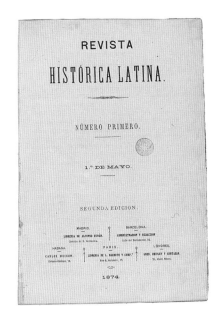

Contiene un facsímil del manuscrito (procedencia y paradero actual desconocidos) de una carta a Juan de Borja, *Con mucho deseo, espero...,* datada en Amberes, 6 de septiembre de 1535. Su primera transcripción apareció en Bonilla [n° 87], págs. 702-703.

Barcelona, Biblioteca de Catalunya (9 (46) (05) Rev. 4°).

69. A. Bonilla y San Martín, "Clarorum Hispaniensium Epistolae ineditae", en *Revue Hispanique*, T. VIII (1901), págs. 181-308. 4° (20.5 x 15 cm).

Entre las cartas de diversas personalidades del XVI, se editan por primera vez dos de Vives a Juan de Vergara (Brujas, 14-VIII-1527: *Epistolam tuam reddidit...,* págs. 261-266; y 8-VIII-1532: *Epistolium tuum scito...,* pág. 267), y dos de éste al valenciano (Valladolid, 6-IX-1522: *Faciunt occupationes meae...,* págs. 247-250; y 12-IV-1527: *Litteras tuas a digressu...,* pág. 254), más una de la Universidad de Alcalá al último (<1522>: *Quum post obitum...,* págs. 260-261). Acerca de los manuscritos, *vide supra.* G. Tournoy, *A Survey...,* págs. 67-84.

Madrid, Biblioteca Nacional (D/ 1477).

278

70. P. S. Allen, H. M. Allen y H. W. Garrod, *Opus epistolarum Des. Erasmi Roterodami*, Oxford, Clarendon Press, 1906-1958, 12 vols. 4° (22 x 14.5 cm).

Los números 545, 917, 927, 1082, 1104, 1106, 1107, 1108, 1111, 1222, 1256, 1271, 1281, 1303, 1306, 1309, 1362, 1455, 1513, 1531, 1613, 1665, 1732, 1792, 1830, 1836, 1847, 1889, 2026, 2040, 2061, 2157, 2163, 2208, 2300, 2352, 2502, 2777, 2892 y 2932 contienen la edición crítica, con abundantes notas, de cartas de Vives a Erasmo o a su amanuense (en número de 21); y del neerlandés al valenciano (7), o a terceras personas donde hay referencias significativas a éste. Trabajo verdaderamente ejemplar, que ha servido de norma para la edición de epistolarios de otros humanistas. Resulta fundamental para el estudio de las relaciones de Vives y Erasmo.

Madrid, Biblioteca Nacional (4/ 152380-90).

---

71. F. Watson, *Les relacions de Joan Lluís Vives amb els anglesos i amb l'Angleterra*, Barcelona, Institut d'Estudis Catalans, 1918 (Biblioteca Filosòfica, I), 327 págs. 4° (30 x 16.5 cm).

Publica por primera vez, en facsímil, la epístola de Vives a Enrique VIII, *Si Maiestatem tuam...*, datada en Brujas, 13 de julio de 1527, entre las páginas 272 y 273, que hemos reproducido arriba, en la pág. 78. Fue editada críticamente por H. de Vocht [n° 73], págs. 24-26.

Valencia, Biblioteca Nicolau Primitiu (1/22).

72. H. de Vocht (ed.) *Literae virorvm ervditorum ad Franciscvm Craneveldivm 1522-1528. A Collection of Original Letters edited from the Manuscripts and illustrated with notes and commentaries,* Lovaina, Librairie Universitaire Uystpruyst publisher, 1928. Humanistica Lovaniensia, 1. XCIX+774 págs., 4° (23 x 15 cm).

De las 293 cartas editadas críticamente, 49 son de Vives, y sólo una de ellas había sido impresa con anterioridad. Acerca de su epistolario con Craneveld, *vide supra,* J. IJsewijn, *The "Litteræ ad Craneveldium",* págs. 59-66.

Biblioteca particular.

73. H. de Vocht, *Monvmenta Hvmanistica Lovaniensia. Texts and Studies about Louvain Humanists in the First Half of the XVIth Century. Erasmus - Vives - Dorpius - Clenardus - Goes - Moringus,* Lovaina, Librairie Universitaire Ch. Uystpruyst publisher, 1934. Humanistica Lovaniensia, 4. XXXII+753 págs. 4° (23 x 15 cm).

Tres de los estudios se relacionan con Vives y su epistolario: ofrece noticias acerca de corresponsales; edita críticamente algunos textos conocidos con anterioridad, y epístolas dirigidas a Vives, desconocidas hasta entonces: "Vives and his Visits to England", págs. 1-60; "Rodrigo Manrique's Letter to Vives", págs. 427-458; y "John Helyar Vives' Disciple", págs. 587-608.

Lovaina, Katholieke Universiteit Centrale Bibliotheek (4 A 8246, ejemplar con ex libris de H. de Vocht y anotaciones de su mano).

74. A. Moreira de Sá, "Uma carta inédita de Luís Vives para D. João III", en *Arquivo de Bibliografia Portuguesa*, 3 (1957), págs. 1-8. 2º (27 × 16 cm).

Se trata de una carta que comienza: *Quod iampridem...,* datada en Amberes, el 18 de septiembre de 1534. Incluye un facsímil del primer folio del manuscrito. Acerca de su paradero, *vide supra,* G. Tournoy, *A Survey...,* pág. 80.

Madrid, Biblioteca Nacional (V/ Cª 3069-9).

75. G. E. McCully, "A Letter of Juan Luis Vives to Jerome Aleander, from Louvain, December 17, 1522", en *Renaissance Quarterly*, 22 (1969), págs. 121-128. 4º (21.5 x 13.5 cm).

La carta, *Nullas inter nos litteras...,* fue editada originalmente por J. Paquier, en "Lettres familières de Jérôme Aléandre (1510-1540)", *Revue des études historiques,* 1905. Sin embargo, McCully realizó una transcripción más rigurosa del manuscrito, que reprodujo en facsímil (entre las págs. 122 y 123), lo anotó con agudeza y su interpretación, en aspectos medulares, resulta convincente.

Madrid, Biblioteca Nacional (Z/ 32136).

76. J. L. Vives, *Epistolario.* Edición preparada por José Jiménez Delgado, Madrid, Editora Nacional, 1978, 661 págs. 4º (18 x 11 cm).

Hasta el día de hoy, sigue siendo el repertorio epistolar vivista más rico, pues reúne 195 piezas. Por desgracia, sólo se editó la versión en castellano y abundan en ella los errores de interpretación. Las notas críticas no suelen correr con mejor fortuna.

Valencia, Biblioteca Universitaria (D 61/ 264).

77. *De Cranevelt Correspondentie,* Koning Boudewijn Stichting [Bruselas, 1990], 22 págs. + un facsímil fuera de paginación, de 4 págs. Se publicó en forma paralela la versión francesa: *La correspondance Cranevelt,* Fondation Roi Baudouin. Folio (30 × 23 cm).

Además del facsímil de la epístola de Vives a Craneveld, *Habes, ut credo, epistulam...,* Lovaina, 20 de diciembre <1520>, se publica su transcripción, anotada, más una traducción al neerlandés o al francés, según el caso. Asimismo, hay una noticia acerca de las 117 cartas recientemente descubiertas, llamadas *Litterae ad Craneveldium Balduinanae,* y el inventario completo de las mismas.

Biblioteca particular.

78. J. IJsewijn y G. Tournoy (eds). "Litterae ad Craneveldium Balduinanae. A Preliminary Edition. 1. Letters 1-30 (March 1520-February 1521)", en *Humanistica Lovaniensia,* vol. XLI (1992), págs. 1-85. Segundas pruebas de imprenta.

Edición y estudio de las primeras 30 cartas de un fondo epistolar inédito, adquirido por la Fundación Rey Balduino, a iniciativa de varios profesores de la Universidad de Lovaina, en cuya biblioteca está depositado. Doce de ellas fueron escritas por Vives. Se trata, pues, de la edición príncipe más reciente, ni siquiera salida de las prensas, de una parte de su obra. Dos de esas cartas se exhiben aquí [nᵒˢ 53 y 54] y son objeto de una reproducción facsimilar en nuestro catálogo.

Lovaina, Katholieke Universiteit.

PRINCIPALES ESTUDIOS

BIBLIOTHECA

Vniuerſalis, ſiue Catalogus omni‐
um ſcriptorum locupletiſſimus, in tribus linguis, Latina, Græca, & He‐
braica: extantium & non extantiũ, ueterum & recentiorum in hunc uſq́;
diem, doctorum & indoctorum, publicatorum & in Bibliothecis laten‐
tium. Opus nouum, & nõ Bibliothecis tantum publicis priuatiſue in‐
ſtituendis neceſſarium, ſed ſtudioſis omnibus cuiuſcunq́; artis aut
ſcientiæ ad ſtudia melius formanda utiliſſimum : authore
CONRADO GESNERO Tigurino doctore medico.

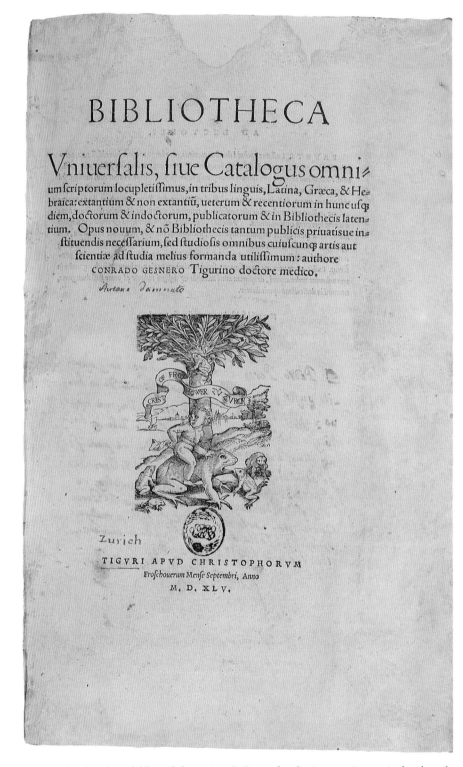

Zurich

TIGVRI APVD CHRISTOPHORVM
Froſchouerum Menſe Septembri, Anno
M. D. XLV.

79. Portada. El médico y bibliógrafo humanista C. Gesner fue el primero en inventariar las obras de Vives, poco después de fallecido éste (Foto: P. Alcántara).

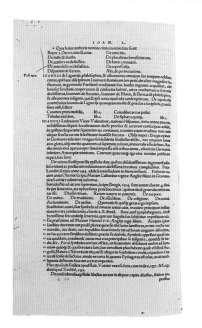

79. Detalle de la noticia biobibliográfica sobre Vives, preparada por Gesner, h. 430-431 (Foto: P. Alcántara).

79. C. Gesner, *Bibliotheca Universalis*, Zurich, Ch. Froschoverus, septiembre, 1545.

Folio (31 x 19.5 cm), 18 h. no numeradas + 631 h. numeradas + 1 blanca. *[8], A[6], B[4], a-z, A-Z, Aa-Zz, aa-zz, AA-MM[6], NN[8].

Port.: BIBLIOTHECA/ Vniuersalis, siue Catalogus omni=/um scriptorum locupletissimus, in tribus linguis, Latina, Græca, & He=/braica: extantium & non extantiū, ueterum & recentiorum in hunc usq**3** / diem, doctorum & indoctorum, publicatorum & in Bibliothecis laten=/tium. Opus nouum, & nō Bibliothecis tantum publicis priuatísue in=/stituendis necessarium, sed studiosis omnibus cuiuscunq**3** artis aut/ scientiæ ad studia melius formanda utilissimum: authore/ CONRADO GESNERO Tigurino doctore medico./ *Escudete/* TIGVRI APVD CHRISTOPHORVM/ Froschouerum Mense Septembri, Anno/ M.D.XLV./ *h. 430 (cc* [4] *v°:* IOANNES Lodouicus Viues Valentinus, natione Hispanus... *h. 434 (dd²):* ad ipsam Viuis præfationem remitto.

Valencia, Biblioteca Universitaria (Z-12/ 145, falta última h.).

ELENCHVS

SCRIPTORVM OMNIVM, VETERVM SCILI-
cet ac recentiorū, extantium & non extantiū, publi-
catorū atǫ hinc inde in Bibliothecis latitantium, qui
ab exordio mundi uſǫ ad noſtra tempora in diuerſis
linguis, artibus ac facultatib. claruerunt, ac e-
tiamnum hodie uiuunt:

Ante annos aliquot à Clariſſ. uiro D. CONRADO
GESNERO Medico Tigurino editus, nūc uerò primùm in Reipublicæ literariæ gratiam in compendium
redactus, & autorum haud pœnitenda acceſsio-
ne auctus: per

CONRADVM LYCOSTHE-
NEM RVBEAQVENSEM.

Habes hic, candide Lector, opus planè nouum, ぴ non bibliothecis tan-
tū publicis ac priuatis inſtituendis utile, ſed ſtudioſis omnibus (ut in libri
Præfatione docetur)cuiuſcunq; artis ac ſcientiæ, ad ſtudia in melius for-
manda in primis neceſſarium: in quo, ea quæ priori editio-
ni acceſſerunt, hoc ſigno * nota-
uimus.

BASILEAE.

80. Portada (Foto: Madrid, Biblioteca Nacional).

80. C. Lycosthenes, *Elenchus scriptorum omnium...* Basilea, I. Oporinus, septiembre, 1551.

4° (20.5 × 15 cm), 8 h. preliminares + 1096 columnas + 14 h. a-b, A-Z, Aa-Zz, Aaa-Zzz, Aaaa-Cccc⁴.

Port.: ELENCHVS/ SCRIPTORVM OMNIVM, VETERVM SCILI-/ cet ac recentiorū, extantium & non extantiū, publi-/catorū atq**3** hinc inde in Bibliothecis latitantium, qui/ ab exordio mundi usq**3** ad nostra tempora in diuersis/ linguis, artibus ac facultatib. claruerunt, ac e-/tiamnum hodie uiuunt:/ Ante annos aliquot à Clariss. uiro D. CON-RADO/ GESNERO Medico Tigurino editus, nūc uerò pri-/mùm in Reipublicæ literariæ gratiam in compendium/ redactus, & autorum haud pœnitenda accessio-/ne auctus: per/ CONRADVM LYCOS-THE-/NEM RVBEAQVENSEM./ *Escudete con ARION./* Habes hic, candide Lector, opus planè nouum, & non bibliothecis tan-/tū publicis ac priuatis instituendis utile, sed studiosis omnibus (ut in libri/ Præfatione docetur) cuiuscunq; artis ac scientiæ, ad studia in melius for-/manda in primis necessarium: in quo, ea quæ priori editio-/ni accesserunt, hoc signo * nota-/uimus./ BASILEAE/ *Col. 579 (Oo¹):* Ioannes Ludouicus Viues Valentinus,/ natione Hispanus, scripsit... *Col. 580:* Desideratur etiam Farrago Episto/larum eius, *&* quædam alia, quæ fortassis/ dante Deo aliquando publicabuntur. Cla=/ruit 1540./ *h. Cccc⁴:* BASILEAE, PER IOANNEM OPORI–/num, Anno Salutis humanæ M.D.LI./ Mense Septembri.

Madrid, Biblioteca Nacional (R/ 20963).

80. Noticia sobre Vives realizada por C. Lycosthenes con base en el texto de Gesner y, a partir del asterisco (col. 580), con nuevas noticias introducidas por el compilador, las más de ellas de gran imprecisión (Foto: Madrid, Biblioteca Nacional).

81. A. Possevino, *Apparatus Sacer,* Venecia, Societas Veneta, 1603-1606, 3 vols.

Vol. II: Fol. (32.5 × 21.5 cm). 12 h. no numeradas + 556 págs. *, **^{6}, A-Z, Aa-Yy^6, Zz^4, Aaa^4.

Port.: ANT▾ POSSEVINI/ MANTVANI/ Societatis IESV/ APPA-RATVS SACRI/ Ad/ Scriptores veteris, & noui Testamenti./ Eorum Interpretes./ Synodos, & Patres Latinos, ac Græcos./ Horum Versiones./ Theologos Scholasticos, quique contra/ hæreticos ege-runt./ Chronographos, & Historiographos Eccle-/siasticos./ Eos, qui casus conscientiæ explicarunt./ Alios, qui Canonicum Ius sunt inter-pretati./ Poëtas Sacros./ Libros pios, quocumque idiomate conscrip-tos./ Tomus Secundus./ Quo plures, quàm bis mille Auctores partim indicatur, partim ad rectum vsum expenduntur./ Addita est præter-missorum aliorum Appendix ad calcem./ Cum Priuilegijs Sacræ Cæs. Maiestatis, Christianiss. Regis Galliæ, Sereniss. Reipub. Venetæ,/ & Serenissimi Magni Ducis Etruriæ./ *Escudete con logotipo IESUS/* VENETIIS, Apud Societatem Venetam. MDCVI./ Permissu Superiorum./ *pág. 213 (S^5):* IOANNES Ludouicus Viues, Valentinus, Hispanus, scripsit/ In septem Psalmos Pœnitentiales... *pág. 214 (S^5 v°):* Obijt Brugis in Belgio, ann. 1536. siue circiter.

Valencia, Biblioteca Universitaria (Y-61/5)

81. Portada. Possevino se limitó a transcribir de segunda mano, en particular, la contenida en la *Bibliotheca* de Gesner (Foto: P. Alcán-tara).

BIBLIOTHECA
HISPANA
SIVE
HISPANORVM,

QVI VSQVAM VNQVAMVE
five Latinâ five populari five aliâ quâvis linguâ
fcripto aliquid confignaverunt

NOTITIA,

HIS QVÆ PRÆCESSERVNT LOCVPLETIOR ET CERTIOR
brevia elogia, editorum atque ineditorum
operum catalogum

DVABVS PARTIBVS CONTINENS,

QVARVM HAEC ORDINE QVIDEM REI
pofterior, concêptu verò prior duobus tomis de his agit,

QVI POST ANNVM SECVLAREM MD.
ufque ad præfentem diem floruere,

TOMVS PRIMVS.

AVTHORE

D. NICOLAO ANTONIO
HISPALENSI, I.C.
ORDINIS S. IACOBI EQVITE,

PATRIÆ ECCLESIÆ CANONICO,

Regiorum negotiorum in Vrbe & Romana Curia
Procuratore generali.

ROMÆ ex Officina Nicolai Angeli Tinaffii. MDCLXXII.

SVPERIORVM PERMISSV.

82. Portada y pág. 552 (derecha) del tomo primero de la *Bibliotheca* de Nicolás Antonio, primer bibliógrafo español de Vives y cuyo texto se volvería canónico en casi toda Europa (Foto: Zaragoza, Biblioteca Universitaria).

82. Nicolás Antonio, *Bibliotheca Hispana*, Roma, N. A. Tinassius, 1672, 2 tomos.

Folio (34 × 23 cm), Tomo I: Un grabado + 40 h. no numeradas + 633+ 3 págs. Signatura: Un grabado, a⁶, b-h⁴, i⁶, A-Z, Aa-Zz, Aaa-Zzz, Aaaa-Kkkk⁴, Llll², la última blanca. Tomo II: 690 págs. A-Z, Aa-Zz, Aaa-Zzz, Aaaa-Rrrr⁴, Ssss².

Tomo I: Grabado./ Port.: BIBLIOTHECA/ HISPANA/ SIVE/ HISPANORVM,/ QVI VSQVAM VNQVAMVE/ sive Latinâ sive populari sive aliâ quâvis linguâ/ scripto aliquid consignaverunt/ NOTITIA,/ HIS QVÆ PRÆCESSERVNT LOCVPLETIOR ET CERTIOR/ brevia elogia, editorum atque ineditorum/ operum catalogum/ DVABVS PARTIBVS CONTINENS,/ QVARVM HAEC ORDINE QVIDEM REI/ posterior, conceptu verò prior duobus tomis de his agit,/ QVI POST ANNVM SECVLAREM MD./ usque ad præsentem diem floruere./ TOMVS PRIMVS./ AVTHORE/ D. NICOLAO ANTONIO/ HISPALENSI, I.C./ ORDINIS S. IACOBI EQVITE,/ PATRIÆ ECCLESIÆ CANONICO,/ Regiorum negotiorum in Vrbe & Romana Curia/ Procuratore generali./ ROMÆ ex Officina Nicolai Angeli Tinassii. MDCLXXII./ SVPERIORVM PERMISSV./ *p. 552, 2ª col.:* IOANNES LVDOVICVS VIVES, ex/ Blanca Marc... *p. 556:* mors Brugis,/ anno (si credimus Antonio Possevino)/ MDXXXVII aut circiter.
Tomo II, p. 662: [ADDENDA ET CORRIGENDA]: IOANNES LUDOVICUS VIVES./ *[6 líneas].*

Zaragoza, Biblioteca Universitaria (An-1-5).

82. M. Brandi, Nicolás Antonio, grabado, *Retratos de los españoles ilustres,* tomo I (Valencia, Biblioteca Universitaria).

83. Manuscrito de la *Vivis vita;* inicio de la *Idea editionis* de Gregorio Mayans, primer editor español de las *Opera omnia* del humanista (Foto: P. Alcántara).

83. G. Mayans, *Apuntamientos para la Vida de Juan Luis Vives. Tomo 1,* manuscrito [Valencia, siglo XVIII].

4º (21.5 x 15.5 cm), 1+323 h., parte del volumen presenta foliación reciente en romanos, numerosas hojas blancas entreveradas con el texto. Encuadernación en pergamino, con leyenda en el lomo: *Vivis Vita I.* En la carátula: *Apuntamientos para la/ Vida/ de Juan Luis Vives./ Tomo I./* Letra de Gregorio Mayans, con diversas indicaciones de Juan Antonio Mayans, y, en la h. CCCXVII, el original de un informe anónimo en relación con un pasaje de Janus Gruterus.

No hay noticia del presunto segundo volumen ni de un manuscrito más próximo al texto impreso. Verdadera miscelánea de "apuntamientos". Puede verse: A. Mestre, *Historia, Fueros y Actitudes políticas. Mayans y la Historiografía del XVIII,* Valencia, Publicaciones del Ayuntamiento de Oliva, 2, 1970, págs. 367-368; y González, pág. 61.

Valencia, Biblioteca del Archivo Hispano Mayansiano, Colegio de Corpus Christi, (nº 245).

2

JOANNIS LUDOVICI VIVIS

VALENTINI

VITA.

OANNES LUDOVICUS VIVES, ex antiqua Vivium Familia, natus fuit Valentiæ Hedetanorum pridie nonas Martii anni 1492. Ædes in quibus ortus fuit ipse designavit in Dialogo *Leges Ludi*, in quo varia dixit de Urbe Valentia, sub persona nobilissimorum virorum, inter quos ait *Borgia. Eamus hac igitur per Divi Joannis Hospitalis ad Vicum Marinum. Cabanillius. Spectabimus obiter decoras formas. Borgia. Apage, pedestres erit dedecori. Scintilla. Majori est, mea sententia, dedecori, viros pendere de judicio puellarum rudium atque ineptarum. Cabanillius. Visne ut recta eamus per plateam ficus, et Divæ Teclæ? Scintilla. Non, sed per vicum Tabernæ Gallinacei; nam in eo vico cupio videre ædes, in quibus natus est Vives meus, sunt enim, ut accepi, descendentibus ad sinistram postremæ in vico; et invisam eadem opera sorores ejus. De vico Ta*bernæ Gallinacei operæpretium est ob oculos habere Edictum Civitatis Valentiæ in quo, anno 1538. indixit Pompam tertiæ centuriæ ab expugnatione per Regem Jacobum facta, ubi sic legitur: *Exirà per lo Portal de la Plaza de la lenya, irà per davant lo Palau del Rev.^m Senyor Archebisbe, per lo carrer de les Avellanes, girarà per lo Carrer de la Taberna del Gall, girarà a ma squerra, per la Plaza de Mosen Vilarasa, per Sanct Andreu, per casa de Mosen Alpont, tirarà dret a la casa del benaventurat Martir, e Cavaller Mosenyer Sanct Jordi, e aqui, fetes les gracies acostumades, irà per lo carrer de Barcelonina a la Plaza del glorios Sanct Francesch, entrarà en la Sglesia del dit Monestir, exirà per la porta del Espital de la Reina, per lo carrer de Sanct Vicent, irà, dreta via, a la casa del Monestir del dit glorios Sanct, a la qual en semblant dia de Cap de Centenerar de anys es acostumàt anàr: tornarà per lo mateix camì, en-*
tra-

84. Mayans prologó su edición con una extensa *Vivis Vita* (Foto: P. Alcántara).

84. G. Mayans, *Vivis Vita,* en J. L. Vives, *Opera Omnia*, Valencia, B. Monfort, Tomo I, 1782, págs. 1-220.

Para las indicaciones tipográficas, véase el n° 48.

Pág. 1 (A¹): JOANNIS LUDOVICI VIVIS/ VALENTINI/ VITA./ SCRIPTORE/ GREGORIO MAJANSIO,/ GENER. VALENT. DUODECEMVIRO HONORARIO/ STLITIBUS *[sic]* JUDICANDIS IN AULA URBEQUE REGIA./ OPUS POSTHUMUM./ JOANNES ANTONIUS MAJANSIUS/ LECTORI/ S./ ⸤C⸥UM Gregorius Majansius, Frater meus, fere ad um-/bilicum adduceret promissam Vitam Joannis Ludovici/ Vivis... placida morte quievit... die XXI. Decembris/ anni M.DCC.LXXXI. atque ita defuit scripto ultima/ lima... Vale./ *pág. 2 (A¹ v°):* JOANNIS LUDOVICI VIVIS/ VALENTINI/ VITA./ ⸤J⸥OANNES LUDOVICUS VIVES, ex antiqua Vivium/ Familia... *pág. 219 (EE³):* ¡Iterum, utinam!/ MONITUM./ ⸤C⸥UM incomparabilis Vir... *pág. 220 (EE³ v°):* et Prologi/ galeati.

Valencia, Biblioteca Universitaria (D-71/9).

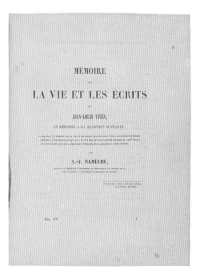

85. Portada (Foto: Barcelona, Biblioteca de Catalunya).

85. A.-J. Namèche, *Mémoire sur la vie et les écrits de Jean-Louis Vivès. Mémoires couronnés par l'Academie des Sciénces et Belles Lettres de Bruxelles,* T. IV, 1ᵉ partie (1840-1841), 137 págs. 4° (28.5 × 20.5 cm).

Con el ensayo de Namèche se cierra el capítulo de la erudición clásica en torno a Vives y aparece la primera investigación moderna sobre la vida y obra del humanista valenciano asentado en los Países Bajos.

Barcelona, Biblioteca de Catalunya (A 1-4-96).

---

86. A. Lange, *Luis Vives, por___. Autor de la Historia del Materialismo. Traducción directa del alemán, revisada por M. Menéndez y Pelayo,* Madrid, La España Moderna [1894]. (Biblioteca de Jurisprudencia, Filosofía e Historia), 156 págs. 4° (22 × 14 cm).

El surgimiento de la pedagogía y psicología experimentales en la Alemania de mediados del siglo XIX tuvo como consecuencia una nueva boga de Vives, quien empezó a ser considerado un destacado precursor de tales disciplinas. A. Lange fue el más influyente en tales estudiosos. La traducción castellana de su obra, aparecida en 1894, posibilitó una gran difusión de sus puntos de vista en el ámbito hispano.

Valencia, Biblioteca Universitaria (D-30/146).

87. A. Bonilla y San Martín, *Luis Vives y la Filosofía del Renacimiento. Memoria premiada por la Real Academia de Ciencias Morales y Políticas en el concurso ordinario de 1901,* Madrid, Imp. del Asilo de Huérfanos del S.C. de Jesús, 1903, 818 págs. 4º (27 × 18 cm).

Durante el siglo XIX, Vives fue estudiado en España a través del prisma ideológico de las pugnas políticas entre liberales y conservadores. Con el ensayo de Bonilla, discípulo de Menéndez Pelayo, culmina la interpretación de signo conservador, que en él adquiere tonos muy alejados del partidismo panfletario. Antes bien, su obra es un gran ejemplo de sólida erudición. Sin duda por esto, de los estudios en lengua castellana acerca de Vives, el suyo fue el único que alcanzó renombre internacional. Su escrito ha sido la obra de referencia básica dentro y fuera de España.

87. Portada (Foto: P. Alcántara).

Valencia, Biblioteca Universitaria (S-3/3).

88. Th. Edelbluth (ed), *Johann Ludwig Vives' pädagogische Hauptschriften: "Die Erziehung der Christin" und "Über die Wissenschaften" aus dem Lateinischen übersetzt und mit einer Einleitung und erklärenden Anmerkungen versehen von Dr. ____* Paderborn, F. Schöningh, 1912. 255 págs. 4º (19 cm).

Al filo de los siglos XIX y XX, decenas de autores alemanes impusieron por toda Europa la imagen del Vives "pedagogo" y "psicólogo". No obstante, su influencia en la cultura de lengua española se dejó sentir a través de traducciones del francés e inglés. Edelbluth, sin haber sido el más representativo, es uno de los pocos vivistas germánicos que se localizan en las bibliotecas españolas en su lengua original.

Barcelona, Biblioteca de Catalunya (A 37-8º-40).

89. F. Watson, *Vives: On Education. A translation of the De Tradendis Disciplinis of Juan Luis Vives. Together with an introduction by ___. Professor of Education in the University College of Wales, Aberystwyth,* Cambridge: at the University Press, 1913, clvii+1+328+2 págs. + grabado de Vives por T. de Bry. 4° (18.5 × 12 cm).

De todos los vivistas extranjeros de la primera mitad del siglo XX, ninguno fue tan traducido e influyente en España como F. Watson. En él se reúnen la tradición de la erudición clásica, a la manera de Namèche, con una vigorosa afirmación de las tesis pedagógicas y psicológicas de los alemanes que tendrían gran eco en el ámbito de la Institución Libre de Enseñanza. Al propio tiempo, su desmesurada afirmación de la influencia de lo hispánico en el pensamiento de Vives, encontró terreno abonado en el creciente nacionalismo cultural de signo ultraconservador de los años previos a la guerra civil española.

Valencia, Biblioteca Universitaria, (4/2350).

---

90. H. de Vocht, *Jean Louis Vives, sa vie & son œuvre.* Manuscrito inédito, [Lovaina 1ª mitad del s. XX.]. Encuadernado en cartón, 135 h. sin paginar. (16 × 21.5 cm).

El profesor belga H. de Vocht (1878-1962) es, sin duda, el investigador contemporáneo al que más deben los estudios acerca de Vives. No sólo evitó la destrucción material del epistolario a Craneveld durante la 1ª guerra mundial, sino que lo publicó en una edición, modelo de paciente reconstrucción filológica y erudición crítica [nº 72]. De forma paralela, escribió un estudio fundamental sobre la estancia de Vives en Inglaterra y publicó, anotadas, varias cartas dirigidas al humanista [nº 73]. Así mismo, desde su cátedra en la Universidad de Lovaina y su tarea editorial en torno a *Humanistica Lovaniensia,* formó el destacado grupo de filólogos que hasta el día de hoy promueven con rigor y eficacia los estudios neolatinos.
El manuscrito de De Vocht reúne, con cierto orden, diferentes notas de estudio, posiblemente orientadas hacia la preparación de un amplio trabajo biobibliográfico.

Lovaina, Katholieke Universiteit, Universiteitsarchief, R. III. 48.

91. *Catálogo de la Exposición Bibliográfica celebrada con motivo del IV Centenario de la muerte de Luis Vives (15 mayo–15 junio 1940). Redactado y ordenado por Felipe Mateu y Llopis,* Barcelona, Casa Provincial de Caridad, 1940, 116 págs. 4° (21.5 × 15 cm).

La conmemoración del IV Centenario de la muerte de Vives, en 1940, apenas terminada la guerra civil, fue motivo de las más exaltadas manifestaciones apologéticas de la "hispanidad" del valenciano. En este marco, contrasta por su sobriedad el *Catálogo* preparado cuidadosamente por Mateu y Llopis con motivo de la exposición bibliográfica en la que entonces se llamaba Biblioteca Central de Barcelona. La obra sigue siendo un útil instrumento de consulta.

Valencia, Biblioteca Universitaria (B-4/90).

92. J. Estelrich, *Vives. Exposition organisée à la Bibliothèque Nationale, Paris, Janvier-Mars 1941,* Dijon, Darantière, 1942, XX+222+1 págs. con colofón. 4° (22.4 x 16.5 cm).

La exposición preparada por J. Estelrich en París, en 1941, ha sido la más ambiciosa de las realizadas en torno a Vives. Con la presentación de casi quinientos volúmenes, en su mayoría del siglo XVI, el organizador se propuso ilustrar la difusión de la obra del *español* Vives por toda Europa. Para esto acopió los ejemplares de sus ediciones antiguas, conservados en bibliotecas públicas parisienses, de numerosos autores contemporáneos, y de pensadores de los siglos XVI al XVIII, en quienes era evidente la influencia del humanista. Gracias a las certeras investigaciones de Estelrich –facilitadas sin duda por su condición de representante del gobierno franquista en la Francia ocupada–, salieron a la luz ejemplares de impresiones vivistas desconocidas hasta entonces. Por todo lo cual, su catálogo es un texto de obligada consulta.

Valencia, Biblioteca Universitaria (D-153/140, "Exemplaire n° I. Imprimé pour la chaire <Luis Vivès> de l'Université de Valence". Un cuño en la portada lo presenta, sin embargo, como donado por F. Alcayde Vilar, titular de la cátedra hasta su fallecimiento**).**

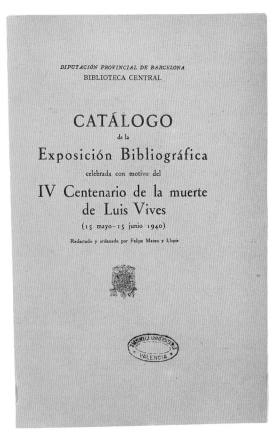

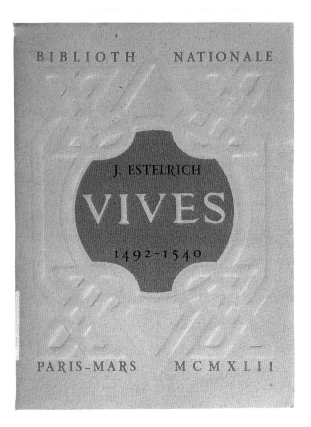

92. Portada (Foto: P. Alcántara).

91. Portada (Foto: P. Alcántara).

93. J. L. Vives, *Obras Completas*. Traducción, comentarios, notas y un ensayo biobliográfico, "Juan Luis Vives, Valenciano" por Lorenzo Riber, Madrid, Aguilar, 1947-1948, 2 vols. Vol. I: 1438 pág.; Vol. II: 1803 págs. 4° (17.5 × 13.5 cm).

Hasta la traducción castellana de los ocho volúmenes de *Opera omnia,* Vives circulaba sólo en latín, con algunas excepciones. Es incuestionable la utilidad de su ingente labor, aún si el traductor tiende a resolver con escaso rigor los pasajes difíciles y a ornamentar en exceso los más literarios. En consecuencia, resulta arriesgado citar su versión sin el previo cotejo con el texto latino. Hay reedición facsimilar promovida por el Consell Valencià de Cultura, Valencia, 1992.

Valencia, Biblioteca Universitaria (S-52/65-66).

94. *Procesos inquisitoriales contra la familia judía de Juan Luis Vives. I. Proceso contra Blanquina March, madre del humanista.* Introducción y transcripción de Miguel de la Pinta Llorente, O.S.A. y José María de Palacio y de Palacio, Madrid-Barcelona, Instituto Arias Montano (C.S.I.C.), 1964, 107 págs. 4° (23.5 × 17 cm).

La publicación de los procesos inquisitoriales contra la familia de Vives, reveló las dramáticas condiciones en que fue aniquilada. Por lo mismo, quedó fuera de duda el origen judeoconverso del humanista y sin fundamento la fantasía genealógica que le otorgaba condición nobiliaria.

Biblioteca particular.

95. C. G. Noreña, *Juan Luis Vives,* La Haya, Nijhoff, 1970, XIV+321 págs. (International Archives for the History of Ideas, 34). 4° (21.5 × 13.5 cm).

En 1970, el libro de C. G. Noreña presentó a los lectores de lengua inglesa un Vives involucrado en los problemas filosóficos, sociales, políticos y religiosos de su tiempo. Desde los envejecidos estudios de F. Watson no se contaba con una monografía que recogiera las más recientes investigaciones sobre el humanista y su entorno. Ocho años más tarde, la traducción castellana dejó definitivamente en el pasado al vivismo de la posguerra, basado en un nacionalismo recalcitrante. La renovación que los estudios sobre el humanista han experimentado en los últimos tiempos, tiene indudable deuda con su libro. Hoy, tras casi veinticinco años de intensa investigación parece conveniente una puesta al día.

Valencia, Facultad de Derecho.

96. *Guia de l'exposició "Joan Lluís Vives i el seu temps". 20 de febrer / 12 de març 1981.* Valencia, Universitat de València, 1981, 58 págs. 4° (24 × 16.5 cm).

Bajo la dirección del profesor Vicenç M. Rosselló, el servicio *Cultura Universitària Popular* de la Universitat de València presentó una exposición en torno a Vives y su época. La muestra aunaba rigor académico e interes por la divulgación y ofrecía una imagen de Vives alejada de la retórica del nacional-catolicismo y del tópico que reducía la importancia del humanista a la sóla tarea pedagógica.

Valencia, Biblioteca Universitaria (F/595-9).

HACIA LA EDICIÓN CRÍTICA

97. J. L. Vives, *Introducción a la Sabiduría.* Traducción, notas y prólogo de Juan Alventosa, O.F.M., con un estudio preliminar de Juan B. Sentandreu, Valencia, Hijo de F. Vives Mora, 1930, CXXXIX+78+10 págs. Publicaciones de la Cátedra "Luis Vives". 4º (22 × 16 cm). (Texto latino basado en Mayans y versión castellana al frente).

Valencia, Biblioteca Universitaria (D-49/49).

98. J. L. Vives, *Seis Declamaciones. Las cinco primeras llamadas silanas, la sexta contestando a la de Quintiliano titulada "Paries palmatus".* Prólogo de Juan Contreras, traducción y notas de Juan Alventosa, Juan Sentandreu y Guillermo Hijarrubia, Valencia, Hijo de F. Vives Mora, 1940, XXVI+243 págs. Publicaciones de la Cátedra "Luis Vives". 4º (22 × 16 cm). (Texto latino basado en Mayans y traducción al castellano).

Valencia, Biblioteca Universitaria (D-154/9).

En Valencia, la "Cátedra Luis Vives" –al igual que la contemporánea dedicada a Vitoria en Salamanca– fue creada en 1928, con el propósito de exaltar "lo que fue y lo que expresó el pensamiento de nuestra raza en el pasado". El propósito inicial fue realizar una edición crítica, bilingüe, de sus *Obras completas.* Sólo se logró la publicación, entre 1930 y 1942 –guerra civil por medio– de tres volúmenes: la *Introducción a la Sabiduría,* dos de las *Seis declamaciones* silanas, y *Del socorro de los pobres.* La preocupación por el rigor crítico disminuyó de uno a otro, y el texto adoptado siguió siendo el de Mayans. La cátedra no contó con una biblioteca equipada, así de ediciones antiguas de Vives como de instrumentos filológicos. Además, los editores carecían de formación y experiencia para emprender la tarea y no estaban al tanto de las recientes publicaciones en torno al humanista. Su única guía para identificar las primeras ediciones fue la bibliografía elaborada por Bonilla en 1903, a todas luces ya insuficiente.

99. J. L. Vives, *De Subventione pauperum*. Introducción, texto y apéndice de Armando Saitta, Florencia, La Nuova Italia, 1973, LXXXV+101 págs. (Biblioteca di Studi Superiori, vol. XXIX). 4° (16.8 × 11.5 cm). (Texto latino de la edición definitiva, ver n° 28).

A. Saitta, publicó el texto latino de la edición definitiva del *De sub- ventione,* septiembre de 1526 (n° 28). Su estudio introductorio es el de un historiador preocupado por entender el alcance del opúsculo, pero revela escaso interés por los problemas textuales que suscita. Edición bien cuidada, no es ni aspiró a ser crítica.

Valencia, Facultad de Derecho.

---

100. J. L. Vives, *De anima et vita*. Edición de Mario Sanci- priano, Padua, Gregoriana Editrice, 1974, 731 págs. 4° (23 × 15 cm). (Texto latino con versión italiana al frente).

La edición recoge el texto latino de la príncipe, Basilea, 1538 (n° 36), con indicación, al pie, de las variantes encontradas en los *Opera* de Basilea y Valencia. Con todo, carece de *apparatus fontium.* Incluye traducción italiana en las páginas opuestas.

Biblioteca particular.

---

101. J. L. Vives, *In Pseudodialecticos*. Introducción, traducción y comentarios de Charles Fantazzi, Leiden, E. J. Brill, 1979, VIII+105 págs. 4° (23.8 × 15.5 cm). (Edición crítica del texto la- tino y traducción inglesa).

La invectiva *In pseudodialecticos,* publicada originalmente en los *Opuscula varia* (n° 7) hacia abril de 1519, fue revisada por Vives y reimpresa en Sélestat, en 1520 (n° 8). El editor crítico, C. Fantazzi, no estableció debidamente la secuencia y, por lo mismo, la versión definitiva de Vives no fue tenida en cuenta como tal para el cotejo de los textos.

Valencia, Facultad de Derecho.

102. J. L. Vives, *Praefatio in Leges Ciceronis et Aedes Legum.* Edición de Constant Matheeussen, Leipzig, Teubner Verlagsgesellschaft, 1984. XIV+35 págs. Bibliotheca scriptorum graecorum et romanorum Teubneriana. 4° (20 x 14 cm). (Edición crítica del texto latino).

El jurista belga C. Matheeussen editó críticamente dos opúsculos de Vives relacionados con el derecho, *Aedes legum* y la *Praefatio ad Leges Ciceronis.* El primero constituye un reto para los filólogos, pues en él Vives construyó un discurso a imitación del latín arcaico. Ya Mayans, al editarlo, le dedicó particular atención y, recientemente, I. Roca, en una memoria académica, ha vuelto a estudiarlo. El segundo, a pesar de sus méritos en lo tocante a identificación de fuentes, tendrá que ser revisado, tras la aparición de una versión más antigua del opúsculo, en los *Opera* de Lyon (n° 4).

Valencia, Facultad de Derecho.

---

103. J. L. Vives, *Somnium et Vigilia in Somnium Scipionis.* Introducción, traducción y notas de Edward V. George, Greenwood, Attic Press, 1989, lxviii+2+308 págs. (The Library of Renaissance Humanism, 2). 4° (22.6 × 15 cm). (Edición crítica del texto latino con versión al inglés).

A diferencia de quienes han estudiado los escritos teóricos del humanista valenciano sobre la retórica, E. V. George ha examinado a fondo la manera como Vives, a medida que aumentaba su conocimiento del latín, iba aplicando nuevos recursos retóricos en sus oraciones. Tal circunstancia hace de George la persona indicada para la edición crítica de las numerosas oraciones de Vives: A más del *Somnium et vigilia,* ha publicado las dos primeras *Declamationes Sullanae* (S. W., n° 104, 2) y *Pompeius fugiens* (S. W., n° 104, 1).

Valencia, Facultad de Derecho.

104. J. L. Vives, *Selected Works of J. L. Vives*, Leiden, E. J. Brill, 1987-1991. 4° (24 x 16 cm). (Texto crítico con versión al inglés).

vol. 1. *Early Writings 1: De initiis sectis et laudibus philosophiae – Veritas fucata – Anima senis – Pompeius fugiens.* Editado por C. Matheeussen, C. Fantazzi y E. George. XXII+2+157 págs.

vol. 2. *Declamationes Sullanae.* Editado por Edward V. George. VII+116 págs. Parte 1.

vol. 3. *De Conscribendis Epistolis.* Editado por Charles Fantazzi. VII+144 págs.

vol. 5. *Early Writings 2: Epistula forti – Vita Ioannis Dullardi – Christi triumphus – Ovatio Mariae – Clipeus Christi – Praelectio in quartum rhetoricorum ad herennium – Praelectio in convivia Philelphi.* Editado por J. IJsewijn y A. Fritsen con C. Fantazzi. VIII + 146 págs.

Sin prisa, pero sin pausa, los editores de *Selected Works* han puesto en circulación, a partir de 1987, cuatro volúmenes de escritos de Vives, publicados con los mejores criterios filológicos. Al editar el texto latino se señalan al pie las variantes y, de forma paralela, las fuentes identificadas. La traducción inglesa va, a su vez, enriquecida con notas explicativas acerca de los personajes, sucesos u obras mencionadas. Todo ello se complementa con índices de nombres, lugares, pasajes citados y materias. Es de desear que las críticas que en adelante se publiquen, adopten como regla análogos criterios.

Valencia, Facultad de Derecho.

La Universitat de València vol expressar el seu reconeixement a les universitats i institucions, la generosa col·laboració de les quals ha fet possible aquesta exposició.

Barcelona	Biblioteca de Catalunya
Bordeus	Bibliothèque Municipale
Brussel·les	Bibliothèque Royale Albert 1er/Koninklijke Bibliotheek Albert I
Castelló	Arxiu Municipal
Gant	Rijksuniversiteit Gent
Gray	Bibliothèque Municipale
Groningen	Rijksuniversiteit Groningen
Londres	Lambeth Palace Library
Lovaina	Katholieke Universiteit
Madrid	Biblioteca Nacional
Saragossa	Universidad de Zaragoza
Utrecht	Rijksuniversiteit te Utrecht
València	Biblioteca Provincial Franciscana. Colegio de Corpus Christi. Biblioteca Nicolau Primitiu.

Així mateix, també agraeix l'atenció que han merescut les nostres consultes a les universitats de Basilea i Heidelberg, Emmanuel College de Cambridge, York Minster Library, Museum Plantin-Moretus d'Anvers, i Bibliothèque Nationale de París.

Por nuestra parte, como responsables de la exposición y del catálogo VIVES. EDI-
CIONS PRINCEPS, nos sentimos con la grata obligación de manifestar especial reconocimiento a unas cuantas personas e instituciones, de las muchas que contribuyeron a
hacer realidad este proyecto. De hecho, todas las instituciones a las que nos dirigimos
manifestaron –con la excepción del Patrimonio Nacional– su voluntad de colaboración.

Las universidades de Lovaina y Gante pusieron a nuestra disposición, con gran eficacia y generosidad, además de los libros solicitados en préstamo, toda la información
y documentación que creyeron oportuna para la correcta presentación del catálogo y
de la exposición. Sin la excelente disposición de los profesores J. Roegiers, C.
Coppens, J. IJsewijn, G. Tournoy –de la Katholieke Universiteit– y J. Machiels, de la
Rijksuniversiteit Gent, hubiera sido imposible llevar a buen término nuestro trabajo.
Este agradecido reconocimiento no nos excusa de manifestar que la Biblioteca Nacional de Madrid, la Biblioteca de Catalunya y la Universidad de Zaragoza pusieron a
nuestro alcance, sin reticencia alguna, todos aquellos ejemplares de Vives localizados
en sus fondos y pertinentes para los fines de esta exposición. A partir de ellas, y de la
Biblioteca Universitaria de Valencia, el Colegio de Corpus Christi, la Biblioteca Nicolau Primitiu, la Biblioteca Provincial Franciscana y el Archivo Municipal de Castellón, pudimos constituir el núcleo de los materiales a exhibir. El resto ha podido reu-
nirse gracias a la receptividad que nuestro proyecto encontró, en primer lugar, en la
Biblioteca Real de Bruselas, que nos facilitó ejemplares únicos o de gran rareza. Junto
a ella, resultaron decisivas las aportaciones de las universidades de Groningen y
Utrecht, de las ciudades de Burdeos y Gray, y de la Lambeth Palace Library de Londres, que tan puntual y eficientemente atendió nuestras demandas.

Y para hablar de la casa, también nos resulta un grato deber expresar nuestro reconocimiento a la directora de la Biblioteca de la Universitat de València, María Cruz Cabeza, y a todo el personal, señaladamente a Margarita Escriche. Así mismo, al departa-
mento de Filosofía de Derecho y, particularmente, al profesor August Monzon. En el
Colegio Luis Vives, su director José Pardo y el subdirector Pepe Montaner, pusieron a
nuestra disposición, con infinita paciencia, un excelente lugar de trabajo, en cuya generosa mesa pudieron barajarse y revolverse las fichas de este catálogo, en su etapa final.
Sin la tarea de Leonor Tortajada, que fue capaz de manejar todos los hilos de esta com-
plicada madeja, hubiésemos quedado atrapados en ella.

Por último, debemos reconocer y agradecer la estima que en Artes Gráficas Soler
merecen siempre las letras.

LOS COMISARIOS

ÍNDEXS

En todos los casos, la cifra en negrita remite al número de serie del catálogo (I-IV y 1-104), y en redonda, a la página.

El primer índice sólo se ocupa de aquellos títulos descritos en el catálogo. Los restantes pueden detectarse en las bibliografías (págs. 55-57 y 67-68) o a través de los respectivos autores, en el índice onomástico.

El segundo índice, ceñido a las obras de Vives, contiene las citas de escritos individuales, remitan o no a una edición en particular.

El tercer índice recoge exclusivamente los impresores y editores de los títulos del catálogo.

Por último, el índice onomástico localiza los nombres citados en todo el volumen.

ÍNDICE DE TÍTULOS DE LAS OBRAS DESCRITAS EN EL CATÁLOGO

ÍNDICE ALFABÉTICO DE OBRAS DE VIVES

ÍNDICE DE IMPRESORES

ÍNDICE ONOMÁSTICO

CORRIGENDA

En la página 25, nota 12, donde dice: "pág. J. Mathosas", debe decir: "Pere J. Mathosas".

En la página 50, segundo párrafo, donde dice: "marzo de 1538", debe decir: "marzo de 1539"; en el tercer párrafo, cuarta línea, donde dice: "lo reimprimió en marzo y septiembre de 1539", léase: "lo reimprimió en septiembre de 1539".

En relación con la página 51, final del primer párrafo, léase la nota de la página 190.

En la página 80, en el apartado de Lisboa, dice: "John II of Portugal", léase: "John III of Portugal".

SUMARI

S'acabà d'imprimir
als obradors
d'Arts Gràfiques Soler, S. A.,
de la ciutat de València,
el 9 de novembre de 1992